王薌齋拳學

◎楊鴻晨

著

王薌齋先生珍照

王薌齋先生站養生樁

李存義先生

張兆東先生

李旭洲 先生

吳翼翬先生

趙道新先生

姚宗勛先生

尤澎熙先生

張長信先生

李見宇 先生

馬驥良 先生

卜恩富 先生(前排右二)和竇士明、張正中、韓嗣煌、敖石朋、王麗香、于永年、
司徒柱等先生合影

韓星橋先生同楊紹庚先生合影于珠海

正文先生同趙道新先生、孫潔先生、賀維芳局長在中華武術基本原理成立大會主席台上。

自 序

　　代祀綿遠，博大精深者，拳道也。溯蟄穴栖巢，優勝而劣汰；擲石彎弓，搏擊始乃滋。暨炎暉雲瑞，肇造中華；勤勞睿智，光被遐荒。制弓矢，以建甲兵；習戰陣，蚩尤受戮，拳勇已著。三代寓兵於民，文武罔分，尤文士則無劍不游。《黃帝內經》，窮診侯之道；「素問‧天真」，明大醫之旨。其獨觀太初，旁燭妙有，味百藥以辨物，審百疾而全生。制其名、取其類，其正君臣，其分佐使，其治未病，其法站樁。皆開神明之蘊，原性命之理，而與天地同載復。自始厥後，拳醫相融，普濟黔首，攝生御寇。迭患滄桑，日用皆知，於今是賴。以是國人視拳學為瑰寶，奉岐黃為國醫，蓋其維護吾民族五千年文明於不敝，免遭古希臘、羅馬、巴比倫之滅亡者，武、醫之功居泰半焉。

　　夫拳道者，和於易理，包舉弘博。所窮者，蒼黔七政之旨；所查者，陰陽迭乘之機；所求者，強種強族之道；所詳者，攝生祛病之本。然年代久遠，流弊滋甚，糟粕泛濫，而精義不傳，迄清末已如鳳毛麟角焉。幸薌翁崛起，上承往聖，拳乃有宗，發前賢之金鑰，正後學之南車，尤重精神之修煉，非僅重技擊之一端也。

　　蓋國家者，積民而立者也。國家之強弱，恒視民眾精神體魂以為基。歷觀古今，凡吾國上下一心，同仇敵愾，尚武揚眉之際，乃移山填海，威披八荒，冒風雨，犯寒暑，凌駭浪，禦外侮，靖危難，則吾國其庶乎？誰謂吾中華不能與列強並峙哉？反之，則疲精憊神，曲背縮項，喪權辱國，乃

有東亞病夫之誚，拳道亦匿跡消聲，瞠乎人後。是故拳道誠乃強國強種之礎柱，欲振興中華，攻書習劍豈容須臾緩哉？

余髫齡慕道，夙好拳學，聞人言及武事，則眉飛色舞。待束髮受書，嗜武俠書籍，每讀至奇俠異技，輒傾心欽羨，至欲裹糧入深山古寺冀乎一遇奇人。後乃從一二耄宿習套路、事跳躍，於是累年，有所承受。志學之年，始參悟薌拳，味大道之餘烈，挹幽微之前規。極慮專精，有乖拳道中樞之旨，無間聞雞起舞之志。然既無超卓之才，何有獨闢之識？復聞家有西施之容，乃可議於淑媛；有龍泉之利，然後議於斷割。故四十餘載，謬側武林，未敢置喙於斯道矣。

迄今拳道復興，余深為竊喜焉。然觀倡行者，卻多不以其道。或不學無術，難盡循循善誘之責；或教授無方，弗明衛生生理之道。以其昏昏，何以使學者昭昭耶？或具江湖惡習，存自私之心，抱門戶之見。或朋黨角立，入主出奴，挾技自炫，一遇難忍，挺身而鬥。或弛尚玄奇，競逐孔方，伸手直索，陰陽滿志。診疴治癌，發氣千里之技傳播於影視；鬼技神功，呼風喚雨之術布諸於報端。嗚呼！世人竟齎寶貴之生命，持至貴之錢物委付不肖，甘為不愚，恣其所措，豈不痛哉？更有甚者，杜撰武史，仙傳神授，天下武術出少林之說，驟聞流傳；降志屈節，味心附會，幽靜伽藍寺庵觀之處，傾見喧囂。若云夷技，斯乃何彰荒誕？若指國術，史傳何某寂寥？誹佛謗經，牟利卻賴達摩；辱祖忘宗，拳成泊來之品。余豈忍坐視耶？

至若薌拳，其理廣大，其義入微。昔叱咤風雲，茲經遠播；今大劫復甦，始見流傳。幸存耄宿，傾囊傳薪；志潔後輩，競相捧柴。然亦有妄行不端者而亂大道。或入市招搖，

孜孜汲汲，趨利若鶩。或欺世盜名，走游逐食，自封薌翁嫡傳。更有以假亂真，編招造法，攀附氣功，偽稱斯道秘笈，誠蚊蠅附驥尾，而欲行千里者也。

　　世傳之文，雖多精深之作，然亦不乏拙劣之筆，妍蚩雜糅，條自糾紛，篇目重疊，文義懸隔，外狀其形，內迷其理。篡改薌翁遺著，全由己意，剽竊他人之作，圖文重刊，凡比比例，蓋亦多矣。先賢有云：「經傳而經亡。」非經亡也，亡於傳經者之訛，而己牴求之，深以淺視之，失其旨歸也。

　　余深憤真經之失傳，憫後學之沿習，豈敢以不文為辭，而使學者橙柚難辨，莠穀莫分耶？輒將數十年之心得奮為斯編。皆以通俗淺顯之文字，不作玄妙之空談。然拳難言哉！余謂拳學之難，非強識文字之難也，溯本始而不謬所宗之難也；亦非徒知所宗之難也，以意會所宗之心法契其旨而融其文之難也；亦非以原則之法會於心之難也，以先聖之心會之，己而用之，隨機靈變，本能不謬之難也。是故執文則泥，因變則神，泥則功鮮而害速，神則得本而效宏。尚希讀者神而明之，若不慎宗，恐將誤余之規模之識也。況夫心之所明，難以盡言，而言之所通，當難形於筆端，粗可仿彿其概，綱紀其辭，冀酌希夷也。前人餘唾，概所勿襲，今之糟粕，悉所勿存，如是亦不知當否？誠願海內宏達進而正之，俾斯道益見昌明，振吾國魂，強吾中華，進而益於夷夏之進步，固非余一人之私幸焉。

　　　　　　歲次癸酉孟夏　楊鴻晨於石家莊省中醫院

目　錄

第一章　概　述

　　至今仍顯得神祕玄奇的中華武術是炎黃兒女創造的東方文明的重要組成部分，是傳統文化的歷史積澱，是我國文化總體結構中最正統、最富民族精神、最能反映民族個性氣質的領域。本書之創作宗旨是：立足中華武術之全局，以赤子之心探討和研究產生薌拳的民族文化氛圍與武術界的心理氣質和精神境界，以及薌拳功法的規律性。

　　搏擊術和其它藝術一樣是反映一個國家的政治、經濟、文化和民族素質的窗口，一部波瀾壯闊璀璨多姿的中華武術史亦無處不凝聚著炎黃兒女的智慧與創造，反映著中華民族的辛酸屈辱與威武尊嚴。

　　因王薌齋先生的拳學實踐處在我國特殊的歷史時期，故筆者力圖著重分析王薌齋先生的拳學思想和拳學實踐，並從不同的角度和層面入手，力爭從整體上立體地透視我國武術界的思想意識和行為方式。然而，中華武術極為幽深浩繁，涉及社會結構、政治制度、經濟盛衰、文化藝術等很多領域，遠非一家之言、一人之力所能盡意。更限於筆者水平，只能勉強而為之，以引玉之磚服務於讀者而已。

　　王薌齋拳學（簡稱薌拳），為王薌齋先生所創，因此拳訓練以站樁為主，故世人多稱其為站樁功。沒有套路招法，亦無點穴發功，既別於南北派，又非內外家。訓練以站樁為本，重視意念誘導，以假想求實際，乃為該拳本質，故名曰意拳；又因王薌齋先生創拳時的拳學造詣以及該拳乃繼承傳統武學精華而成，所以又名大成拳。王薌齋先生為薌拳的創立

傾盡了畢生的心血，他的弟子們也作出了重大的歷史貢獻。薌拳的創立是中華武學的返樸歸真和中華武術第二次面臨世界性挑戰的歷史產物。

本書介紹的功法，根植於中華武術的基本理論，旨在探求武術史中器械和拳技的互相作用的關係和拳種的形成與其它事物以及拳種與拳種在歷史過程中彼此借鑒、吸取、補充及昇華的內在聯繫，以便明了促進武學發展的內部矛盾運動。而更重要的是，它在人體運動時意識、呼吸、筋骨、內臟以及處理人體內外的相互作用關係上，都有哪些確定了運動形式的內部奧秘，它對人體運動的機能與技巧統一，又提供了哪些條件，從而進一步揭示我國武術運動中的精華所在，乃是現代前沿人體科學的提前體現。

薌拳簡介

薌拳以修正人心、抒發感情、改造生理、發揮良能為宗旨。以愛國主義的精神境界的培養和提高為重要內容。正如薌齋先生所言：「拳道之大，實為民族精神之需要，學術之國本，人生哲學之基礎，社會教育之命脈，其使命在修正人心，抒發感情，改造生理，發揮良能，使學者神明體健，利國利群，故不專重技擊一端也……，今夫本拳之所重者，在精神，在意感，在自然力之鍛鍊。」

薌拳的功法是祖國傳統武術中各派之精華，但以深州老傳形意拳為基，兼收原傳八卦拳和太極等拳的真傳而創。養生與技擊並重，因技擊乃武術之根本目的，若習套路勢必因程序觀念而影響進境，故將套路一概廢棄。

何為深州形意？乃李洛能同門下弟子多年習練之心得，以郭雲深為代表。其拳要旨為形中取意，意中求形，形隨意

轉，意自形生，以槍為拳乃初創之本質。

　　何為八卦？乃李振清、董海川、肖海波傳世之拳法。其拳要旨為斜勢正練。擰裏斜偏、身法四正，陰陽悉變。以步戰勝騎兵乃初創之本旨。

　　何為太極？乃拳溶導引，鬆中求緊，粘連粘隨，棉裡藏針。一身備五弓乃初創之本旨。

　　薌拳何以訓練與應敵？乃依仗蓄力、試力、發力為功法，以身鬆意緊，進進閃閃，步步緊逼，拳打一又為拳打六合，力斷意不斷，則打則顧，發拳不折點應敵；更重以氣勢懾人。

　　何為蓄力？乃為鍛煉作拳之功力。力從樁上求，站樁乃蓄力全部過程及根本手段。

　　何為試力？乃著重試著發力，又為試著發拳。實質乃樁的原則在空間的延伸和放長以及不同方向角度上的變化應用。

　　何為發力？乃全身之功力，集中於一點發於對方。而且周身無處不彈簧，無處不是點，無處不發力。一觸即發，有感皆應。

　　何為進？進則閃。何為閃？閃則進。何為打？打則顧。何為顧？顧則打。全顧則全不顧，全不顧則全顧。

　　何為萬法歸一？則為一拳深入。不學千招會，只詣一拳精。

　　何為拳打一？則為不管不顧，直取對方中線。

　　何為拳打六合？則為神要逼人，氣要襲人，步要過人，頭要撞人，腳要踢人，手要打人。

　　薌拳練功與斷手不講招法，而重間架，路線曲折和矛盾（

使對方產生錯覺）。形如淌泥涉水，近身如猛虎撲食，拳點如疾風暴雨。其法要求身不破體，意不露形，力不出尖，神圓力方，形曲意直，打一不二，手短神長，氣若犀牛，力適脊背，虛實中平，不即不離，不偏不倚，前臂如生鐵，後臂如牛皮，屈臂直力，彎臂時直力發出。雖有三分步，七分手，拳打三，步打七之說然根本原則應是身法為宗。直取斜調，步步進逼，勇往直前。作拳尤重精神真，進頭進手須進身，拳掌未發力已蓄，打顧鑽閃同時進。

　　若從仿生學而論，習薌拳者應練就幾形在身：鷹目鶴飄猿神，雞腿鹿膝馬奔，虎腰熊膀龍身。

第二章　溯　源

第一節　蕲拳與達摩、少林寺無關

明末以來，由於武俠小說的興起，社會上開始流行著一種說法——「印度僧人達摩，在北魏孝文帝正元年間，一葦渡江，自梁至魏，面壁於嵩山少林寺，因苦僧眾終日無所運動，恐生惰怠，遂教以技擊之術。達摩乃中華武術之祖。」清兵入關後，一些人遁入空門，苦習拳棍，欲反清復明，使此說散布和流傳更為廣遠，時至今日，武林中大多數門派仍然牽強附會，把本派創始者歸於達摩和少林寺（也有的門派依附於道士尼姑和歷史上的名人）。

其實，達摩究竟有無其人，目前尚無定論。據史學界很多專家考證：達摩不過是佛教界禪學派為了傳教而虛構的一個人物。即使真有其人，也同我國武術無關。若按佛教史記載，達摩師祖是劉宋時期南天竺的僧人。而在此以前已早有了「齊人隆技擊」《荀子·議兵》、「有文事必有武備」《論語》等記載，在漢朝已有了系統的技術專著，其中《李將軍射法》三篇；《劍道》三十八篇；《手搏》六篇。也湧現出了呂布、典韋、蜀中五虎將、項羽、子路等眾多的武術高手。其實達摩師祖的面壁，是馱那演那的參禪，其要義是「妄念不生，性等虛空，定慧雙修，無念為宗」，以內無身心，外無世界，心如止水為最高境界。這種參禪能說是中華武術嗎？

天下武術出少林的奇談怪論同樣荒謬至極。格鬥是人類原始生存的本能，兩千年前埃及墓穴的牆壁上同樣畫著格鬥的情景，各國的搏鬥術都有自己形成的歷史原因和特點，天

下武術同少林寺毫不相干。少林寺的武術只是武術史上中、後期的一個流派。歷代僧人所練是由社會上傳入或寺內僧人在社會上帶入或學習的一部分中華武術。遍查史書典籍，自該寺始建前期都沒有留下武術的記載，留下的只是該寺的僧人參加幾次軍事行動的兩組壁畫，以及介紹壁畫的幾塊碑文而已。這兩組壁畫，一幅是「緊那羅王退紅巾」，就是一個燒火和尚隻身「獨立高峰」，嚇退了反抗元朝統治的紅巾軍的千軍萬馬。這樣的武史稍具常識的人都會啞然失笑。第二幅是流傳甚廣並被搬上銀幕的「十三棍僧救唐王」。此說雖尚可信，但十三棍僧並不能證明「天下武術出少林、數少林」。畢竟他們以參禪為業，實戰經驗不能同沙場士兵相比，在建立唐朝的血戰中湧現出眾多的戰將，如身經七十餘戰的秦叔寶「躍馬挺槍於萬眾中，莫如志」《新唐書・秦瓊傳》。另外尉遲恭也是一員名將，李世民曾自信地對尉遲恭說：「寡人持弓箭，公把長槍相對，雖萬眾亦奈我何？」《隋唐嘉話》。十三棍僧加在一起，李世民也絕對不敢說這種話冒這種險的。當《少林寺》上映後，有人把影片中蒙太奇的藝術效果宣揚為三真（真功夫、真地點、真歷史），使「天下武術出少林、數少林」「達摩為中華武術之祖」這種謬論流傳更廣。其實，演員展示的功夫也不過是文革後更加舞蹈化的表演套路而已。由於宣傳的效應，使眾多的青年荒廢學業，棄家出走，投奔影片中那令人神往的武林聖地，欲求無敵於天下的武術。但求學的結果，無不讓朝聖者大失所望。而那些隨之冒出來的打著「少林」幌子的「武校」、「武館」和剃光了頭，身穿袈裟，吃著大肉的假和尚又將「求道」者的血汗錢裝滿了腰包。

達摩和少林寺的正宗地位，是小說家筆封的，是一些人

盲從的。史籍中處處可見的是該寺僧人學習其它拳種的記載。如明朝抗倭名將俞大猷將軍的名著《正氣堂集》就有這樣的記載：「予昔聞河南少林寺有神傳擊劍之技，後自雲中回，取道至寺」。寺中選出武功最高者為其演練，俞觀後認為極平常，便帶兩名僧人至軍中親自教他們上陣之藝。「明授陰陽變化之訣，復教以知慧覺照之教。及三載餘，乞歸，以所授之教，轉授寺眾，以永其傳也。」

近代少林寺，在遭石友三火焚之後，寺殘壁落，武功日漸衰微，在民國期間的幾次擂台賽中，已無一人能同參賽者爭雄，至今健在的參賽拳手，仍然記得當時的真實賽況——「僧人道士被一些年輕選手追得滿台亂跑」。而影片上演時的少林寺已經只剩下八名熬過來的僧人。

少林寺的主要功德是靜修參禪，僧人本身淡泊名利，四大皆空，只有極少數沽名釣譽，玷污佛規者。當然，該寺中確有見義勇為，懲惡揚善的武功高強之人，更有在國難當頭時，勇赴國難，參加抗倭，沙場捐軀者，這是我國佛教界的光榮。但不能因此就將中華武術的產生和發展歸於達摩祖師和少林寺，而把歷史上的勞動人民和歷代為武術事業作出重大貢獻的先哲統統拋棄忘光，而任這種歷史虛無主義和歷史唯心主義說教大肆泛濫。

第二節　民族文化的結晶

中華武術是我國人民在長期社會實踐中不斷積累和豐富起來的光輝文化遺產。早在遠古時期，中華民族的祖先們，為了獵取食物和抵禦猛獸的襲擊，就必須同野獸進行搏鬥，

圖1 姚宗勛先生同德禪大師談實戰拳法

在實踐中，逐漸形成了熟練的技術，這就是初期的武術，所以說武術是中華民族最早的藝術之一。氏族公社形成後，就產生了爭鬥和戰事，武術在其發展中又成為人類攻防技術的訓練手段，當時的武術意義很明確，武為格鬥，術為方式方法，武術就是專用以格鬥的方式方法。後來，祖先們以同野獸搏鬥和氏族公社間衝突時比較成功的打擊動作為素材，並仿照自然界鳥獸搏鬥的生動形象，有機地結合起來，進行研究和訓練，使武術向更深的層次發展。

圖2 獵豬圖(戰國銅壺紋飾)

隨著骨蚌器、石砍器、石尖壯器逐漸演變為青銅器、鐵器變革的發展而使祖先們掌握更新武術的技術和器械不斷提

高，使武術在人類發展的長河中，按照其自身固有的規律發展，並接受了我國古代醫藥學和其它光輝燦爛科技影響，使其在原始部落的衝突，諸侯國的干戈，封建王朝的改朝換代等不同的歷史時期展現出形式多樣的，絢麗多姿的技術特色。尤其是在抵禦列強入侵和反對侵略粉碎帝國主義瓜分中國的殊死血戰中，武林豪杰傳奇紛呈，光耀史冊，中華武術威懾列強，不斷提高和發展。

圖3　戚繼光的戰刀

圖4　三元里人民抗英使用的旗和武器

第三節　「內家拳」的產生

在歷史進程中，拳技發展的基本矛盾，是初期如何組織拳技的動作結構（包括確定基本動作）和增強擊打動作的速度和力量的矛盾，這一矛盾的發展，到了明代戚繼光整理民間流傳的各家拳法時，達到了歷史上第一個高峰。武術的基本矛盾開始深化，由豐富多彩的量的發展而產生了質的昇華

，即拳技的擊打動作如何體現完整身法下的整體勁力。因為上陣戰鬥和手搏自古至今只有兩種形式，即器械的殺法和拳技的打法，所以武術深入的內在的重要條件之一是殺法和打法的互為媒介和互為前提，互相過渡和互相創造。

戚氏對宋、元、明以來的十六家拳法進行整理時，提出了踢、打、跌、拿、軟、硬、長、短以及捆鎖、翻轉等各具有的特徵。並注意到對其揚長避短，指出一些拳技「有上而無下」，「有下而無上」的不足，從而匯編成一套「如常山蛇陣，擊首則尾應，擊尾則首應」的「上下周全」的「三十二勢長拳」（戚繼光‧《紀效新書》拳經捷要篇）。戚氏的水平和用意，已體現了武術透過拳技的形式，進入到對動作結構因素的調整，而清初黃百家《內功心法》及萇乃周《中氣論》的問世，則標誌著中華武學質的飛躍。

在戚氏進行長拳整理的前後，興起了幾家新的拳派，因武林中拳種已十分擁擠，只好以內家拳名之。（其實此謂不妥，筆者極為反對拳種的內、外家之分，因為人體內者，指三焦、五臟、意念、呼吸等，外者指表現形式和筋、骨、皮等，而只有將內外高度協調統一起來，才能稱為拳。用所謂內家主柔、主守、主靜和外家主攻、主動、主剛等說法來區別拳的內外家是極為不妥之詞；根本的區別應是拳的用力，即局部用力還是整體用力。因至今無適當拳名，只好從俗，暫稱其為內家拳）。內家拳創始之前，各派的拳技為了達到擊打靈活、快速有力，在實踐中摸索出很多行之有效的方法，如涮腰和對四肢的輪、壓、探、伸，再加以步法、彈跳、招法和負重，直至以插沙、拍樹等硬功之法來加強四肢的硬度。這些功法對鍛煉身體的柔韌靈活和力量硬度是有效的。擒

、摔、打、踢等招法也是很有威力的。但因其用力都是局部的，所以實踐威力並不大。由於當時的拳技主要作用是用於上陣戰鬥，而戰鬥必須執械。這就在實踐中檢驗出四肢局部用力和硬度效果甚微，或根本無效的。讀者可以作個試驗，持械擊打和徒手發拳的力量和效果是不同的，即使沒練過拳術的人執械進攻也會本能地整體前撞，戰士們拼刺刀絕對沒有四肢的局部動作，都是軀幹帶動四肢前衝發力。原傳的內家拳法意識到這個矛盾，因而從器械殺法上受到啟發，歷史上才產生了「以槍為拳」的形意拳和八卦、太極等拳種。（不只此三拳，武林中求取整體發力者，如通臂、無極等都應為內家拳）。

　　內家拳法的源流至今爭論不休，各執一偏。如太極拳有張三豐、達摩、陳王庭、蔣發、王宗岳等創拳之爭；八卦拳有董海川和雪花山隱士之議；形意拳有周侗、岳飛之說，現今又有姬際可和南山鄭及姬龍、姬鳳之論。筆者雖也為此奔走過一些時日，但時至今日也未有確切滿意的定論。在詳查各種爭論的史料和考證後，筆者同意兩點新論：1.王宗岳是後人所托人物，太極拳非其所創，《太極拳論》亦非其所著。太極拳的名稱是楊露禪、武禹襄二人首用，故太極拳名稱始於楊、武二人。2.形意拳原名心意拳，世上所傳有河南、山西、河北三大支系，姬際可、馬學禮、戴龍邦、曹繼武等人都為此拳的發展創立作出過重大貢獻，但形意拳的名稱始自河北深縣李洛能，李學藝於戴龍邦，又傳藝於劉奇蘭、車永宏、張樹德、郭雲深、劉曉蘭、宋世榮、宋世德、白西園等人，故形意拳始於李洛能。

　　筆者非常敬仰歷史上為創立內家拳作出巨大貢獻的前輩

們，但同世上所有科技成果的問世一樣，形意、八卦、太極等拳種的創立絕非是某個人冥思苦想所能辦得到的，必有其歷史、政治、經濟等方面的原因，才能使發明者的辛勤勞動同當時科技文化發展撞擊而產生智慧的火花，故所謂「夢中殺人、傳藝」的張三豐創內家拳之類的說法純屬杜撰，形意、八卦、太極等所謂內家拳法的產生是中華武術史的一個新的巔峰，是當時社會大背景和創拳者本人豐富的拳學實踐所啟悟的。這就需要其必須具備周易、兵法和中醫學等傳統知識，尤其是深厚的武學基礎及同其它拳派長期交往的實踐經驗，才能作出巨大的歷史貢獻。在此筆者期盼執各種見解的同道們早些心平氣和的坐在一起，認真歸類推敲統一認識，早日上溯出各家拳派的真正源頭，為武術事業作出新的貢獻。而在本文中，筆者則偏重於從拳技發展本身的矛盾，同大家一起剖析拳技形成和發展的內在因素，從而深入了解和掌握祖國武術的內蘊和精華。

拳技如果屬於內家拳派，則該拳的訓練目的就以解決形成和運用整體勁力為主要矛盾，而不是去增加四肢的局部柔韌和力量和硬度，也不是組織套路和設計兵器的花樣了。清初王征南曾示其徒黃百家說：「拳成此外不難矣。某某處即槍法也，某某處即劍鉞法也……。」王氏還說：「拳亦由博而約。」太極原稱「老三刀」或「十三式」，形意拳也不過五拳，器械也以五拳為法。這是內家拳技本身發展的趨向，也是中華武術史「拳」與「械」互相過渡的不同時期的規律。可由此規律通過對內家拳法透視和研究找出更有科學價值的東西。

原傳太極拳是以實戰中的有效招法結合導引術而創新。

從該拳的鍛煉要領明顯地可見是借鑒了器械中的「射法」。如含胸拔背、沉肩墜肘、尾閭中正和偏沉、雙重、開合等，尤其是李呈芬的著作《射經》，對其影響尤深，如「射的不中，反求諸身及額前臨」，直至「蓄力如開弓，發力如放箭」等射法真訣。一張拉滿的弓，射出的箭是極疾勁的，而用工具敲打拉滿的弓，是會產生巨大的反彈力的。以此，太極拳選定了「圓滿」形象的弧形動作結構，以「一身備五弓」的要求使練習者的頭、頸、軀幹及四肢整體的連結為一體，通過合理的訓練，人體各部隨時隨地都能發出爆發性的「內勁」來。太極拳的產生是武術向高層次的重要發展的結果，原傳拳法，以求取整體勁力為旨，並非一味的鬆柔。不過，隨著時代的變遷和種種原因，太極拳已發生了很大的演變。

與太極拳同時產生的形意拳和八卦拳，雖然其勁力還有其它因素的影響，但其練功要求是一致的，而所追求的也是完整身法下的整體勁力。八卦拳一般認為是董海川所創並在清末公開傳藝於宋長榮、馬維棋、施繼棟等，尤其是程庭華憤擊德國鬼子壯烈犧牲後，更使該拳影響擴大。而產生的歷史似乎較晚於太極和形意拳。其實在史籍中早已有了牛亮臣、王祥等八卦拳家活動的記載，（見《藍簃外史·靖逆記》）。因八卦拳中有名望的傳藝人都在河北，所以省武協和廊坊地區武協為該拳的正本清源進行了挖掘整理，傳統武術調查組多年聯合考查得知：八卦拳並非始董公（文安縣朱家塢人）。在董公公開傳藝的前後，尚有其同門李振清（霸縣葦家營人）和肖海波（固安縣獨流鎮人）二公傳藝於任致誠、劉學正、陳家泰等人。而李、肖二公的傳人至今仍保留著八卦拳原傳功法。

圖5　肖海波先生同門下弟子合影

　　據調查組考證：原傳八卦拳形成於反清復明的秘密組織和農民起義軍中，因清軍多是騎兵，而綠林中人大都善步戰，所以該拳極重步法訓練，而且代表本門戶的標記是利於步戰的八盤刀（又名八卦刀）。詳考李振清、董海川、肖海波、張長禎各系八卦拳法得知：該拳求取整體勁力的口訣為「出、入、退；地、懸、空」六訣。據李氏口傳「頭上頂，神靜氣清，為先天；胸中空，氣沉丹田，為華蓋；尾下垂，直伸海底，為鳩尾。」這三訣是意在矯正人體脊椎後天形成的自然彎曲，以求原先經常處於被動伸張的筋絡增加牽引動作。上肢的腕、肘、肩三對關節是「進退、出入、退」，下肢的踝、膝、髖三對關節是「起落、地、懸、空」。根據「射法」拉伸周身關節以求「體直」之法。通過關節的要求，上臂是「進退」。前臂是「出入」地向兩極拉伸筋絡；股部是「起落」（膝起胯落），小腿是「地‧懸」的向兩極拉伸，充分體現了完整身法下整體連結拉伸的內蘊。

圖6 李振清傳・人體九訣圖

筆者早年曾習世上流傳的程庭華、尹德安兩派八卦套路和劉鳳春三盤功法，後從趙道新、正文二先生重學八卦拳，方知站**桩**是入門之基。而擊打方法，也並不是把對手設想在「轉掌」的圓周中心點不動，更不是設想對手和我方相對地同走一個圈子；而是可以由對方任意進攻，我方則以各種形式的左右斜行，高低轉側，往復回旋的施展手法、身法和腿法，以整體力獲勝。該拳尹德安、馬維棋、施繼棟等前輩都是深諳此道的通家，程庭華先生所習更是原傳功法，如果他在北京里巷內痛擊德國鬼子時只以旋轉趟泥是不會奏效的。

欲求取整體勁力，首先應作到「立身中正」，太極拳時時強調這一點。八卦拳根據本拳的目的則要求「偏斜擰裹下的身法四正」。（即俯身正、側身正、抽身正、長身正），這就加大了功法的難度，而且發力增加了借助於軀幹重力的轉移要訣，使軀幹和四肢各個運動環節，在多變的情況下緊緊圍繞著整體勁力表現為合力和分力的形式。如果拋開門派的觀念，單純從學術上講，八卦拳的功法和威力在原傳之始已優於太極拳。（這在以後的武林交往中得到證實，尤其是民國間的數次全國擂台大賽，優勝者多數為八卦、形意選手，而太極選手都未能取得名次）。

　　形意拳的產生是吸取了動物的搏擊特長，以六合為要，但本質是以槍為拳。執槍決鬥，自古無正身對敵者，所以形意拳對身法的要求是呈四十五度斜面對敵。即要保證立身中正，又要適合槍法的應用，在側身對敵時，時時注意中正，

圖7　姬氏族譜

圖8　拳法大師車永宏(左)同郭雲深(右)二位先生等合影於1902年

但中正又要使自身的受敵面積減少到最低限度。這就是「斜中求正，正中求斜，看斜實正」的要求內涵了。所以說原傳「三體式」的原則至今仍是中華武術最科學的技擊預備式。

內家拳興起後，各系都是延續著追求完整身法下的整體勁力的原傳核心。又因其功理功法相合和各系高手之間友好的私人關係，又出現了互相學習和補益的現象，遂使其不斷

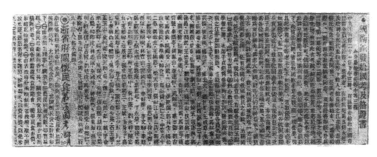

圖9　1928年第一次國考比賽優勝者名單

發展，高手輩出，傳習不絕，藝驚武壇。內家拳法的創立，使中華武術沿著前人鋪就的歷史石階攀上了一個新的高峰，同時又給後來的攀登者奠定了一塊牢固的基石。

第四節　返樸歸真

中華武術的興衰現象是中華民族發展史的反映。秦始皇以武力統一中國後，為了其萬世家傳之業。在「焚書坑儒」的同時，又嚴禁練武，並收繳民間兵器，「咸陽鑄鐵」代之以「角抵」。這是武術史上的第一次厄運，當忽必烈稱帝後，元代統治者因恐懼漢人危及其統治，下令禁止練武，收繳民間私藏兵器。又造成了武術的第二次危機，實戰技藝蕭條失

傳。隨者元曲的大興，拳術被迫同戲劇、曲藝、舞蹈結合，開始走向追求程式化、舞蹈化、高難度技巧的方向。明代後期武術解禁，剛剛發展起步不久，滿清政權亦因對異族心存餘悸，「著各省督撫轉飭地方將官，拳棍一律禁止（東華錄：雍正五年十一月上諭）」。至清朝中後期，統治者為了維護其統治，在大興「八股文」的同時，對武術也進行了閹割更改，科考時，不以格鬥能力取士，而代之以舉石鎖、拉硬弓及套路表演來「選材」。這就使實戰武術日漸失真。也只能在民間流傳。

由於歷史的原因，武林界也積澱了很多陋習，嚴重阻礙了武術的交流和發展。陋習之一就是門派觀念，門派觀念的形成主要有三種原因。一是因交通不便，形成很多地方拳種，如峨嵋派、終南派、南拳派。二是因武林在明末清初和民間的秘密宗教團體江湖會黨發生了聯繫。這些團體崇拜偶像，組織嚴密，以宗教迷信形式收徒傳教，具有叛逆和反抗精神，曾不止一次發動起義，反抗統治階級壓迫和剝削，如白蓮教、八卦教、天理教、青紅幫、小刀會等。武術成為這些組織吸引會員和起義戰鬥的工具，同時又因其組織嚴密而使所練武術形成本幫會的秘功，不得外傳。如南拳都是源於天理會。「反清復明」的活動中，辛亥革命後，天地會不少支派迅速蛻化變質，墮落成與官府沉瀣一氣，獨霸一方的黑社會組織。三是因武林中人由於對某拳種的崇拜、信仰、愛好或者立場見解一致而形成一個門派，武林界稱此為扎「根」。扎「根」之後，又因師傳和體悟天資各異，又形成了對同一拳術的不同理解而形成了一個門內的又一派別，另外還有「根」扎一門，又學其它門的功法，使所練拳術風格發生變化

，但其基礎並未發生質的變化，也會生出新派。如太極門生出楊、吳、武等派，形意門分出山西派、河南派、河北派。

　　歷史上的武林中競爭十分激烈，各派間無不是在不斷較量中取得生存和發展，其競爭性遠非其它行業所可比擬。但是流傳今天的門派依然如此之多，足可證明無論任何門派，都必然擁有仗以成名立威的獨到之處的功法，否則早已淹沒無聞了。但是，各門派為了維護其利益都非常保守，一般來說，本門派的功法是絕對不許外傳的。而且為了維護本門派的名譽，對比武交流非常謹慎，一般無絕對把握各派代表人物是不輕易出手的。隨著這種不正常現象的發展，武林中又產生了所謂獨有的武德：君子動口不動手。以及比武時以掌握的套路、招法多而取勝，以說招破招代替真實搏擊。而勇於實作，敢於在實踐中檢驗提高的拳手倒成了「不知天高地厚」最沒有武德的人。這樣就使武術失去了交流、驗證、提高的途徑而日趨華而不實。後來，拳種雖未變，但大多失去了當初的真傳。

　　陋習之二是保守自秘。原傳武術的宗旨很明確，就是打敗和殺死對手，而保護自己，所以武術中一些功法和招法是從歷史的一片血光中逐漸發展起來的。自古上陣，非真傳不能殺敵。在清末民初，拳技之勇在戰場和日常生活中仍占有很重要的地位。一些人如身懷絕技，大可以光宗耀祖，小可以保鏢護院。所以，大多數拳家都不肯輕傳真藝，因為這直接關係到自己的飯碗。另外，許多拳家具有很高的情操，一生不肯充當統治階級的爪牙，以懲惡揚善，獨立獨行笑傲人生，他們認為：拳是一門技術，本身沒有善惡是非，但學習它的人都懷有各自的目的。所以不同的人掌握了它會對社會

產生不同的效果。所以留有「藝不可輕傳，藝不可誤傳，寧可失傳，不可誤傳」的名訓，這也是掌握武術真傳的人日漸減少的又一原因。

陋習之三是封建迷信色彩嚴重。封建迷信的產生是由於人類對自然界災害的恐懼和不能科學的認識。歷代封建統治者為了維護其統治，無不稱自己「受命於天」，是「真龍天子下凡」，並大力宣傳推行之。這就使封建意識的嚴密禁錮和迷信神幻思想的泛濫相輔相成，互為作用，構成了中國歷史社會思想的一大特徵。武林界自然深受影響。另外，歷代農民起義也是靠迷信來組織和聯絡群眾；到了清末，武術、教派、神術融合在一起，產生了八卦教、義和團等群眾組織，使武術的封建迷信意識更加嚴重。

在封建專制思想和倫理綱常觀念的長期壓抑下，中國人一直把自己的命運寄託在有道明君身上，但像李世民這樣的皇帝實在太少，只得又寄託在清官身上，這就是包拯、況鍾和海瑞劇目永唱不衰的原因，但後來發現清官也靠不住，只好深寄厚望於俠客來尋求宣洩，這又使武俠小說廣為流傳開來，小說中的俠客天馬行空、除霸安良、揮金如土、笑傲恩仇，不受任何法律約束，尤其是飛牆走壁，來去無蹤的武功更是令人神往、傳頌，久而久之，這些踏雪無痕，刀槍不入的筆生之術就被人誤信為武術中的上乘功夫，而一些武林中人為了本派的利益也誇大神化師父、師爺的神技，再因一些江湖拳師的「腥活」不斷變化花樣，就使得武術愈加神乎其神，撲朔迷離。內家拳派除不可避免地產生以上弊病外，又派生出兩種傾向。一是因求整體勁力未獲，就引進了一些「負重」和「硬功操法」，形為內家，其實原傳功法已變。二是

為擋差表演和增強學者興趣而把原傳拳法外形改變為多種套路，或從其它拳派引進了許多成本大套的拳械招式套路。致使原傳要義盡失。至清末民初時，內家拳各系雖然習者日盛，可惜廣泛流傳的多是「雜式捶」、「十二形」、「六十四掌」、「七十二腿」及各種拳械的眾多套路。保持原傳者僅有戴魁、尚雲祥（傳李文斌等）、盧嵩高（傳于化龍等人）、劉學正、陳家泰、李旭州、宋鐵麟、李復貞（傳武培卿等）、楊少侯、郭長生等人。在中華武術烏煙瘴氣、流弊叢生之際，一顆耀眼奪目的新星在太平洋西岸正熠熠升起。他就是我國拳學理論家、實戰家和改革家王薌齋先生。

　　王薌齋先生（1885～1963）八歲投師於形意拳巨擘郭雲深先翁。郭老門下出類拔萃者甚多，但因資質和其它原因，只有薌齋先生盡得其秘。郭老常有「非其人不能教，非其人不能授」之嘆。薌齋先生憑天賦絕倫之資，博學精研獨得心法。而前輩們傳統德藝教益和他對真理的追求，使其產生了無限的希望、憧憬著遠大的理想；前進在時代前列的開拓精神，塑造了他百折不撓、頂天立地的氣質和狂放不羈的性格。血薦軒轅的赤子之心，使其自覺肩負起歷史的重任，並奠定了一生立足中華武學全局高度，來研究祖國武學理論和付諸實踐的基礎。他的拳學境界的著眼點，並不在一門一技一得的局部學識，而是從紛雜的表面現象探索和研究貫穿於中華武學全局領域裡的科學真諦。懷著這樣的志向和抱負，薌齋先生盡得郭老真傳後，又兩次出遊，擴大了眼界，增長了閱歷和經驗。當遇到解鐵夫老先生後「百尺竿頭，更進一步」，較之未出遊前，拳學造詣已臻成熟。但其出遊時是一直沿著心意拳（南派形意拳）這條主線的。恒林禪師雖居少林寺

，但並不會什麼「立禪功」和「金鐘罩鐵布衫」之類神功，大和尚所專乃是傳入少林寺的心意拳。所以說，薌齋先生兼收並蓄了南北兩派的原傳形意拳精華。當然還汲取了其它拳派的精華（主要是八卦拳精華，見張礨先生《大成拳的命名》）。針對當時的武風，薌齋先生「復為闡明拳理，發揚拳學並於1926年倡導意拳，拳以意名，乃示拳理之所在。其練習方法，重在站樁，以求實用，不講求形式演變之套路，無論動靜，皆以意領導，使意氣力合一，以盡拳功爭力之妙用。故正拳名曰『意拳』。意在泯滅宗派內外之紛爭，以存拳學之真義也。」（王薌齋先生《拳學新編》第三章「意拳倡導之意義」）薌齋先生倡導意拳後，登門比武者絡繹不絕，莫不稱服而去。其弟子們亦經常以武會友和參加各種實作比賽，使意拳的影響越來越大。

第五節　世界挑戰

相對我國傳統文化而言，武林界是一個更封閉的系統。兩千多年來，中華武術的發展幾乎沒有接受過外來的影響。在薌齋先生拳學生涯成熟時刻，經歷了中華武術史上第二次面臨世界的考驗。這也是中華武功實戰能力的最嚴重和最公正的考驗。

有史以來，中華武術的威力都是在我國內部發揮的，儘管威力無比，都是自家人廝殺搏鬥，其實用價值究竟如何呢，只有外國人評論才能有說服力，（這又是我們最不敢承認而又必須面對的現實，我國武林界雖然宣揚「口德」、「手德」

，經常以怕傷人而拒絕比武，但一些武術家在私下都是這樣說：「我的功夫，本派內第一，我門的功夫全國第一，中國武術世界第一。」我們還是回顧一下公正的歷史吧。

　　十六世紀中葉（明朝嘉靖年間），日本海盜糾集我國沿海一帶的漢奸和海盜瘋狂侵犯浙江、福建等地。燒殺搶掠，無惡不作。史稱「倭寇之患」。明朝官軍奉旨征剿，無不一觸即潰，望風而逃。遂使倭寇更加猖獗，全國震驚，人人惶恐。民族英雄戚繼光、俞大猷等奉命剿倭，但初戰亦遭慘敗，連戚繼光本人的寶劍也在戰鬥中折斷。戚、俞等將軍認真研究後才找出了失敗的原因。一是因明軍士氣低落，文官愛財，武將貪生，倭寇凶悍異常，亡命而戰。二是明軍所練「均為花法，徒支虛架」，平時所練皆不能實用。倭寇所用刀法威力極大。三是明軍武器不利，倭寇所用兵器堅硬鋒利。（由此可知，我國閉關鎖國，盲目排外由來已久。據考查得知：當時日本人所用倭刀，其刀法源於我國陳再英，其實就是我國實戰刀法的真傳，古時稱朴刀，梁山泊中劉唐、雷橫所用器械即朴刀，近代稱雙手帶。而其堅而利的原因，也是日本人學習了我國古代的鍛造技術而致。日本民族的民族意識極強，但吸取別國的先進科技卻如蚊子吮血。我國的朴刀法已近失傳，而早在西周時期就能鍛造

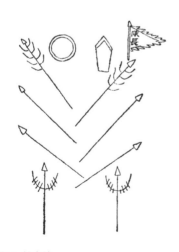

圖10　鴛鴦陣

圖11　戚家軍所用的竹槍

出削鐵如泥刀劍的熱處理工藝，在明朝就已落後於日本，而日本的淬火技術卻是學習中國的）。

　　將軍們針對嚴峻的現實，上疏嘉靖，建議將花法教官一律削職，重新在浙江台州（今臨海）、處州（今麗水）、衢州、溫州一帶重新招募士兵，以實戰功法嚴加訓練，終於在我國的反侵略的歷史上寫下了「鴛鴦陣」和「苦竹破倭刀」等光輝篇章。這場軍人拳術運動帶來了中華武術的振興。將軍們在實踐中也留下了《紀效新書》、《正氣堂集》、《武編》、《耕餘剩記》等寶貴武學著作。

　　從本世紀二十年代起，很多西洋拳擊家和日本拳術家來華挑戰，這就使中華武術第二次面臨了世界的挑戰，也是最嚴峻、最公正的考驗。事關民族威望和利益，我國武林界的反映如何呢？據親身經歷了這段歷史的周子岩、張恩桐、趙道新、正文等先生回憶主要有三種情況。有些武術家慷慨請纓，奮勇拼搏，但抵擋不住國外拳術家急風暴雨般的壓擊，飲恨搏擊場，但失敗之後更加刻苦的訓練，以圖雪恥。還有某些人平時誇誇其談，夜郎自大，門徒眾多，平常亦在比武或在門派之爭中大顯身手，生死不懼，可是目睹了國外拳手的凌厲拳法後，找出種種藉口拒絕上賽場，等國外拳手離去後，他們又趾高氣揚，說些：「要是我上場，上台一腳就能把洋鬼子踹趴下！」還會說一些：「某某真沒用，拳擊不用腿，怎麼不知道上面虛晃，底盤來上個

掃堂腿呢？」之類的馬後炮之論。第三種人是大多數，他們的表現在康泰爾事件中最為突出。趙道新先生稱此為：「康泰爾效應」。

　　一九一八年八月，白俄羅斯馬戲團藝人康泰爾來我國賣藝，因在滬、漢、津等地反應冷淡，到北京後就登報作廣告宣傳，自稱周遊四十六國無敵手，為世界第一大力士云云。當時在康泰爾賣藝的北京，卻無一人站出來上台同其較量，而天津武士會得知此信後，李存義、張占魁二先生攜弟子韓慕俠、王俊臣等進京，為了不打無把握之仗，先去試探虛實，在六國飯店擊倒康泰爾後，第二天才在中央五色土前發生一場群情激奮的「哄鬥」，逼康泰爾交出了金牌。武士會維持國家尊嚴，義憤進京之舉，真正體現了武林志士的情操和美德，但是值得注意的是這次事件一些武術家的心態和拳技水平。時至今日，竟有十多人聲稱打敗過康泰爾。而能拿出證據的就有張占魁、王俊臣、韓慕俠、王子平四人。如果拋開康氏廣告中的狂言，單從技術角度來分析，就能從今天的影視還在以此為題誇張宣染這次「武林志」和武術家仍在爭奪這項桂冠的現象來透視出當時的武術實戰水平。康氏只是一個靠作假和蠻力謀生的賣藝人，他沒有參加過任何拳賽。若按體育項目分類，康氏屬舉重運動員，而舉重和技擊是兩個運動項目。此事發生至今已有七十餘年，在這漫長的歷史時期，我國的宣傳媒介所報導的多是這種滿足同胞們熱愛祖國之心，而又未得到國外反饋的戰績。直至現在，竟仍有津津樂道某武術家打敗了兩個日本浪人來證實國外搏擊術的不堪一擊。亦有人反覆撰寫某武術家在旅館欄杆上作了個倒立，翻跟頭而下，嚇跑了三個洋拳師和某武術家被日本五名武士

按住四肢和脖子後一躍而起之類「為國爭光」的壯舉。現在我國拳擊手很多，但敢斷定，沒有一個人因懼怕倒立動作而不敢與之進行拳賽的。全世界的搏擊家沒有一個人能讓五個不會拳的人按住四肢和脖子而一躍而起者。

勿庸置疑，大多數武術家的武德和民族氣節是高尚的，勇戰康泰爾，也是應宣傳和歌頌的。筆者所遺憾的是至今仍未確定誰是真正的英雄。以及那些爭名奪利的表現和其追隨者杜撰的激烈戰況。當然，武林中也有勇於面對現實和接受外來拳術先進訓練方法而刻苦訓練，並具很高的水平，亦曾在搏壇上戰勝過國外拳手。但是以中華武術的技術在公開場合，公平競爭的條件下，大敗來華挑戰世界各國搏擊家，尤其是世界級拳王和日本在段位的高手，打出中華武術的風格，打出中華民族的威風，打出中華武功的神威，又為國外宣傳媒介承認稱讚的，至今僅是王薌齋一人。

自古至今，中華武術的真正檢驗和提高的手段，雖然是拳師們之間的實作切磋，但主要還是真殺實搏的戰場。武林界內公認的方法則有兩種，即官方的校場（或演武廳）和面向民間的打擂台。為了防身和避免傷害事故，很早就有了保護手段和措施，如盔甲、盾牌。比武時去掉鋒刃，如《水滸傳》楊志同周謹的比武（所以防護措施和護具也是我國最早發明的）。隨著門派的繁雜和武術的逐漸失真，武林界逐漸興起了各種奇怪的比武方式。這些方式在清末和民國期間廣為流傳開來。如「同門不試藝」，只排輩份。各門派多密傳「字」，如八卦拳中有海、福、壽、山、勇等，排輩時，依次而定，占「壽」字的就比「山」字身份高，而占「勇」字的不論年齡長幼和功夫高低就要給占「山」字輩的讓座、酌酒。當

然就只能讓高一輩的人指導，若提出試藝就大逆不道了。還有一種對「春點」（江湖黑話），誰懂的多就占上風。另外，還有很特殊的「規矩」，如一失規，未動手就判為輸或沒資格比武。若真動武，也不是「自由搏擊」，這又有很多比法。如河間府一位拳師同開封府一位拳師比武，河間的能打五十套拳，而開封的只有二十六套，公判其負。又如說招破招，常見一些拳師比武，甲方出一招，乙方破一招。乙方出一招，甲方又破一招。誰會的招法多，誰破解的招法多就算勝利。另外，遇到必須顯示真技時，也創造了很多方式，如甲乙方一握手即暗中用力，力大的自然未等對方施展已經將其攥疼

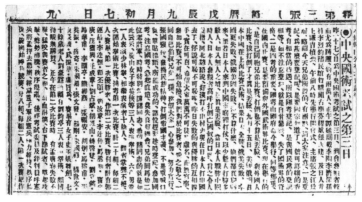

圖12　中央國術考試時張之江講話

或擒拿住。又如眾目睽睽之下，甲方砸一塊磚，乙方就砸兩塊磚，甲方把石揉成粉，乙方就把綠豆捏成末。……總而言之，這些方法只能在我國武林流行和津津樂道，如果遇到有裁判在場，雙方拉開距離，任意擊打的場合，上述這些妙招

絕技都將無用。當年就有一練鐵肚功者，平時可讓人拳打腳踢自己的腹部不倒不疼而名，但同一拳擊手交戰時，馬步剛站好，就被拳擊手一拳擊中鼻子，血流如注，又一拳擊中下巴倒地，拳擊手根本不打他的腹部。

真正的武術家們一向對此類比武方式嗤之以鼻，他們所追求的是真正的搏擊技術。薌齋先生更是如此。但我國的實戰技術由於互相交流少，即使交流也是「近親繁殖」，所以在突然遇到國外高水平的搏擊手挑戰時，就無法適應。

1928年9月15日，中、美、蘇、日等國在上海舉行比武大會，結果日本選手全勝，當日本選手戰敗中國選手時，日本選手竟高呼打倒亡國奴的口號。全場中國選手和觀眾無不切齒，此訊傳開，武林震驚，皆引為奇恥大辱。當時的國術館長張之江先生羞憤尤甚，一力倡導推行實戰武術，欲雪國恥，在十月的全國考賽時張先生痛陳此事，激勵選手們「強國強種，發揚民族精神，打倒帝國主義……」迭聞此類事件的薌齋先生認識到：體育項目，尤其是搏擊比賽，都是以鮮明直觀的形象代表著自己國家和民族的形象，顯示著自己國家的存在和地位。拳手的勝利，會對自己國家的國際地位、政治威信以及國民情緒產生巨大的影響，尤其公開場合的重大比賽，會產生提高國家、民族的國際地位和振奮民族精神，提高民族自信心的政治效應。薌齋先生的難能可貴之處，在於他不僅具有強烈的愛國主義精神和民族自尊心，而且能科學地實事求是地對我國武術和世界各國的搏擊進行冷靜、客觀地研究，從而找出國術的不足之處，並進行改革提高。而不是盲目排外。在此僅談兩點純技術性問題：

（1）中華武術中的各派都摸索總結出很厲害的招法：如「

海底撈月」，（又叫黑狗鑽襠），雙方對峙時，突然下潛身形，開始可抓提對手腳脖子，對手如躲過，可改抓扳其大、小腿和膝關節而扛摔，如仍躲過，又可抓襠、擊腹、胸。如再躲過，還可「掐嗦」和「二龍戲珠」，由下而上，一招可變數招。再如擒拿、卸骨、反關節，也極狠辣，一旦擒、反成功，對方必疼痛難忍，完全喪失抵抗能力。可是這些招法必須有個條件，只能用於武林之間的說招破招和突然施於力弱未有防備者。如若在搏擊台上，還未等靠近對手，對手早已跳開或揮拳直擊施招者的鼻子。所以這些神拿巧打只是一廂情願毫無作用。由此可知，武林中的各種方法臨戰意識都是在「餵招」、「拆招」和「聽勁」時練出來的。而拳擊的時空感、距離感和反應，則全是在雙方互相真打實搏中「逼」出來的。

（2）我國武術各派都重視「穩」。為了有「根」，不肯輕易動步，正宗的步型還是弓、馬、虛、歇、仆。殊不知這種步型是搏擊術中最落後的，它將體重都壓在自己的腿上，勢必影響速度，而拳擊的重心較高，利於調整，步法靈活，從而使發拳快而且加上了慣性的力量（重拳多是「悠」出去的）。況且各拳派已多是套路，步法和單操基本失傳殆盡，保持步法和單操的拳種在當時僅有通臂、彈腿、形意和八卦等極少數拳種。而單操、步法又是作拳的最重要手段。薌齋先生還發現，即使掌握傳統精華的實作名手同國外搏擊明將對陣也極不適應。當時有一經驗豐富功夫老到者，發力便可將對方擊倒，測試拳力時，一記崩拳竟將測力器打滿致損。但他同世界拳王英格交鋒時，開始還能以三體式穩穩對敵，但英格初發拳時皆為虛點試探，待到其突然發力時，英格便迅速

跳開，緊接著，英格頻頻跳動，虛實兼發，這位老手竟本能地隨之招架顫動，肩架剛遭破壞，英格便發起了連珠炮般的猛攻，他同樣被擊中頭部，雖然一拳擊中英格腹部，已威力大減，反而落敗。薌齋先生首先意識到自己原傳三體式的後手太低，置於腹部發拳離對方距離也太遠，而前臂也不適應拳擊虛實無定頻率和節拍速度。所以他先把三體式的真傳加以提高，將兩手抬起先護住自己的頭部，這就為保持整體力增加了難度，把沿習多年的「手不離肋」原則改為直接從護頭的肩架發力。這也是一些武林正宗們至今仍在嘲罵的原因之一，他們斥責薌齋先生「僅從外形上看就背叛了師傅，不是形意，倒像拳擊」。薌齋先生又把前三後七的步法和由此引出的「發力全靠後足蹬」的真傳改為「體重加慣性」的整體爭發。當然，即使護住頭部和增加發力威力也未從根本上克制拳擊的打法。薌齋先生的重要貢獻是——解決了如何使整體力適應拳擊極快的頻率和速度，即將整體力如何作用於國外搏擊術這個矛盾。

薌齋先生的可貴之處在於：在身承祖國拳學絕學，威名遠播之際卻能科學地吸取國外長處。當他初戰英格之前，已多次耳聞國外拳術來華挑戰，在南京、鎮江、杭州等地大打中國武術家之事，他並沒有盲目排外，輕率地同洋拳師拼命，更沒有找藉口回避。而是經常觀看拳擊訓練，並和會拳擊的弟子卜恩富、張長信等進行激烈的「武術對拳擊」的模擬訓練，冷靜地、客觀地分析和借鑒了拳擊的長處。廣為流傳的輕取英格之事實際上是薌齋先生知彼知己後的「本能發揮」，並非一只手背在身後，一只手一揮，就將英格擊出丈外。薌齋先生接點處雖是前臂，但後臂也同時爭發，而且周身無

一處不去激發。其致勝的原因，則是高尚的民族氣節和深厚的武學根基及對拳擊的正確研究。而最為重要的是他自身獨一無二的功夫——以總重心為核心的六面整體的一尺拉伸量。

　　薌齋先生的拳學造詣，使英格深感震驚，薌齋先生「只要世界各國平等待我之民族，就應互相學習，友好交流」的氣魄更使英格折服。公開試藝後，英格又多次拜望薌齋先生，探詢中華武功的真諦，薌齋先生則在與英格多次試手中又加深了對拳擊的了解，並根據第一手資料對中華武術進行了質的改革創新，此舉的目的是要解決國術如何同國外拳種抗衡爭雄，「終於使中華武術在幾千年後艱難地前進了歷史性的一步」。（正文先生語）。

第六節　創立新拳學

　　「五四」以後，當魯迅先生用阿Ｑ為國人寫真之際，薌齋先生開始了對中華武學的整理、改革和創新的艱巨工作。

　　薌齋先生未成名前，各系形意和內家拳派的許多高手都已稱雄武林，在他初涉搏壇前，因年齡和體質關係開始曾受到輕視，但一經見手過招，高手們卻無不驚服。薌齋先生奉師赴保定首勝師兄許占鰲；後又在郭老墓前勝師兄郭園，當眾證明了自己為深得真傳的郭老弟子。1903年第一次離鄉出遊，又結識並戰勝佟忠義、楊少侯、劉鳳春和李瑞東等赫赫名手，名聲日漸鵲起。因此原因，在1913年被當時的陸軍部長靳雲鵬、次長齊振林聘為武技教練所教務長。當時教練所內人材濟濟，如劉文華、尚雲祥、孫祿堂及跤壇名將馬玉清

等。薌齋先生也是各位名家切磋後才使其心悅誠服的。後實戰名家薛顛受直隸總督李景林之聘教形意拳於天津，眾武術家生活受影響而又不敵薛技，薌齋先生受師兄張占魁先生之請赴天津折服薛顛，威震華北。1918年後，薌齋先生二次出遊，萬里參學，又得南派拳學之精。復先後同師兄劉衛祥、錢硯堂試手，竟使錢先生潸然淚下說：「沒想到今日重睹先師風采」。

薌齋先生二次出遊後，使他把廣泛直接獲取的我國各地各門派的拳術精華加以歸納分析研究，在以後直至現在的功法中，溶進了其它拳派的一些實用技法，如「夫子三拱手」，原是三皇炮捶的招法，三角步是原通臂拳步法，一些腿法是來自劉丕顯先生所練的原傳梅花拳，但是薌拳絕不是外形合一的大雜燴，如夫子拱手已改為防護合一的波浪之起落法，三角步已將外形改小，加上了以身代步和如墜千斤似腳踏熱鐵的意念。即使是原猴拳中的捯手法也是整體帶動下的局部動作。簡言之，所吸取的實用招法都已成為整體而動的外在表現。真正使其作為功法汲取的只有解老樁法要義和韓慕俠的健舞精華（後成為一部分試力）。直到如今，薌拳的基礎精華仍是郭老等前輩的站樁功法及作拳原則。如果失去這一點，就成了沒有套路的套路。也將重蹈各拳派只練外形而逐漸失傳的覆轍。所以韓星橋先生說：「從某種意義上說，意拳的創立是高層次的復古」。

1926年後，薌齋先生倡導意拳，後在上海鄭重使用此名，其本意是：「不講求形式演變之套路」和「以盡拳功爭力之妙用」。因形意拳最早稱「際可拳」，又稱心意六合拳，簡稱意拳，古拳譜中最早也稱意拳。當時薌齋先生在天津太古

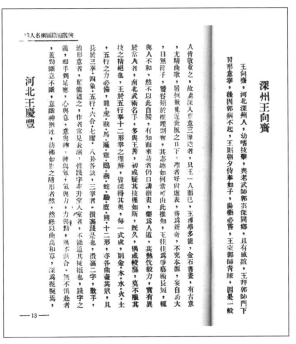

圖13　金恩忠‧《國術名人錄》中關於王薌齋先生的介紹

公司和青年會傳授意拳，其弟子大多是張占魁先生推薦。先後有趙道新、顧小痴、馬其昌、鄭志松、苗春雨、張宗慧、裘致和、趙佐堯、趙逢堯、張恩桐、卜恩富等，號稱津門十一傑。

1928年後，薌齋先生應師兄錢硯堂之邀前去上海，先後在牛庄路和浙江路成立武學會，後改服應拳社，正式向社會推廣意拳，從學者甚眾，當時在上海的高手王叔和、朱國福、朱國祿、朱國禎、張長義、張長信、尤澎熙、韓星橋、馬建超、寧大椿、高振東等人先後拜學意拳。

由上述可知，薌齋先生的成名是拼搏而致，決非靠宣傳

效應和血統論的關係。其拳學核心一直是郭老心法。而其他名家只得部份真傳，甚至只苦練了單操和外形。儘管武林界自始至今有人矢口否認，以自己所練形意拳外形同薌拳相比來證明薌拳的「離經叛道」，或以自己所練薌拳同社會上流傳的形意拳來對照而判斷薌拳「是拋棄所有傳統功法，獨樹一幟」的拳學。但這都是割斷歷史的形而上學觀點。錢硯堂先生的贊

圖14　澤井著　《中國實戰拳法—太氣拳》封面

詞和當時社會上的公認看法是「深入形意拳三摩地者，唯王薌齋一人而已」。

　　當時，儘管薌齋先生的拳學水平在國內已獨秀武林，但若是同郭雲深、車毅齋、宋世榮、董海川、肖海波、解鐵夫等大師頂盛時期相比，只能是不相上下，甚至稍遜。他本人在遺著《拳道中樞》中即有客觀的評論。那時的貢獻是珍存、捍衛了祖國拳學的精華，使其返樸歸真，並培養了一批武學人材。真正使薌齋先生的拳學水平得以創新的決定因素是中華武術的第二次面臨世界挑戰和人類科技水平的進步以及其偉大的愛國主義精神和勇於破除封閉保守、盲目排外的開

拓進取精神。才能運用新的科學理論和方法對傳統武學進行
改革提高，從而使創新後的拳學區別於初期所倡導的意拳。

　　薌齋先生的光輝實踐證明了新拳學的科學性。在民族災
難深重和中華武術面臨世界挑戰的嚴峻時期，薌齋先生先後
戰勝了匈牙利籍和意大利籍拳王英格和吉姆士。後來英格在
英國《泰晤士報》發表題為《我所見到的中國武術》一文，
對王薌齋先生的武學水平「深感震驚」（現存北京圖書館《體
育資料》）。後又戰勝代表日本參加十一屆奧運會的柔道六段

先生と出合った頃、私は柔道5段であったので少しは腕に自信があった。まず、先生にお相手願う機會を得ると、私は先生の手を取って技をかけようとしたが、そのつどはね飛ばされ、いきなりつかんで技をかけることは無理だとわかった。そこで、先生にお願いし、つかみ合った狀態でお相手をしていただくことになった。私は先生の左袖と右襟を取り、投げに行き、失敗した場合は寢技に持ちこめばよいと考えていた。しかし、「いいか」「はい」で始まった瞬間、私の右手は完全に殺されて突き飛ばされていた。私はお願いして何度も相手をしてもらったが、結果は同じだった。そして、私は突き飛ばされるたびに輕く心臟の上を打たれた。勿論、輕く打ってくれたのであったが、ビリッと刺すような、心臟が搖れるような變な痛さで恐しくなったのを覚えている。だが、私はそれでもあきらめなかった。今度は劍道でと思い、棒で先生めがけて打ち込んでいった。しかし、これも先生の持つ短い棒で払われ、ついに一本も取ることができなかった。「劍も棒もすべて手の延長なのだ」と稽古の後で先生は静かに言われた。

圖15　澤井敘述他同王薌齋先生比武失敗的經過；澤井在練薌拳

八田一郎及日野等。在徒手、器械雙勝日本澤井健一後，使
澤井折服不已，從而改學薌拳，現被日本尊為拳聖，在其
1976年出版的《中國實戰拳法——太氣拳》中詳細記錄了當
年被薌齋先生懾服的事實。

　　在此期間先後有姚宗勛、韓星垣、楊德茂、李永宗、竇
士明、竇士誠、孔慶海、禮立、敖碩朋、張中、張孚、王斌
奎、馬驪良、楊紹庚、李文濤、陳海亭、于永年等人和次女
王玉芳從薌齋先生學拳。

圖16 張壁、齊振林文章．大成拳的命名

　　在薌齋先生和第一、二代弟子們的共同努力下，薌拳在40年至55年期間，功法在實踐中不斷昇華和完善，發展到鼎盛時期。早在40年8月，因學練薌拳深受其益的齊振林先生就認為薌齋先生已達大成之境，議贈大成拳之名，後得到張壁等人附議，並於40年9月屬文報端，議贈其拳學為大成之名。薌齋先生「欲卻之而無從，隨聽之而已。」從此意拳又名大成拳。但是薌齋先生的一生，一向是以赤子之心的歷史責任感來研練、探討、改革祖國武學的，他從沒有自創一派的想法，而是站在中華武學全局的角度來對祖國武學進行去偽存真，革故創新這項艱巨浩繁的工作的。這在他的遺著《拳道

圖17　王薌齋先生1940年在《時報》上發表的答記者問

中樞》中屢屢可見。開篇名義是「拳道之大」，並非什麼「意拳」、「大成拳」、「薌拳」等新拳名。所以薌拳的真正名字應該叫華拳——「中華傳統拳學的精華同解決面臨世界的打法時的歷史產物。」但卻已有了這個有其它含義的拳名。也可叫中國拳或華夏拳、炎黃拳才能表示其真正內涵。（種種原因竟使這名符其實的國粹至今未定下統一的名稱。）

　　薌齋先生一生，奮鬥不已。至晚年仍求知若渴，從未認為自己已達大成之境。儘管其拳學造詣和偉大歷史貢獻使深受其益者由衷仰慕，並廣為宣傳和賜大成拳名，但他只知嘔心瀝血，辛勤耕耘。並不顧笑罵，倡導解除師徒制，並對門派觀念及崇尚左一招、右一式的套路招法等流弊進行了堅決的抵制和抨擊，保存和傳播了武學真諦，揭穿了流傳千百年的神秘主義色彩，倡導並身體力行了中華武學整體的全局觀念，在中華武術發展中上聳立了一座新的豐碑。

　　解放初期，薌拳穩定發展，薌齋先生除廣泛開展以站桩為主的群眾性養生祛病工作外，繼續學習哲學、解剖學、地質學等現代科學知識。並用現代科學對拳學進行新的深入探討和研究。使其在各個文化藝術和體育項目中發揮新的巨大作用。使習練者在建設祖國的各行各業的工作領域中受到殊

圖18 王薌齋先生和部份弟子及站樁功訓練學員合影

深的啟示和教益。但是薌齋先生本人和拳學在六十年代以後即和中華民族一起經歷了種種坎坷、磨難，數十年間霜欺雪壓，幾近滅絕。近年來經過百般努力奮鬥，才使薌拳在百家拳中占了一席末位。在各武術刊物介紹千姿百態的各種拳術「秘傳」後，才發現了王薌齋的名字。薌齋先生盡畢生精力為了自己的祖國，為了祖國的文化遺產不懈奮鬥了一生的結果竟是如此悲壯──在擁擠龐雜的一千四百多個拳名中又增添了兩個新的拳名──意拳和大成拳。

　　中華武術的理論和功法都是它外在的表現形式，更為重要的是，它蘊藏著十分豐富的文化內涵，它與中國傳統文化及民族的心理有著極深的淵源關係，薌拳的歷史就充分證實這一點。

第三章　理論基礎探討

　　中華民族在認識自身和自然界的長期實踐中，形成了注重實際效果的思維方式和認識模式，雖然帶有一定的直觀性、樸素性和猜測性，但它卻避免了形而上學的缺點，保留著整體系統的優點，並將其應用到了人體系統等級層次、矛盾性、有序性、整體性和自然性等基本法則和物質、能量、信息之間的相互關係和作用等問題上。獨具風格地採用整體系統觀和陰陽對立統一觀，從而在實踐中也獨具效果。其以「綜合」的方式去反映人在運動過程中作為一個「活」的整體的生理、心理，以及這些功能與外部物質世界的動態聯繫過程，已達到現代科學所追求的認識論、系統論、方法論的高度，形成了可以說涉及人的一切生活領域的系統而穩定的理論體系和實踐體系。哲人們以高度辨證思維和矛盾的觀點觀察事物，逐步形成了以《易經》、《內經》和《老子》為代表的三大辨證法系統，這三大辨證系統是我國傳統文化的精華，我國傳統文明中的很多成就都與其有著千絲萬縷的聯繫，拳學更是深受啟益。

　　《黃帝內經》，簡稱《內經》。是我國現存最早的，最為系統和完整的醫學典籍。它創造了祖國醫學的獨特體系，對生理、病理、診斷、辨證及治療都奠定了原則性的基礎，同時對人類的防病保健和延年益壽問題，也指出了最初實際的具體措施，並歸納為樸素易行的法則，對後世影響極大。《內經》分《素問》和《靈樞》兩部。其中《素問》一部，尤重攝生問題，自啟玄子王冰重次篇第，將專講養生的「上古天真論」移居篇首之後，對後來的養生學影響極大。

　　拳之為道，從它產生之日始，一直沒離開過廣大人民群眾的實踐和應用。而且拳學實踐往往關係人的生死存亡問題，來不得半點虛假和不切實際。實踐出真知，拳學實踐給予拳學理論和方法最豐富的營養。加上在這一基礎上，又經歷代有真才卓識和專長的拳學家不斷總結和昇華，使拳學逐漸充實和完善起來。但是，事物的發展並不都是一帆風順的，都是螺旋式上升，波浪式曲折前進的。尤其近代以來，拳術界出現了一些謬傳誤用，一些拳師往往執一偏而從之，使學者往往如入深山窮谷，不易窺拳學之全貌，從而漸漸偏離了養生健身之正道。薌齋先生「經過數十年的研究體會並結合《內經》素問篇的要義和拳學的基本功夫，參互為用，終於獲得了養生術的梗概」。並對其原理進行了具體的發揮和運用，使之成為薌拳指導理論。

第一節　天人整體觀

　　中醫學認為：人體為一有機的整體，是靠「內屬於臟腑」，「外絡於肢節」的經絡系統的維繫而形成的。組成人體的各部分可以反映整體生命運動狀況。構成人體的各個部分之間，在結構上是不能分割的，在功能上是相互協調、相互為用的，在病理上互相影響的。同時認識到人類生活在自然界中，人體的生理功能和病理變化是不斷受到自然界的影響的，人類在能動地改造自然和適應自然的鬥爭中，維持著機體的正常生命活動。整體觀念主要體現在天人整體觀和人體整體觀兩個方面。

一、天人整體觀

　　人類生活在自然界，自然界存在著人類賴以生存的必要條件。同時，自然界運動變化又常常直接或間接地影響著人體。而各個不同地區的氣候差異，以及地理環境和生活習慣的不同，對人體的生理活動也有一定的影響。所以，人是自然界的一部分，應該從天地間萬物生生化化的整體背景上來研究人的生命運動。

二、人體是有機的整體

　　人體是由若干臟器、組織和器官所組成的。外四肢百骸和五臟六腑，彼此聯繫，互相制約，形成了一個以臟腑為核心的有機整體，其中臟與臟、臟與腑、臟與身形都是有機地聯繫著。

　　人體是精、氣、神、意和形體統一的生命整體。神主意、意帥氣、氣引形。沒有神、意、氣，人就失去了生命或只是些動植物一類的生物。另一方面，形體是生命的基礎，離開了形體，神、意、氣將無所依托，作為人的生命也就失去了意義。這與西方生命觀有著重大區別，現代醫學的解剖學、組織學，對人體有形的物質研究相當深入，其水平已能夠辨認細微的水合離子。但其解剖學的方法，所觀察的是死的或離體的組織，所以找不到整體生命中的經絡和穴位，更無法解釋無形的神、意、氣在整體生命過程中的主導與能動作用。神經生理學強調了人體內外環境變動產生的信號在神經系統內的傳輸過程以及中樞系統對這些信號的反映，卻忽略了神在整個生命過程中的主導與能動作用。心理學研究了人的情緒和行為及其和有形的神經系統的聯繫，卻未能涉及中醫理論體系的核心——氣化論和經絡論。因而，儘管其研究

相當精深，急需我國學習和引進，但由此而得到的關於人的生命的認識，卻失之片面和零散。我國醫學對人體各部細節的研究雖不如現代醫學精微，但它卻從整體上反映了人體生命運動的規律。因此，整體觀念的認識論正日益引起科學界的重視。諾貝爾獎金獲得者普利戈京說：「西方科學和中國文化對整體性、協同性理解的很好結合，將導致新的自然觀和哲學觀。」劍橋大學著名的學者李約瑟則說：「誰知道身心相關的概念的未來發展，將在醫學中需要怎樣的發展呢？中國傳統醫學思想的複合體可能會在科學發展的最終狀態中，發揮在於人們所承認的作用……。」可見對祖國醫學、拳學整體觀念的深入研究已經和揭示出傳統文明的底蘊聯繫在一起，它將導致自然科學的重大突破。

　　根據整體觀總的指導思想，薌拳通過站桩訓練，首先使臟腑組織器官的功能活動平衡協調，提高健康水平和身體素質；然後運用相應的意念活動，在站桩中對精神和形體進行合理、協調地調節。這種訓練使自身建立上下、左右、前後處處相爭的整體動力，其特點是具有使精神和形體各部高度協調的一動無有不動的整體運動。在此基礎上，再利用特殊的意念活動使自身與外界聯繫牽掛，如此可使自身意力放長延伸，形成「天人合一」的境界。站桩有了體會後，繼續練習其它功法時，亦應時時處處以整體觀念為指導，才能步入正軌。

第二節　法於陰陽

　　陰陽學說是中醫對自然相互關聯，相互對立的某些事物或現象，或同一事物內部的相互對立雙方的概括。對祖國醫

學的理論與臨床中，從自然到人體，從機體的局部到整體，從生理到病理，從診斷到治療，從分劑到藥物等，無不貫穿著陰陽對立統一和五行有序的思想。《素問·陰陽應象大論》指出：「陰陽者，天地之道也，萬物之綱紀，變化之父母，生殺之本始。」明確指出了陰陽對立統一是天地萬物的總規律，運動變化的根源，生和衰亡的本始，也是人們通曉事物道理之所在。

中醫學在闡述自然觀方面認為：陰陽互相聯繫，陰中有陽，陽中有陰，互相滲透，互相為根。互相轉化。《內經》中指出：「孤陰不生，獨陽不長。」陰和陽離開對立的一方，其本身就不存在。《素問·金匱真言論》說：「陰中有陰，陽中有陽。平旦至日中，天之陽，陽中之陽也；日中至黃昏，天之陽，陽中之陰也；合夜至雞鳴，天之陰，陰中之陰也；雞鳴至平旦，天之陰，陰中之陽也。」說明陰陽互相滲透，而且互相消長，互相轉化。即包含由量變到質變的規律。如《素問·天元紀大論》指出：「故物生謂之化，物極謂之變。」而《素問·六微旨大論》又說：「夫物之生，從於化；物之極，由於變，變化之相薄，成敗之所由也，成敗倚伏在乎動，動而不已，則變作矣。」其更明確提出「化」和「變」，即「量變」和「質變」，即相互區別又緊密聯繫。同時《素問·至真要大論》指出：「勝至則變，復已而勝，不復則害。」《靈樞·論疾診尺篇》中說：「重陰必陽，重陽必陰。」亦論述了陰勝則陽復，陽勝則陰復，陰陽鬥爭發展到一定程度，就推動事物向相反的方向轉化，即否定之否定規律。另外，中醫學有關「承制亢害」觀點認為：陰陽五行相承相制，生命體中相對平衡和有序，則人體平安健康，否則，一方

過盛，對方不能承受制約，相對平衡破壞即發病害。

對人體的機能，中醫學也是用陰陽學說加以概括說明的。認為人體的正常生命活動，是由陰陽兩個對立方面保持協調關係的結果。陰陽不但不能偏，而且不能有偏損。陰陽的鬥爭，在動態中向相反的方向轉化，如果單純一方偏盛，而另一方偏衰或不能互補，就會「陰陽離失，精氣乃絕」而發生死亡。所以，人體各部是相互聯繫、互相協調的陰陽對方統一的生命整體，而疾病的發生是在致病因素的作用下，引起了機體陰陽偏盛、偏衰，臟腑氣血的升降失常所致，它即有外因，更有情志和機體的因素，因此，調整陰陽，補救偏弊，促使「陰平陽秘」，恢復陰陽的相對平衡，是治未病和治未亂的基本原則，所以《內經》將「法於陰陽」放在養生學的首位。其意義簡述如下：

第一，提挈天地，把握陰陽，掌握和順應自然界四時陰陽變化消長規律，預防外邪的侵襲，遵從社會環境的約束。使自身的陰陽與自然及社會的環境始終保持協調平衡，從而提高人體對自然和社會環境的適應能力。如冬防冷風吹，夏忌烈日曬，衣著冷暖適宜，寬鬆合體。練功處幽靜清潔。同時，在練功中應具備頂天立地的豪邁氣概和與天地相爭的意念活動。

第二，獨立守神。獨立的本意是平衡站立，如木桩然。守神即精神內守。世上一切運動，雖種類繁多，但不外動靜，動以活動形體，靜以調養心神。動極陽亢，過靜陰盛，側重那一方面都會造成人體的陰陽平衡失調，戕生損神。只有將動靜科學地結合起來，才能收到養生的功效。獨立就站桩，站桩外形不動，但合理的角度和意念活動使人體內外生生

不已。又因獨立時，要使形體呈站樁姿勢，並且保持這種姿勢，這就需要肌肉群的張力性運動，即千千萬萬肌細胞參加工作。所以，站樁是在休息中鍛煉，在鍛煉中休息的最科學的把握動靜陰陽適中的運動。

守神，指調情志。神是中醫學對人體生命活動的總稱和臟腑、精、氣、血、津液的活動外在表現的高度概括。拳學的心是指心態，即人的精神及思維活動。中醫學認為：人的情志活動，喜、怒、憂、思、悲、恐、驚，即七情，在一般情況下，大多屬於正常的生理活動範圍，並不足以致病。但是，由於長期的精神刺激或突然受到劇烈的精神創傷，超過了生理活動所能調解的範圍，就會引起體內陰陽氣血及臟腑功能的失調而致病。不同的情志變化，對內臟有不同的影響。《素問·陰陽應象大論》說：「怒傷肝，悲勝怒；喜傷心，恐勝喜；思傷脾，怒勝思；憂傷肺，喜勝憂；恐傷腎，思勝恐。」七情致病，據臨床觀察，以影響心、肝、脾為多見，而心尤為常見。心，（中醫學所說的心，包括心臟和大腦功能）是人的根本。《靈樞·邪客篇》說：「心者，五臟六腑之大主也，精神之所舍也。」故心主神明，主血脈，主藏神。「心藏脈，脈全神」。如其功能失常，就會出現神經紊亂的症狀。《靈樞·本神篇》說：「心怵惕思慮則傷神，神傷則恐懼自失。」獨立守神要求肢體相對靜止不動，精神、肢體高度鬆靜，同時環境寧靜，心情平靜，思想安靜，這樣就使人體處於安祥的恬淡虛無狀態。寧心鬆靜，休養身心，情緒穩定。同時，練功中用良性的意態誘導，使之進入舒適、愉快、空明的境界，久之會使人變得精神恬愉、思想開朗，志趣樂觀。在遇到意外的七情干擾時，能夠使心很快平靜下

來，抑制情緒的激烈變化。站桩能使心神安祥，使其發揮協調臟腑的正常功能，使臟腑之間陰陽相對平衡，各司其職。從而使「五臟堅固，血脈和調，皮膚致密，營衛之行，不失其常，呼吸微徐，氣以度行，六腑化穀，津液布揚，各如其常，故能長久。」

第三，肌肉若一。是養生獲益後的進一步功夫，薌齋先生說：「要注意到在加強鍛煉的同時，要儘量減少大腦和心臟的負擔。」通過把握陰陽原則的鍛煉，熟悉拳學中鬆緊、動靜、虛實、剛柔、開合、橫豎、長短、高低、前後等等對立統一的陰陽關係，將「神、意、力及光線聲勢，統一於一體」，形成一動無有不動的整體平衡運動。而作拳時的整體力運用，亦應如薌齋先生所教：「力之運用，陰陽虛實，開合剛柔，橫豎等變化無窮。陰中藏陽，陽中含陰。陰陽有制復之變。動為靜，靜為動機，動靜有感通之妙」。

第三節　不治已病治未病

《內經·四氣調神大論》說：「是聖人不治已病治未病，不治已亂治未亂，此之謂也。夫病已成而後藥之，亂已成而後治之，譬如渴而穿井，鬥而鑄兵，不亦晚乎。」本文提出的治未病的理論，體現了中醫學預防為主的思想。其意是應「防患於未然」，有病早治，未病先防，如果疾病已經發生，然後再去治療，或不能診治未亂之前，而是亂事已發再去診治，那就如同臨渴才去掘井，臨戰才去磨刀，為之已晚。

所謂治未病，包括兩方面的指導思想，一是指臨床治療，必須注意防治疾病的轉變和併發症的發生。如《素問·刺

熱篇》所說：病雖未發，見赤色者刺之，名曰治未病。二是指未病先防。防勝於治。

《內經・上古天真論》說：「虛邪賊風，避之有時，恬惔虛無，真氣從之，精神內守，病安從來？是以志閑而少欲，心安而不懼，形勞而不倦，氣從以順，各從其欲，皆得所願。故美其食，任其服，樂其俗，高下不相慕，其民故曰樸。是以嗜欲不能勞其目，淫邪不能惑其心，愚智賢不肖，不懼於物，故合於道，所以能年皆度百歲，而動作不衰者，以其德全不危也。」以上治未病方面的精辟論述，總結了前人科學的「治未病」方法，同時，還具體地提出了一些重要的養生基本法則，諸如適應四時氣候，預防外邪侵襲，調節飲食起居，堅持鍛煉，注意勞逸結合，防止精神刺激等。既強調「天人相應」的內外整體聯繫，又重視積精全神，強壯正氣，以維持人體陰陽動態的平衡，防病抗衰的積極思想。這些法則為我國預防醫學和拳學奠定了理論基礎，對薌拳的鍛煉亦有重要的現實指導意義。《內經》中的養生法則，歸結起來，主要有以下幾個方面：

一、呼吸精氣

氣為萬物之本，人生之根。一般常人，數日不食可生，但那怕十秒鐘不呼吸就會使人難受甚至窒息。所以呼吸比飲食更為重要。氣宏大精細，複雜微妙，總不外有害和有益兩種，益者生物，害者殺物。所以，呼吸精氣是治未病的重要原則。《春秋繁露》中說：「氣之清者為精。」養生應注意居住和工作環境的衛生。練功也應選擇空氣新鮮的地方。將自然界的精氣同體內的正氣貫通融合。

二、飲食有節

呼吸之次，即為飲食。其能養人，亦能傷人。孫思邈指出：不欲極飢而食，食不可過飽；不欲極渴而飲，飲不可過多，飽食過多則結積聚；渴飲過多則成痰澼。消化系統功能正常是食物消化吸收的保證，而欲滿足機體對營養物質的需要，就必須注意食物的葷素相間，粗細搭配。吃飯要定時定量，溫飽適中，不偏食，忌暴飲暴食和冷熱不均等。

三、起居有常

起居是人每天生活的全部內容。舉凡一日中的生活細節都應有所節制，並根據個人的實際情況安排和養成自己的生活規律。工作、學習、休息和娛樂等都要盡力做到合理化和規律化。以順應四時規律，注意勞逸結合。此外，對睡眠的時間、方向、姿勢和習慣也應有一要求。如睡眠應頭東腳西，永不朝北，姿勢以右側臥為佳。孫思邈指出：人頭邊，勿安火爐，日久引火氣，頭重、目赤、睛及鼻乾……冬夜勿覆其頭，得長壽。

四、不妄作勞

人類以勞動為天職，勞動創造人類。每個人都應該有一定的任務，一定責任，一定工作。勞動有腦體之分，也有腦體並用。不論何種勞動都應「不妄」。「不妄」就是不過、不亂、不蠻、不昧……，如過則失中，亂則反常，蠻則傷身，昧則喪志。同時「不妄」字意還指思想活動。凡一切勞作，必是心中幻想妄想所致。即要不妄，就應該科學合理地勞作

，注重方法，效益和勞逸適度。

《內經》認為疾病的發生，不外外感六淫，內傷七情所致，所以提出了以上治未病的相應法則，欲養生祛病，即要預防外來病邪的侵襲，即所謂「虛邪賊風，避之有時。」又要調攝精神，做到「志閑而不欲，心安而不懼，形勞而不倦。」所以，不僅初為養生者應遵循以上這些要求，既使是養生有得之後，繼續深入研學技擊者也應該將這些法則貫徹始終。

第四節　和於術數

勞動和體育鍛煉可使經脈流通，生機旺盛，強身健體。我國古代人民很早就認識到這個道理。《呂氏春秋》中就記載說：「流水不腐，戶樞不蠹，動也；形氣亦質。形不動則精不流，精不流則氣鬱。」在長期的實踐中，我國人民創造出了許多行之有效的方法。如導引、五禽戰、八段錦、站桩功以及現在的老年迪斯科等。練這些功法，能使人精神愉快，身體健康，而且無副作用。現代科學進步的弱點造成了人體運動的不足，運動不足是引起肥胖病、糖尿病、高血壓和胃潰瘍等這些所謂現代病的一個原因。因此，人們越來越認識到勞動和體育鍛煉的重要性。「運動是終身法寶」，「生命在於運動」的說法已經成為世界上公認的道理。然而，祖國醫學認為這種理論是不夠確切的，也是不全面的。勞作和運動固然是延年益壽的重要手段，但亦應遵循上文中提到養生法則，如《靈樞・本神篇》所說：「故智者之養生也，必順四時而適寒暑，和喜怒而安居處，節陰陽而調剛柔。」而且體育鍛煉也應該「和於術數」。和字的意思，《類經》三十七

引作「知」懂得和掌握的意思。「術數」，張介賓注：修身養性之法。其意思是指應該知道並掌握科學的形神養練，內外同修的整體鍛煉方法。華陀釋解更為確切明了：人體欲得勞動但不當使極。這就是說生命在於合理的科學的運動。

一般常人都能認識到：「生命在於運動」這個道理，也能掌握一項或數項勞動技能或體育鍛煉方法，但「和於術數」、「不妄作勞」者就不多了，而且運動多不合理。

所謂合理的運動，包括鍛煉方法的合理和運動量的合理。試觀現在的體育運動有的不夠全面，如棋類運動員側重思維，舉重運動員偏於肌肉，而乒乓球運動員執球拍的手臂比不執拍的手臂靈活粗狀。有的運動則因過於激烈而贊成憋氣現象，在憋氣期間，機體停止了氣體的呼吸活動，因而造成了內部的嚴重缺氧，形了負氧狀態，使細胞內氧化過程和整個生命活動無法正常進行，使血液內的二氧化碳含量增高。血液與氧氣的結合率降低，容易出現疲勞和臟腑功能失常，所以，體弱多病者參加這些運動有害無益，而體質好的人如果長期從事此類運動也會嚴重影響身體健康，所以，我們經常見到一些運動員的身體並不健康，或剛到中年就已傷病纏身，甚至發生猝死現象。有的運動項目的傷亡率很高，還有的傷身早夭，如拳王阿里未及不惑就已神志不清，步履維艱，泰拳選手的平均壽命只有三十六歲。可見運動如果是不「和於術數」，反而會戕生的。

現在人們普遍認為，跑步和練武最有益於健康，這也要看其是否合理。如果慢跑和經常走路，可增強腿部肌肉，強壯心臟，延緩衰老。但是現在城市的路面多是水泥和卵石鋪成，如果經常跑跳，會造成肌肉對脛骨骨膜或腓骨骨膜牽引

過多，進而引起脛骨或腓骨骨膜炎，甚至由於長期震盪後腦，會造成頭部的病變。而現在流行的武術運動，也多是失去真傳的功法，對身體並無好處。人們認為太極拳健身效果最好，但近代的代表人物楊澄甫、楊少侯、陳照奎等多是體態臃腫，而且僅僅活了四、五十歲。至於那些拍樹砸磚、插沙負重等功法對人傷害更大。薌齋先生曾痛斥其非：「學之不當，能使品德、神經、肢體、性情都致失常，且影響生命，因而誤及終身，謂於不信，請看過去拳術名家多因筋肉失和，而落癱瘓下痿者，比比皆是，習拳原為養生，反而戕生，結果殊可憐也。世人多呼拳道為國粹，如此國粹豈非制造廢人之工具乎。」

武術中也有一些動作緩慢的拳種，習之於身體無害，但因式多招繁，練習時會因程序繁雜而影響整體觀念，更不能兼顧精神氣勢。何況武術除養生外，還有技擊的目的，而技擊又是比其它運動項目更為激烈的對搏，平時套路練習可以四平八穩，但實戰時則「其氣喘矣，其身搖矣」。

綜上所述，迄今為止，只有站桩是養練結合，補腦益髓，神明體健的「術數」。

站桩是處於相對靜止不動的狀態，可以合理地運用各種意念對人體內外進行全面的鍛煉，所以無任何副作用，而收效很快。站桩首重養生，但不是針對某種疾病的特異療法，而主要是順應和改善人的整體機能，強調內外同修，形與神俱的整體功法。

站桩時神靜而心和，人體正氣自然順達加強。站桩就是從扶助正氣，改善整體機能入手的治本療法。中醫學認為，只有當人體正氣虛弱，不足以去外邪或適應情緒變化時，才

能因臟腑氣血功能失調而致病。正氣虛弱，不僅是疾病發生的根本原因，而且疾病的發展、變化、預後和轉歸也取決於它。尤其是在「久病必虛」整體衰退的情況下，扶助正氣更為重要。

中醫學極為重視人體的精、氣、神，稱之為三寶。其中精是基礎，氣是動力，神是主導。精、氣、神是相互關聯、相互作用的。站樁時要求自然呼吸，氣遍全身而充毛髮，加強了肺呼吸精氣的作用，就能使上焦氣機流暢，肺氣能更好地發揮霧露灌溉的作用，將精微物質通過「百脈」充養全身。中焦氣機通達，又能增強脾胃之氣，因此食欲旺盛。下焦氣機得調，則腎陽之氣充沛，更有助於脾胃的運化及溫煦全身。從而人體五臟安和，氣機旺盛，三寶充實，固本培元，並使全身精力充沛，筋脈和同、骨髓堅固，氣血皆從，為進一步練習技擊打下堅實的基礎。其後，可把站樁要求改變一些，使肌肉的運動增強，再輔以適宜的意念活動，將精、氣、神、意、力及光線聲勢統一而作實戰之基礎。

第五節　　拳與人體科學

薌齋先生在《習拳一得》中指出：「研究拳學不分古今與中西。」在薌拳的發展中，薌齋先生及其弟子對國外拳種和訓練方法以及力學、解剖學、運動生理學進行了深入的研究和探討並取得了很大的成果。薌齋先生作古後，其弟子姚宗勛、于永年、楊紹庚等先生繼續對運動醫學、運動心理學、運動生理學方面進行了大量的探索工作，使薌拳的理論不斷提高和深入。歸納起來簡述如下：

一、站桩有益於神經系統的調節作用

　　站桩訓練可充分發揮神經系統的協調作用。人體有八大系統，即呼吸系統、循環系統、消化系統、內分泌系統、生殖系統、排泄系統、運動系統、神經系統。人體之所以能夠協調工作，皆在於神經系統的調節作用。神經系統像一台靈敏的計算機，通過對內、外界的大量信息進行加工處理，可作出各種反應。

　　入靜狀態具有積極的保護作用。我們知道，興奮和抑制是高級神經活動的基本過程，一節反射，包括高級思維活動都賴於神經細胞的興奮過程。由於興奮活動伴隨著生化成分的轉化消耗，因此當其持續過長或過度激烈時，則可導致高級神經中樞的機能障礙。根據高級、神經活動規律，興奮過程必須在抑制過程的密切配合下，才能行使其正常的生理機能。桩功入靜狀態下的內抑制和其它生理過程中的抑制一樣，不僅能保證各種各反活動的正常進行，而且對大腦細胞生化成分及生理機能也具有保護、調節和使之恢復的作用。入靜狀態可把整個機體推移到一個新的動態平衡狀態。人體是一個高性能、多層次的生物控制系統，大腦半球則是自動控制系統的調節樞紐。機體的整體、器官乃至細胞水平的一節生理過程，都是在高級神經中樞控制、調節之下進行活動的。入靜後的腦電趨向同步化，腦細胞電活動達到有序化，高級神經的功能活動得到加強，神經調節性作用進一步改善，從而使機體進入一個新的動態平衡狀態。

　　入靜狀態具有養精蓄銳、儲積能量的作用。在桩功入靜狀態下，基礎代謝降低，單位耗氧率下降。常人熟睡時單位

耗氧率較清醒狀態下降低10%，入靜時單位耗氧量則又低於熟睡的水平。此外，樁功性抑制對大腦細胞的物質代謝成分又起有補充恢復的作用。基於入靜時可導致機體系統熵增率變小，血漿中皮質激素、生長激素含量下降，中樞神經介質五羥色胺水平提高等情況，表明入靜乃是一個生理的低能量代謝過程，從而實現了良好的儲能作用。

在入靜狀態下，如果再適當地對大腦施加某種信號（意念誘導），往往可收到意想不到的效果。科學研究證明，人在興奮程度降低或大腦皮層處於相對靜止時，對信號或精神暗示的反應就會加大，在這種情況下，稍有微弱的刺激便會引起強烈的應答反應。這就是說，只要時機選擇恰當，稍有微弱的信號或暗示就能產生明顯的自我影響的效果。作為養生練功者，若施加一些良性的假想信號，則對入靜與放鬆可起到明顯的反饋效應。作為技擊練功者，若施加一些技擊性的假想信號，則可增加功力，產生薌拳中所特有的力量、速度和靈敏性。

心理學認為，人的情緒反映與植物神經系統、內分泌系統功能狀態密切相關。當一個人處於良好的積極的情緒狀態時，精力充沛，工作效率高，機體與外界以及內臟十分協調，人的表現為愉快、健康。相反，當一個人處於不良的消極的情緒狀態時，伴隨著出現的心理狀態則是不安、易悲易怒、恐懼、痛苦、矛盾、活動無力、肌肉僵滯、植物神經紊亂，從而誘發疾病。

鍛煉薌拳要求習者心平氣和，首要鬆靜，這就直接作用於中樞神經和植物神經系統，可以誘致情緒的改善。而情緒的不斷改善，又進而使生理參數最佳化，造成良性循環。如

精神肌肉的放鬆，有助於中樞神經系統，尤其是交感神經系統的緊張性下降。如站樁時能達到不受外界干擾的鬆靜狀態，對大腦皮層起著自我抑制的積極作用，這樣就使由於過度興奮而致使機能紊亂的大腦皮層細胞得到復原，也能夠降低外感性有害刺激的作用。

二、站樁可改善人體的血液機能

站樁可以改善身體的造血機能。通過站樁，血象改善最明顯者，血色素增加3.12克，紅血球增加152萬個，白血球增加3650個；改善最小者，血色素增加1.5克，紅血球增加21萬個，白血球增加400個。

血色素作為含氧載體，它的增加使血液中的含氧量增加。如果血象在運動中能夠保持在最佳狀態，可使運動在血液富氧的狀態下完成，即運動起來感到輕鬆自如，具有承受巨大運動強度的耐力。

站樁還可以改善微循環。站樁前後通過眼底鏡觀察眼底血管，血管增加一至二根。站樁練習，一般都會引起手腳發漲，發熱，這便是微循環得到改善的緣故。有較好站樁訓練的人，肌肉豐滿。在作肌肉鬆緊運動時，肌群曲線分明。這是肌群橫切面上毛細血管富集增加的結果。

人體肌肉每平方毫米的橫斷面上，約有2000條毛細血管。安靜狀態下，其中只有5條開放，有血液流過；當參加運動時，有200條毛細血管開放使用，90%的毛細血管在儲備著。站樁時，微循環比常態高30%，說明練薌拳站樁時調動了更多的毛細血管參加了工作，這對加強生命活力有很大作用。

三、站樁可改善人體其它功能

一個人的肺臟，估計有7.5億個肺泡，接受呼吸的總面積約有130平方米，但一般人不能充分利用這些肺泡。而練薌拳有素者，功中呼吸次數雖在2～5次／分，卻感到非常舒適。這說明在這種狀態中，肺泡的工作效力提高了，氣體交換功能改善了。在這種狀態下，通氣量大大減少，潮氣量明顯增加，單位時間內降低了呼吸系統的能量消耗。站樁時肌肉放鬆實質上是全身肌肉處於一種輕度靜力性緊張狀態，當肌肉處於這一狀態時，由於物理作用會促使血液循環加速。物理學中的柏努利定律，即「流體在管子裡作穩恒流動時，流動快的地方靜壓強低，流速慢的地方靜壓強高」。肌肉放鬆時對血管的靜壓強減低，因之血液循環加速。再一個方面，站樁時的肌肉放鬆，實質是處於一種舒適的輕度緊張狀態。肌肉是具有彈性的，處於此種狀態時自然出現輕微的振顫，這種振顫對血管起著按摩作用，既可軟化血管又可促進血液循環，尤其是能促使毛細血管開放，對微循環系統的運行有良好的促進作用。

人體的全部運動都是由肌肉牽動骨骼發生的。肌肉具有能夠在短時間內產生很大的力量，或者在長時間保持一定力量的能力。肌肉在工作時所產生的能量可比安靜時增加兩百五十倍。但是，要保持這種高度的產能水平，就必須使肌肉組織利用氧的能力與身體排除熱和二氧化碳的能力達到相應的高水平的平衡。而達到這一相應高水平的生理活動，薌拳的基本功法是站樁。站樁的首要要領是入靜，而入靜狀態不同於睡眠和平時清醒的第三內狀態——內抑制狀態。

入靜狀態對心理和生理活動都具有積極的保護性作用。

人的情緒興奮和抑制是高級神經活動的基本過程。一切反射，包括高級思維活動都賴於神經細胞的興奮過程。由於興奮過程伴隨著生化成分的轉化，因此，當其持續過長或過度激烈時，可導致高級神經中樞的機能障礙。根據高級神經的活動規律，興奮過程必須在抑制過程的密切配合下，才能完成其正常的生理機能。

四、站桩可增強人體整體肌肉的力量

站桩時入靜狀態下的內抑制和其它生理抑制一樣，它不但能保證各種反射的精確實施，而且對大腦細胞生化成分及生理機能也具有保護、調節和恢復的作用，並且能使肌肉保持高度的產能水平。如再用合理的意念把全身肌肉連接為一個統一的整體，使身體具備較平常局部肌肉的力量更為強大的整體力量的能力，可連續使神經系統把整體肌肉群推移到一個新的動態平衡。

人體的一切運動都是以骨骼為槓桿，以關節為樞紐，以肌肉為動力，在神經系統支配下的運動。因此，人體的一切運動都基於肌肉的鬆緊轉換，肌肉的鬆緊就構成了薌拳功法中的主要矛盾。訓練放鬆既是健身的要求，更是技擊能力的要求。在鬆緊這一矛盾中，鬆是主要方面，只有放鬆才能相應地緊。技擊是精神和肌肉協調自如的鬆緊活動。物理學上力的公式為：$F=ma$。這一公式說明力的強度取決於兩個因素，一個是質量、一是單位時間內的速度變化。人體由頭、軀幹和四肢所組成，上、下肢又分若干關節。某一部位的肌肉收縮時，其力之強弱由該部的肌肉質量來確定，因而是有限的；若是全身齊動的整體質量則比任何局部力量都大。薌拳

的核心就是求取整體動力，而樁是最為簡便而收效顯著的。整體力的原理，美國生物運動力學專家吉·艾里爾運用高速攝影和電腦分析研究，稱其為「關節力的總和」。將內部連結形成的整體稱之為「關節力的連貫」。對於這一原理的運用，我國早於國外兩三千年，但從物理學的原理加以認識，則是近代才有所發展。

力的另一個因素是單位時間內的速度變化，對於人體運動來說這一因素取決於肌肉收縮的強度，而肌肉的收縮強度是與肌肉的放鬆水平相連繫，並且由神經系統控制的。站樁首要放鬆，通過意念誘導來訓練精神和肢體的高度統一。靜止的姿式是便於體察誘導肌體的鬆緊狀態，通過體內的反饋，進行及時調整。若在動態中容易滑過而不易體察。運用精神假借是為了激發所需的條件反射，進而加以調整以便建立新的條件反射，可以事半而功倍。

第六節　薌拳與生理學

一、肌肉工作的能力

薌拳達到最高境界時，周身無點不彈簧，一觸即發，這種潛能的發揮，歸根到底是通過肌肉的鬆緊變換而達到的。人體任何一種打擊動作或防守動作的實現都有賴於肌肉的活動，即通過肌肉的收縮與舒張。練武之人所感興趣的螺旋力、三角力、輪軸力、滑車力、撐抱力等也不例外，所以我們研究薌拳，應該從研究肌肉開始。

一個好的打擊動作，在於它的打擊力量。有的打擊力量能使對手「彈性變形」，或傷或殘或致於死地。而有的打擊力

量卻只能輕觸對方，或使對方後退，或微感不適，甚至如搔癢。同樣都是通過肌肉收縮而發力，但效果兩樣，那麼肌肉這種收縮或緊張時產生的力量，同那些生理因素有關呢？

1.力量的大小與神經系統調節機能有關

力量的大小取決於支配肌肉運動的皮層中樞產生的興奮強度的大小，以及釋放神經衝動頻率的高低。

薌拳的訓練方法，以站樁為主，並注重強調放鬆，而且鬆中求靜，在靜中以意念精神為主的原因就在於此。

2.力量大小的解剖因素

（1）同肌肉的生理橫斷面大小有關。據德國的生理學家菲克研究證實，每平方厘米的肌肉橫斷面，肌纖維的力量為60至100牛頓。美國莫利斯的研究發現，男性的肌肉力量為92牛頓／平方厘米，女性為71牛頓／平方厘米。

（2）同肌肉收縮前的長度有關。肌肉收縮前的長度稱為肌肉初長度。在生理學範圍內使肌肉的初長度變長，除可增加肌肉的收縮速度和幅度外，還能增加肌肉的收縮力量，例如：當足背屈呈60度時，預先拉長小腿三頭肌，增加其初長度，它的收縮力能從3840牛頓增至5980牛頓。這是因為肌肉初長度增長，使肌肉具有更大的回縮彈性，也因此刺激了肌肉的本體感覺器（肌梭和肌腱），反射性地增大了肌肉的收縮力。

整體連結後的放長訓練，是原傳實戰拳法的重要功法。早在清初，黃百家就在《內功心法》中闡述了科學的功法：「不丁也不八，平視頭略拔；腰要如束帶，肩要卷緊壓；兩肘顧兩肋，兩股跨其夾；三尖要相照，勁由心內發；神清意自得，繩墨傳無差。」薌拳繼承了祖國傳統武學的精華。並提

高昇華，以站樁為手段，使習者周身連結為一個整體，全面放長肌肉，從而可產生強大的渾元力。

3.力量的大小同生理因素有關

（1）肌肉中毛細血管增多，有利於氧和營養物質供應，可提高肌肉工作能力。

（2）肌肉中營養物質含量增多，三磷酸腺苷酶的活性增強，亦能提高肌肉的工作能力。

（3）肌肉中結締組織增多，肌腱增粗，肌纖維膜增厚利於力量的發揮。

二、站樁、試力與肌肉工作形式

站樁和試力的區別只在於外形的不同。試力除具有站樁的作用外，還要更大量地放長肌肉及熟悉發力的空間軌跡。在站樁試力時，始終注意要領，並設想：身體的腰背和上臂後面、大腿及小腿外側為一個整體，以下簡稱陽面。胸和上臂內側、腹部及在大腿內側和髖前面的肌肉為一個整體，以下簡稱陰面。也就是站樁達到一定層次時使肌肉形成整體勁力。經過一段時間鍛鍊後，慢慢逐漸體會到空氣的感應及地心的引力。站樁要求陰面積極放鬆（等長收縮），接受地心引力。為了研究方便，我們把陰面當作一個質點，在腹部也就是常說的丹田處，陽面肌肉處於拉長收縮（陽面肌肉積極收縮，但還是被拉長狀態），肌肉的初長度拉長。這樣陰面與陽面通過骨架，頭往上頂連貫起來形成上下爭力，也就是周身主要爭力形成一股矛盾勁。站樁時要在不動中求微動，不平衡中求平衡，如果陽面肌肉稍一放鬆，那麼陰面質點就會感到有緊的感覺，但又不能有意識地收緊，總得舒適自然。如

果陰面質點再進一步接受地心引力，則陽面肌肉初長度拉長，但也積極收縮，馬上將質點拉上去。也是似動非動，所以說站樁並不是呆板地站在那裏，而是在找動，也就是鬆緊貫穿站樁始終，功力越大肌肉本體感覺越長。這樣，中樞神經得到調節，控制肌肉的皮層中樞得到刺激而興奮；肌纖維得到大量發展，增加了肌肉的力量；再者陽面肌肉初長度增長，能發出極大力量及提高動作速度；整個樁架處於撐抱拉伸狀態，所以，整個樁架蓄藏著彈性勢能，以利發力。故，撐抱都能發力，而且發力時陰中含陽，陽中有陰，陰陽之中都有撐抱，這才是真正的對立統一關係。

目前，不少人已認識到了整體訓練的優越性，有些人提出了這樣的方法：即先訓練身體的某部肌肉的鬆緊，然後再逐部連結為一個整體，再進行整體的鬆緊訓練。這種方法似乎同我國整體訓練手段相同，然究其本質卻有重大區別。根據系統論的局部加局部不等於整體，局部與局部的最佳組合才是整體的原理，中華武學整體訓練的要訣應該是以意識對肌肉、骨骼，內臟及呼吸進行整體的調節和自我完善組織，使得肌肉與肌肉之間，肌肉與關節之間，肌肉與身體和部位之間的相對關係成為最佳狀態，而且是動態的，而不是靜態的。薌拳的訓練就貫穿著這樣的思想，它同機械的鬆緊有重大區別。我們可以作一個試驗，揮臂或踢腿時，如果陰陽兩面的肌肉同時鬆，那就毫無力量，如果同時收縮緊張，也將無法運動。凡運動必為陰陽的鬆緊協調。

薌拳奧妙無窮，哲理豐富，我們只能作此初步的探討而已，至於其角度、速度和力量的傳遞，動量的變化等，還需進一步探討。

第四章　站　桩

　　站桩這種鍛煉方法，最早見於我國的醫學經典著作《黃帝內經》。其首篇《素問·上古天真論》有這樣記述：「上古有真人者，提挈天地，把握陰陽，呼吸精氣，獨立守神，肌肉若一，故能壽蔽天地，……。」這已簡要地概述了站桩的要求及其效用。經過兩千多年的實踐，站桩一直作為拳學的基本功在武術界秘傳，至近代已近滅絕。薌齋先生為了挽救這一民族文化遺產，自二十年代起公開傳授此技，經過他和弟子們半個多世紀的努力，站桩已形成一套科學的訓練體系，並成為薌拳的重要標志。

　　站桩在性能上分有養生和技擊兩大類；又有渾元、矛盾、降龍、伏虎等名稱；間架上也有高低正側之別。看來雖複雜，其實內在的原理是相同的，可總稱為渾元桩。養生桩和技擊桩的根本區別不在正側等形式，而在其內在要領和目的。有人以身形的正側來區別養生桩與技擊桩，這是一種誤解。其實，只要精神愉悅，周身放鬆，習練任何桩和其它的功法都能收到祛病健身之效。如果只站技擊桩的外形而內在卻沒有使形神得到合理的鍛煉，也是不會具備技擊能力的。初學者應從正面桩入門，因為正面桩易於掌握整體的均衡，打好基礎後再進一步練習技擊桩。就是養生桩和技擊桩也無高低之別，養生為技擊打下基礎，技擊鍛煉始終亦應貫徹養生原則。到了高級階段，返樸歸真，最原始最簡單的形式反而最長功夫。因此學站桩不要追求形式上的變化和繁簡，而要將內在的要求認真對待，理解渾元桩的實質精神。有此基礎

，其它任何樁式和試力就易掌握了。無論任何學問都要在基礎上下功夫，不可好高騖遠。

第一節　養　生　樁

一、養生樁基本要領和注意事項

（1）練功前排除大小便，摘下手錶，取下項鏈、耳環和戒指等金屬物品。

（2）飯前飯後一小時內不適合練功。飽練傷胃，餓練傷氣。

（3）身心放鬆，凝神定意，心平氣和，掃除萬慮，默對長空，情緒穩定愉快。目光遠望，於遠方收神。所觀之物似見未見，模模糊糊，不可閉目，不可四處張望，閉目神昏，野視神亂。似聽遠處輕微的細雨之聲。

（4）自然呼吸不許人為造作，尤其不能守丹田和所謂運氣。

（5）練功過程中出現酸漲麻，津液增多，呵欠、打嗝、腹鳴和虛恭，發熱及出汗等感覺和現象，是正常反映。隨著病情好轉和功夫長進會自然消失。最後達到全身極度舒適而產生肢體喪失感。都屬正常現象。

（6）練功要循序漸進。拔苗不能助長，根深自然葉茂。不可急於求成和恨病吃藥。要留有餘興。

（7）守平常，莫好奇，不可追求什麼氣感和運氣、發氣之類虛幻效應。

（8）初練者為了解除煩累情緒，可以在練功時聽音樂，但是只可聽「彩雲追月」「雨打芭蕉」和「藍色的多瑙河」等

高雅悠揚的音樂，絕不可聽聲嘶力竭及令人心浮情躁之類的噪音。

（9）練功應如汽車之駕駛，做到三穩：起動穩，行駛穩，停車穩。

圖19 王玉芳先生站養生桩

圖20 撐抱式

二、養生桩基本姿式

1.撐抱式

身體平行而立，兩腿左右分開，與肩同寬。兩手抬起至胸前，略低於肩，十指張開微曲，兩手的距兩三拳。腋下半虛涵，雙膝微曲。

以上間架擺好後，可以從上至下意念：似笑非笑，似枕非枕，似靠非靠，似坐非坐，似尿非尿。雙肘如放在一根橫木上休息，雙臂如抱一個大氣球，即不能使氣球飄出，又不能將氣球抱癟，胸部，兩臂，手掌似乎處處同球而相吻（圖20）。

2.抓球式

此式和以下各式基本要領同撐抱式相同。抓球式站法是
將雙手提起，手心向下，手指自然彎曲，意念中雙手如抓一
小氣球，不許抓癟，又不許落地或被風吹去。以此一念而制
止其它雜念（圖21）。

3.推托式

雙手舉起置於眉下方，相距約兩三拳，手心向外同時稍
向內收。意念半推半托，半托著一個大氣球，微風吹來，不
能使球被風吹去，又不能將其抓癟（圖22）。

圖21 抓球式

圖22 推托式

4.扶按式

雙手前伸離身尺許，高度約在臍上一、二寸之間。雙手
之間距離相當於胯的寬度或稍寬。意念如站在齊腰深的冷暖
適度的水中。雙手輕輕扶按在水中漂浮的一塊大板上，木板
隨風吹，波紋蕩漾，雙手之意是即不讓木板被水蕩去，又不

能將其按入水中（圖23）。

5.提抱式

雙手放置肚臍前面，臂成半圓形，肘部外撐，手心向上，手指相對，兩手距離大約兩拳左右。意念如提抱一個大氣球（圖24）。

圖23 扶按式　　　圖24 提抱式

6.提插式

雙手分置於腰胯兩側，放鬆下垂，手指微張，兩肘微撐，小臂內撐外裹，兩腋虛合。意想雙手下插於地，同時兩肘微曲，微含上提之意（圖25）。

7.分水式

雙手左右分開，與自身約成六十度，兩手在肚臍之下，全身放鬆。手心朝前為前分水，手心朝後為後分水。意念中身如立清水池中，雙手前後分水（圖26）。

8.休息式

雙手反背貼於腰部，十指分開，自然彎曲，斂神遠聽（
圖27）。

圖25 提插式

圖26 分水式

圖27 休息式

圖28 托抱坐式

9.托抱坐式

自然端坐於床上或椅子上，雙臂環抱，雙手置於平臍高

度，距身遠不逾尺，近不貼身，十指分開。意念中雙手如向上托抱一大氣球（圖28）。

10.環抱坐式

端坐在床上或椅凳上，兩腿前伸，自然放置。兩手於胸前環抱，同撐抱樁要求（圖29）。

11.鶴行式

全身放鬆，如鶴行走。意念中自身如一隻白鶴，或鬥或戰，或扶搖衝天，或振翅獨立（圖30）。

站樁雖分站、坐、行式，但以站樁為主，體弱多病不能站立者，初習可先從坐、臥練起，要領和方法同站式相同。

圖29 環抱坐式　　　　圖30 鶴行式

三、意念誘導

1.為了利於習者入靜和放鬆，站養生樁應配合一些意念。這些意念必須是良性的誘導或假借。如鳥語花香，青松翠

柏、明媚春光、藍天白雲，小橋流水、松生空谷、廣闊大海、塔立雲霄和廣闊草原等。心曠神怡，輕鬆愉快。

　　2.設想自己站在噴頭下，溫度適中的水流從頭至腳緩緩流下，身體隨之放鬆。

　　3.意想微微細雨，由遠及近，隨風潛入夜，潤物細無聲，體驗寧寂，恬靜的感覺。

　　4.雜念叢生之時，來者不拒，去者不留，視自身如大冶烘爐，雜念如枯枝敗葉，入爐即化。

　　養生樁簡便易學，不分性別年齡，而且無任何副作用。如堅鍛煉，很快就能收到病而癒，弱而健，健而強壯的效果。但是養生樁不是觀音菩薩玉淨瓶內之仙水包治百病，也非如氣功家們所能發氣於千里之外，讓導彈改變方向或遙診。只是一種平易近人，毫不空虛的祛病延年的科學手段。所以，習練者切忌神秘和幻想，如遇重症或外傷應抓緊時間去醫院治療。而輔導者只能授以學者正確的方法，萬萬不可喪志隨俗，搞什麼站樁氣功和發氣治病，昧心騙錢和耽誤病情是最缺德的事。懇請正在搞這套把戲的人們捫心自問，對得起已經為病魔折磨的患者和他們的家庭否？對得起自己的良心否？對得起薌齋先生九泉之下的英靈否？

　　在鍛煉養生樁的同時，還應遵循《內經》中「防治未病」的原則，在日常生活中養成良性習慣。我們民族流傳著一首《十叟長壽歌》，歌詞的內容是十位百歲老人講解長壽之道，很有科學價值，茲附於下供鍛煉養生樁者參考。

　　「一叟捻鬚言，禁煙不醉酒；二叟笑莞爾，飯後百步走；三叟領首頻，淡薄甘蔬糧；四叟柱石杖，安步當車見；五叟整衣袖，服勞自動手；六叟節飲食，甘美亦忌口；七叟摩

巨鼻，空氣通窗牖；八叟撫赤顏，沐日令汗黝；九叟撫短髮，早起亦早休；十叟軒雙眉，坦坦無憂愁。」

第二節　入門須知

前文簡述了薌拳的基本功法的梗概，後面將著重敘述基本功法的練習。在我們練功之前，還必須弄明白幾個重要問題，這些問題在當今的練功者存在較為普遍。筆者經常見到有些人雖然已經堅持鍛煉了很長時間卻收效不大，這就說明，薌拳的功法，尤其是站樁，外形看著非常簡單，似乎人人都可照著葫蘆畫瓢，但是真正掌握其實質要領卻非易事。筆者根據多年的體會，認為初學都首先要搞清楚以下幾個問題。

一、高深而非莫測

薌拳的基本功法在貌似尋常中寄寓了深奧的哲理，在舒緩平和的表象中飽含了豐富奔突的神意。從外形中你看不出其驚人的誇張動作和嘩眾取寵的招式。內容到形式，均是含蓄的引人入勝和耐人尋味的。這正是薌拳的脫俗之處。所以習練薌拳最忌外形模仿和刻舟求劍式的方法。這就需要習者不斷去體認，去悟，比學一般的套路困難得多。

薌齋先生一生奔波奮鬥，以致無暇留下基本功法的詳細教言。又因歷史原因，也未留下錄相之類功法示片。留給後人的只是其可歌可泣的事跡和幾篇寶貴遺著。然而其著作又多為他的品、學、識已達爐火純青時的高度昇華和藝術概括。古今中外的任何藝術作品是不能輕易模仿的。如明末八大

山人的繪畫，其作品可以形其哀樂，可以興、可以嘆、可以群，可以怨，是不可以模仿的。古往今來學石濤者或可庶幾，學八大山人者除另闢蹊徑外，終難免類鶩之消。又如書法《蘭亭序》是不能供描紅者塗鴉的，初學者只能學習王羲之的「墨池」精神和永字八法。薌拳也是一門藝術，人的體質和精神境界是不同的，薌齋先生授藝是因人而異的，其著名弟子也是各有風格。故研學者只能傾全身心於薌拳的基本原則要領，因為根本的原則是一致的，有法可循的。

薌齋先生的《拳道中樞》等遺著是他數十年的心血結晶，乃當時祖國拳學巔頂之珠，本給人一種難望項背之感，又因基本功法不可能淺顯盡述，何況又多類比和形容之詞，並借助隱喻和象徵的傳統表現手法，更使初學者感到高深莫測。還有一些人曲解妄解大道無形，全憑領悟這一哲理，錯誤地把薌拳視為玄學，雖然竭盡全身心終日朝思暮悟，但因忽略了基本功法要領的正確練習而往往會產生當太爾式的煩惱「仰取果實，化為石頭，俯飲河水，水既不見。」其實，薌拳的原則是客觀存在，而人的心靈卻因人而異，悟性不是抽象的、先天的，也不是故弄玄虛者所宣揚的那樣神秘，它的實際是習者首要學到真正的基本功法，並能夠理解和體認。所以悟性不可力求，它是由漸悟的艱苦過程而昇華到頓悟的，那種捕捉不到靈感的困惑，大體是基本要領錯謬，練功不苦和技藝不逮所致。

薌拳是科學的。凡是科學的成果都是可以用現代科技來檢驗和論證的，也是可以用通俗易懂的語言描述的。習者練功時的身體各部要求是看得見的，摸得著的。薌齋先生的遺著雖沒有具體的入門功法，但已將拳學基本原則及其要義闡

述詳盡，為我們指出了攀登的途徑。所以薌拳高深，但並非莫測，學者只要樹立信心，以《拳道中樞》等理論為指導，由淺入深，刻苦研求，是可以升堂入室的。

二、意拳不是意念拳

薌拳的功法核心是站樁，但站樁不是擺空架子，起關鍵作用的是內容而不是形式。站樁是通過精神假借，意念誘導，在無力中求有力，於不動中求微動，於靜中求動的訓練方法。如果沒有意，所有的樁和功法都將成為空形。所以薌拳的發展與完善自始至終著眼於一個意字。現在有些人確能模仿薌拳的站樁、試力和單操手等功法的一些外形，然而卻未能掌握相應的意念誘導和其它主要原則，這就使薌拳成為沒有套路的套路。而有一些人竟然誤傳誤授，以這些空形廣為招生的辦班，長此以往，將會導致薌拳重蹈其它拳種失傳的覆轍。

還有一種傾向是把薌拳的意字片面地理解為只是單純的意念活動，而忽略了對形體的要求和鍛煉，這就使神意失去了存在的物質基礎，根本培養不出渾元力，致使一些人在練功中想入非非而誤入虛幻，更有甚者，竟把薌拳歸於氣功一種，在書刊中宣揚早已被薌齋先生痛斥過的隔牆打人，發功放氣，鋼頭鐵肚等托門腥活，造成了極壞的影響，使很多人上當受騙。姚宗勛先生指出：「意拳不僅僅是意念活動，而最終體現的是物質運動。」「無論是初學者，還是已達上乘的拳家，都不會發放外氣，也沒有特異功能，所謂隔牆打人的空勁兒在實踐中是不存在的。」

站樁中的精神鍛煉，可以根據不同需要而設，但也有一

個原則，這就是楊紹庚先生所說的：「不能脫離生活實踐所體驗過的，不能想入非非脫離實際，否則引不起條件反射，起不了效果，相反可能引起精神上的幻覺，刺激身心，有害身體。」薌齋先生初創意拳之本意是：「舉意字以概精神，乃示拳理之所在。」「並反對講求不合實用與拳理之套路招法，泯滅門派之爭。」「無論動靜，皆以意念領導，使意力合一，以盡拳功爭力之妙用。」可見薌齋先生反對和摒棄的是繁雜的不能實作的套路招法。套路招法指的是四肢舞動的空架子和局部動作的拙力。而意力合一和拳功爭力之妙用是拳學的根本條件——筋骨皮和肌肉群的整體連結和鬆緊交替而產生的渾元力。渾元力的基礎是內在的整體形的科學訓練與應用，這同招法套路有本質的不同。現在一些習練薌拳者，雖然站桩試力多年，但始終不具備整體力，儘管他們也加了各種各樣的意念，諸如：視對方如草芥，自身上頂靈霄殿，下踩閻王殿，宇宙間唯我獨尊等等，但是，因為自身的形體未能得到合理的改造鍛鍊，這就使他們的意念成為空想，或根本不叫意念，倒不如叫胡思亂想確切。武大郎帶鄆哥去抓西門慶，念頭不謂不真不狠。但仍讓西門慶一腳踢吐了血，原因是他沒有胞弟武松的體質和打虎的氣慨及神力。所以不能把意字機械理解為意念，形體已非，即使是想像自己是孫悟空，也不能具備自衛能力。這一點趙道新先生解釋最為透徹，他說：「一些講求『形骸』成癖，一些人追尋『意念』成瘋。前者被三節、四稍、五形、六合……捆成了五花大綁，後者則躲在幽處獨享精神激戰。誰要是想終生苦練五行拳、十二形、雜式錘或直接用拳招來格鬥就能登堂入室那就太天真了。」

經過多年的實踐和提高，在1935年時，薌齋先生在家鄉訓練韓星橋、張恩桐、張長信等弟子時，已把對意的理解昇華為矛盾對立統一的範疇。後來薌齋先生自號「矛盾老人」以寓此哲理。由此可知：意拳之意是反對無任何實戰作用的招法。而意字也不僅僅指意念，而是概括矛盾對立統一這一哲理指導下的完整科學的訓練體系。

三、什麼是薌拳中的自然和本能

薌拳的鍛煉目的是通過科學的訓練使學者恢復人的自衛本能，掌握自然之力。對於自然和本能的解釋很多，可惜大多不太確切。究竟什麼是薌拳中的自然和本能呢？有人說是一種瘋力，並舉例說：一個婦女在平時比一般男人力量要小，但如果一個婦女患了瘋病，兩個男人也按不住她，這就是本能。此喻不甚確切，中醫學認為：陽盛者為癲，吐涎不語，神志不清；陰衰為狂，妄言肆為。瘋女人的症狀是臨床表現，而兩個男人之所以按不住她，是同情之心不忍全力施為，如若碰到一個二百五，一拳就能把她打倒制伏。所以犯瘋病的女人所表現的狀態不是人的本能。薌拳所指的本能和自然主要有三個意義：

第一，指人類在自然界求取生存的原始本能。我們的祖先在同野獸搏鬥時，必是求生存的本能使然，毫無道義和顧慮可言，只有一個目的，殺死對方，保護自己。薌拳的所謂本能是此求取生存精神境界的昇華，使習者挖掘出這種遺傳的潛意識基因——獸性，實作時具有清逸大勇，全力以赴，置生死於度外的大無畏氣慨。

第二，指人體的先天素質。人的體質先天和後天是不同

的。我們可以觀察一下嬰孩和兒童，他們天真無邪，周身鬆柔而極富彈性。兒童跑跳運動量雖大但不覺得累。而成年人就習慣於坐立，有時看著兒童玩耍自己反而替他們累。如果兒童不慎摔倒，大多數是爬起來又跑，而成年人如若跌跤，後果不堪設想。這是因兒童關節靈活，肌肉鬆柔，身上無點，無僵滯之力。薌拳通過科學的訓練，能改造生理，「反嬰尋天籟，軀柔似童俗。」發揮先天的良知良能。

　　第三，指習慣動作和習慣用力。所謂習慣動作和習慣用力就是不通過大腦指揮的下意識動作。常人都有習慣動作和習慣用力，如一個不懂拳的人在突然遇到有人打他時，會很自然地抱頭或逃跑。又如用筷子吃飯，中國人就是在黑夜無燈的情況下也會很自然地用筷子把飯送到口中，而不會送到鼻孔或其它地方。但若是一個頭一次用筷子的外國人，那大白天他也覺得彆扭，因為他習慣的是刀叉。兒童們的動作都是整體而動的，但隨著年齡的增長，人開始步入社會，為了生活，大都能掌握一項或數項生產技術和生產技能，由於長期的運用，就形成了不同於兒童時期的習慣動作和習慣用力。即局部動作和局部用力（或是拙力）。薌拳的訓練不但要返先天之體，還要換勁兒。兒童雖然有身體條件，但不一定會技擊，因為他們沒有作拳的技術。薌拳的另一重要目的是：改變後天的習慣動作和習慣用力，培養和鞏固新的習慣動作和習慣用力，用力是由動作產生的，所以有什麼動作就產生什麼樣的用力。薌拳通過站樁和反覆試力，逐漸養成並鞏固所需要的習慣動作和習慣用力，技擊時自然會不用通過大腦，迅速運用下意識攻防的本能動作而致勝。

四、如何理解鬆、緊、僵、懈的意義

薌拳認為，鬆、緊是構成人體運動的基本矛盾。諸如力量、速度、靈活、協調、耐力等運動素質無不受人體肌肉鬆緊的制約。筆者曾苦練多年薌拳，但一直因未能懂得鬆、緊、僵等術語的含義而收效甚微。相信初習者在練功中會經常出現一些困惑，如身心不可用力而又要試力，發力；又如身心稍一用力，全體皆非和鬆緊交替等等。直至馬驥良、趙道新、張恩桐和正文等先生釋疑後才豁然明朗，功夫也隨之增長，可見悟性和刻苦精神固然是習拳的條件，但明師指教更是重要。僅將諸師尊所教簡錄於下：

鬆緊的問題即是肌肉的鬆緊，又是精神、心理的鬆緊，而首先是精神的鬆緊。因為任何肌肉活動都是靠神經支配的，神經又受精神意志的影響，因此，練功時首先使精神輕鬆愉快，在練習實作的時候，更要注意精神的高度集中和放鬆，才能勇往直前，把拳技發揮得淋漓盡致。

薌拳中術語很多，但最重要的有下面四個，初習者若不明其義，將無法深入。

（一）僵：是指人體的後天生理狀態。此狀態是功法進境第一大障礙，也是最難解決的拳學難題。其表現主要有三個方面：

1.精神緊張，練功的實作中總想用力。

2.三窩發緊。三窩指雙肩窩、心口窩（後面為簡略而專用三窩術語）。習者可做個試驗，只要是用力，無論是提、攜還是搬抬重物，周身肌肉就要收縮緊張，尤其是雙肩和心窩最為明顯，心口窩的緊張還必然伴隨著橫膈肌的發緊和憋氣。習者可再做一個試驗，意想一拳把人打倒，用力奮臂揮拳

，結果必是先憋一口氣，然後才自感打出去的拳有力量。而實際上由於憋氣和雙肩隨之發緊，發出去的力只是局部之力，周身之力早已經因為雙肩和胸部的發緊而憋在自己身上。我們可再觀看一下電視節目中的《動物世界》貓和虎豹撲擊搏鬥時的情景卻是整體鬆輕的，如果它們也憋氣身僵，那就會導致影響速度、靈活和力量。三窩發緊是後天局部力的典型標志。嬰孩和兒童就不存在這種現象，人從少年就開始活動和勞作，長期的生產技能和生產技術的掌握和勞作就形成了後天的自然本能。

3.局部肌肉的伸縮緊張。我們可以觀察一下，由於三窩發緊造成了常人用力都是肌肉的局部伸縮和緊張，伸縮為運動，緊張為用力，無論勞作和鍛煉，常人的整體肌肉大部分都在休息或被動收縮。以武術為例，最常見的馬步衝拳就是一支胳膊的局部伸縮和緊張，而彈腿的每一式也是下肢的局部伸縮和緊張。即使有的運動和拳術意識到這個問題而尋求整體性的鍛煉，但未能從根本解決，尤其是腰背部的肌肉群，最多也只能做到被動性的用力。

（二）鬆：是薌拳最基本的功法要求，其目的是運用合理的意念使精神和形體得到最大限度的放鬆，克服僵的所有表現狀態。在放鬆的訓練中，由於鬆靜的要求和訓練，不僅可以收到養生的效果，而且因為功法中的意念和合理的支撐間架亦可以使形體得到鍛煉，這樣，就使習者逐步養成一動無有不動的整體運動的習慣動作和習慣用力，並能使肌肉具有彈性。

（三）懈：指精神和形體一味的放鬆，功法中只是放鬆的空形而無任何意念和形體鍛煉，這樣的狀態只能祛病健身，

但不能強身和具備技擊能力。現在一些拳種的套路就是這種狀態，儘管陶醉於用意不用力以期積柔成剛，卻因為精神和形體根本未能得到鍛煉，只能以十年不出門而自欺或欺人。

（四）緊：有兩種含義，一是指在鬆的基礎上使精神狀態放大，培養大無畏的氣慨和周身筋、骨、皮、肌腱和肌肉等人體物質基礎在整體連結後的拉伸放長。國術之所以失傳，尤其是形意和八卦等原傳功法的失傳，其根本原因就是緊的訓練功法盡失，當今習練薌拳者成千上萬而終未獲一觸即發之爆發力的原因，亦因無此訓練。緊和僵的區別是：僵是後天局部用力，其表現是精神緊張，發力是三窩發緊和憋氣的肌肉局部收縮。緊是在鬆的前提下，精神放大，形體在三窩放鬆，呼吸平穩狀態下的整體六面放長。最本質的區別是：僵指局部肌肉收縮，緊是整體連結放長。緊的第二個含義指發力過程。世上任何運動用力都是精神和肌肉的鬆緊互為，而薌拳的發力是整體六面連結放長後的鬆緊交替。這個緊同常人的緊是有本質區別的。最根本的區別是：一是局部，一是整體，一是局部收縮，一是放長漲大訓練後的具有極強彈性的鬆緊交替。

第三節　技擊樁

技擊樁是在養生樁基礎上的提高和深入。鍛煉技擊樁可使習者神明體健，改造生理，發揮良能，為將來的發力和實作創造必備的條件。

一、渾元樁

渾元桩是薌拳的最基本桩法，其它桩法都是根據不同需要而派生的。其原則要領應根據習者的不同進境而設，而不能將一個意念和要求貫徹始終。初習基本桩應首先將全體之間架配備安排妥當。內清虛而外脫換，鬆和自然，頭直、目正、身端、項豎、神莊、力均、氣靜、息平、意念遠望、發挺、腰鬆，具體關節似有微曲之意。其具體要求如下：

1.頭部

頭需正直，意念要求頭髮被繩繫住懸吊起來。進一步則應是頂心暗縮，就是要求百會穴部位向下凹陷收縮有如一個小醋碟，這是薌齋先生的創見，使頸張反射不由於單純上領出現偏面傾向，而是前後左右都顧及到。面部鬆靜。眼睛初練時可以使上眼皮自然下垂，眼神收斂內視，神不外溢；進一步則可以二目平視，以三十五度朝遠上方平視，所視遠方景物似見非見。鼻子要求如嗅花草樹木的香味。口部不許緊閉，上下齒間似含五分錢的硬幣。舌自然地處於上下顎相接部位，利用津液分布。耳要有靜聽遠方微雨之聲。

2.頸部

一般來說頸與頭相連繫緊密，通常歸之於頭。實質上頭部的力量實為頸部如何鬆緊的問題，是頸部力量的體現。要求下額後收，似夾住一個小球，頸椎向上略挺。其神志如爬牆觀物，又如馬拉車上坡之脖頸下梗。這樣由於頸張反射，會牽動斜方肌、背闊肌和胸大肌使頭和軀幹連通成一個整體。

3.腰部

人體上身和下肢的配合靠腰來協調。這裏所說的腰，實際是包括髖部在內，並非單純的指腰部而言。腰部要求正直

放鬆，臀部稍向後坐，腰椎向上挺拔。使整體脊柱正直。

4.胸部

自始至終要求放鬆，心膈肌絕不可緊張，同時胸部後靠，作到胸虛背圓。

5.肩部

雙臂和軀幹統一的樞紐，是完成運動的一個極重要的部位，要使其成為靈活有力的機械中的萬象接頭。切忌寒肩上聳。要求首先放鬆，然後向外橫撐，使肩部肌腱向外舒張，腋窩下意念要求像夾住一個小球。

6.肘部

初練肘部要有東西托住的意念，進而應橫撐，臂內側要求抱球、抱樹等意念。

7.膝部

人體重心上下移動轉變的重要環節，腿部力量控制的樞紐。初練彎曲度不可過大。站桩的錯誤是膝部單純彎曲向下放鬆，這樣上軀重量單純下壓腿部，吃力而僵緊血脈不通。正確的要求是膝部向上提有將拔腿走路一樣的意感，使股外肌，股內肌、股四頭肌都輕度向上收縮，臏骨向上收，小腿前面的肌肉會感到有些抻緊，腳趾自然抓地，腳心有向上的吸力。同時兩膝略往外爭，使兩膝之間似有一橡皮筋稍微抻緊之感。膝部上提而又繃。

8.足部

全身的重量由足掌來承擔，而調整控制足掌所承擔重量的關鍵是足頸，較全面的講，足頸和足掌應同時來談更便於理解。站桩時對足頸的鬆緊的調整是與足掌相關聯的。足心虛涵，讓湧泉有上吸之意，腳趾自然抓地，這樣足頸前面與

足掌相連的大筋自然抻緊而繃起，同時設想足跟踩住一個小青蛙，即要踩住又不能踩死，只是不讓它跑掉，這樣足頸後面的大筋也自然處於平衡狀態，有利於運動時的鬆緊轉換，並使之具有連貫性。

9.手腕

完成手的運動技巧動作，其重要環節在於手腕的靈活，而整體力集中於拳掌也需要手腕的力量。站樁時要求雙手十指張開，掌心微凹有內吸之力，手指形成自然的弧度，整個手掌有如扣住一個球面上欲將球吸起。每個指縫間又有夾住一個小棉球之感，指肚稍覺有點發漲。手腕兩側的肌腱自然繃起，腕部和掌部的韌帶也自然輕度收緊，有利於手的用力和變化（圖31）。

圖31　渾元樁

初練渾元樁應注意幾點：

（1）初習渾元樁絕不可加所謂與假想敵所周旋撲打的意念活動，因為習者的精神和形體都還未得到訓練，根本不會有正確的臨敵意識和反映。如過早加敵情觀念，能適得其反。所以初習站樁，應首先運用精神意識返視自己體內各部是否符合要求，並隨時糾正。

（2）初步意念應首先檢查自己是否心平氣和，凝神定慮，思想專一。定而後能靜，靜而後能安，安而後能慮，慮而後能得。

（3）應時刻注意形神放鬆，尤其是胸膈肌的放鬆，更應

體查在周身符合站樁要領的情況下是否能做到放鬆。此時的意念活動，要想像自己在洗淋浴，溫水從頭上緩緩流下，要以體表去領會水流經過全身時的真實感受，這種意念活動有利於整體放鬆。

（4）待能熟練掌握練功要領，並能做到鬆靜自始後，可進一步用意念誘導全身的毛孔都張開來，使之風可以穿堂而過，汗毛也逐漸滋長，在空氣中風飄擺，還可以精神放大，想像自己無限漲大，溶於四周景物空間，以致本身都不復存在。

再進一步就應進行整體的放長拉伸訓練。如上肢雙臂抱球，可設想球不斷漲大縮小，自身在保持樁形的情況下雙臂亦隨之漲大才復歸原位（注意：外形未動，而內在肌肉筋骨不斷隨意念放長）。下肢的意念是想像雙腳像樹根一樣向地下縱深扎根，漸漸根枝四下蔓延；另一意念是想像自己站立在一個木排上，木排因水的流動而起伏搖晃，不停地前後左右偏沉，雙腳要不停地隨之不斷調整平衡。這種意念活動可訓練下肢控制重心的靈活性。

站樁是否有了收穫？或者說入了門，自身是可以檢驗的。其方法是：按要領站好間架後，如用意念加強手上的力感，則自然的反應到腳掌，感到腳掌漲大；而用意念加強腳部的力感，譬如用腳掌稍用力蹬地，則手掌自然感應，力度加強。這是整體連通的表現。由於手掌和腳掌為身體的遠稍節部位，拳術中稱為四稍，遠稍節都彼此起了內在感應則說明體內中間無阻滯。若沒有感應，則腰、肩、膝等部位必有沒放鬆的地方，要逐一體察，進行調整，務必做到全身通連，手足之間的感應，拳術上有印掌一語，即指此種現象。能夠

達到全身通連形成整體，是否需要較長的時間，如有的拳術
書所說是要三年五載，並非如此，這要視個人的身體素質情
況而定。站的得法，有的人三兩次即可體會到，體認工夫較
差的十天半月也可體會到。當然這只是初步入門，要熟練掌
握運用自如則需堅持鍛煉，刻苦用功。

　　為了進一步理解站椿功法，在站椿基本能放鬆以後，要
學做一些基本的試力。站椿和試力都是薌拳的基本功。站椿
是在相對靜止中體認全身肌肉細胞的動態，試力則是在動態
中體認站椿時的意力怎樣實現，與站椿相輔相成，即使只為
健身也應會點基本的試力。

　　初步習試力，在站椿之後，仍維持原姿式，兩臂撐抱使
兩手掌心相對，掌心虛涵，略有內吸之力，想像在拉手風琴
、風箱，也可想像在拉一彈簧，慢慢向外拉開，用意不用力
，自然的會感到這種阻力，要使這力連續不斷，當兩手開至
此肩寬約十公分就改為往裏按，同樣感到阻力，按至兩手相
距約十公分時再往外開，如是往返開合，注意在向外拉和往
裏按的轉換時力也要連續不斷。要做到這一點，關鍵在於由
外向裏或由裏向外轉換時，不得停頓，要在進行中轉換。另
一要點是無論外拉裏按兩臂都要橫撐，腋窩不得夾緊。否則
就閉滯而無力。這種試力時所產生的力感是拳術所需的力，
與通常肌肉凝緊產生之力不同，前者稱為拳勁後者叫做拙力
，乃常人之用力。這種反覆拉開，裏合的力即為拳術中開合
力的初步。開始階段以兩手掌去體會，漸漸的兩臂鬆開感到
手與臂的統一，進而肩鬆開後整個軀幹統一，在開的時候，
不單是兩手往外張，而且頭也往上升長，腳也向下蹬，全身
隨之舒張；往裏合的時候，不光是兩手往裏按，全身也向內

收縮。兩手向左右，頭和腳向上下，有如十字，故這種試力形象言之叫做「十字開合」（圖32、33）。

　　開合試力有了體會認識後，兩手掌心向下意念按在一塊浮於水面的木板上，慢慢向前推會感到水的阻力，向後拉也

圖32 開合試力1

圖33 開合試力2

圖34 前推試力1

圖35 前推試力2

感到阻力，反覆的前推後拉。兩手掌的距離約二十公分左右。無論前推後拉保持基本不變，兩手前後與胸部的距離，前推時兩手臂不能直伸，要保持肘部彎曲度不超過一百三十度，往回拉時兩手離胸不要小於十五公分。做這一試力時無論推或拉，都是以身上的力量帶動手，不是單純的手在用力，帶動的力量大小，以手感到阻力的大小為度，勿過勿不及。在做此試力時不論前推後拉胸部都要虛含不要挺胸，小腹要保持向下放鬆，呼吸要自然不得閉氣，力要勻要慢不得中斷（圖34、35）

　　能領會到以上試力的力感之後，可做另一種試力。兩手垂下置於軀幹兩側，掌心向前，肘部自然彎曲，肘尖向上提，十指向下張開腋窩不要夾緊，中間似能容一小球，意念兩手向前撩水，動作要慢，但能感到水沿手臂達於手掌直致指尖，用意不用力，以意感催動水向前，似乎一個個微波向前擴散都能感覺到，當手向前撩動至手將抬平時，屈肘向後下

圖36　撩水試力

圖37　撩水試力

方拖回體側，回拖時掌心向上，也要感到水的阻力，似乎水從掌背滑過，指縫間都能感到水的流過，如是往返也要力不使斷（圖36、37）

以上三種試力都簡而易行，只細心體會，都不難做到，對試力有了感受，對站樁的精神實質就會進一步的認識。

螺旋力入門

薌拳的核心發力是整體螺旋力，螺旋力的產生是由三角力的突然改變方向作圓的運動，而圓的運動是極疾勁的力量，其勢如鑽進岩石的鑽頭或如飛轉的車輪。我們常見一般人的發力多是直出直入的局部力量，就如同織布梭的力量，只能將兩端的物品擊出，如將物品放在織布梭的中間，就只能將物品晃出去。而旋轉的車輪運動是三百六十度的螺旋運動，無論將物體放在或擊打它的體積任何部位都能被切削而出或被離心力甩出。薌拳的鍛煉，首要使自身成為一個橢圓的幾何形狀，後堅而端銳。然後上升為螺旋的圓的運動軌跡。其入門功法是以搖開始，但搖不能只是晃腰或晃腿。其正確的練法如下：

站好渾元樁後，雙肩關節處先作三百六十度的轉動，待熟練後，再加上雙膝同雙肩一起轉動，脊柱轉動時一定要正直。雙肘環抱，意念中如抱一只篩子在篩草或整體在搖煤球。待雙肩雙胯能轉動自如後，進一步可調動脊柱橫向轉動。

螺旋力的實質是渾元樁的肩架突然由脊柱帶動周身各關節向對手重心的自轉。尤其雙肩雙胯必須隨之自轉。習此功時應注意以下幾點：

（1）螺旋時必須是樁在轉，即保持樁的間架運動。沒有樁，任何旋轉都將失去威力。昔年八卦拳名家馬維棋先生練

功很少走圈，大多以站樁為主，而且行動坐臥無不練功，即使在搖煤球時也以樁架勞作。（當時「煤馬」在京開煤店，尚無現代化設備）所以他的武功冠絕一時，其得力主要是來自平時樁的搖轉。

（2）可以加搖樹晃旗杆等意念，但必須使形體真正參加運動，各關節一定要能旋轉。

（3）轉動時應時時檢查胸窩和雙肩的放鬆，因為稍不注意，雙肩就會轉動聳起。正文先生稱雙肩部的轉動為研磨。即雙肩如一塊墨，腋下如一方硯池，轉動時應如墨塊在硯池內研磨，絕不能滯而聳起。

在站渾元樁有基礎後，雙手的位置可以調整，以提插、扶按等姿式鍛煉，隨著功法的進展，我們就會明白，前面的養生樁各式都可以作為渾元樁的姿式，其原則是：雙手高不過眉，低不過臍，前出不逾尺，後回不貼身，左手不右來，右手不左去。（指左、右手運動不能過自身中線）這樣的要求是為在以後的實作中保持樁形。也就是說，這些樁是整體運動時在空間的某一軌跡，為了使打出去的拳有力，必須是樁在運動，這就使樁有了多種變化，所以我們站樁，雖然各樁都應操練，但應該以渾元樁為主，因為其內在原則是一致的。待渾元樁有了基礎後我們就可以練習技擊樁了。同樣，技擊樁各式就是正面樁的由正變側，其內在原則要領亦同渾元樁，不同是內在的意念和身形角度有了變化。

二、側面渾元樁

側面渾元樁是研習技擊的最基本的樁法，也是技擊的預備式，故稱為技擊樁，又名斜步樁。站側面樁應左右兩面都

圖38 技擊桩

練，在此僅以左式為例。

1.技擊桩

雙臂抬起撐圓成渾元桩姿勢，然後將身體向左側微斜成四十五度，下肢亦隨之側轉，成丁八字之步型。也可由立正姿勢直接出左腿，其距離大約是自身的一腳半左右，步距大小以前腳能抬起自如運動為原則，邁出後再向左橫移大約一腳的距離，兩腳步形不丁不八，故名丁八步。步距過小影響步子的靈活，步距過大則動轉不靈，總之以合適為宜。步子定往後，左膝順勢稍彎頂出，左腳跟微離地面。右胯根部如夾一張紙或一枝鉛筆，同左膝形成前後爭拉之勢。其它要領皆同渾元桩從略（圖38）。

初習技擊桩也應首先做到雜念不生，神光內斂，猶如明月清潭塵埃不入。進一步則應以此姿勢逐一複習前文渾元桩中所習各種意念和試力及螺旋運動，因已有基礎，自然會很快掌握。進一步則應練習牽掛活動，使自身逐步作到一動無不動的整體運動：

設想自身雙手腕之間有一橡皮筋牽繫，用意念做這條橡皮筋的拉緊放長和鬆開回歸原位的活動。再設想雙手腕之間再各繫一橡皮筋，都繫於頸椎處，在做雙手拉伸的同時使兩根繫頸椎處的兩條橡皮筋也隨之拉緊放長。這樣，在頸椎間同雙手腕之間就形成無形的拉伸牽掛三角形；不斷隨著意念在進行鬆緊活動。待練至熟練後，再逐一加上如下意念：前

膝同後胯、頸椎同尾閭、前足同頸椎、後足同頸椎都各有一
條橡皮筋牽繫，逐一作橡皮筋的鬆緊訓練，最後應用意念將
各處所繫橡皮筋同時拉緊放長再鬆回原位。如此訓練有得，
自然會收到一動齊動，一靜俱靜的整體鬆緊效果。如果單純
用意念僅僅指揮調動身體某一局部肌肉進行鬆緊活動是無效
的。

　　進行牽掛時，由於意念中的各條橡皮筋的牽繫，就使自
身形成一個整體。並且由於意念中橡皮筋的鬆緊從而使形體
在相對靜止不動的狀態下也同時產生頸椎上撥，尾閭下沉，
脊柱後靠和前足下踩，後足下蹬，前膝前頂，後胯後拉以及
整體肌肉群的鬆緊交替運動，久之功成，自然能達到整體肌
肉的連結放長訓練目的，並且使整體具有高度的協調性和彈
性，從而逐漸養成新的習慣動作和習慣用力。

　　在自身能做到周身牽掛為整體運動後，可進一步同外界
發生牽掛，牽掛時首先保持各條橡皮筋的連接，然後再遠視

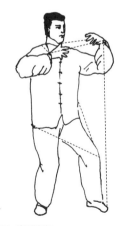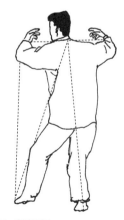

圖39　牽掛圖1　　　　　　　圖40　牽掛圖2

圖41 爭拉圖1　　　圖42 爭拉圖2

外界的山頭樹尖等景物，意念中將一條橡皮筋繫在其上，另一端繫在自身手上（後改為繫在頸椎處），運用把遠處景物拉至身邊並鬆回原處的意念活動，同時周身各條橡皮筋也應隨之鬆緊。功深後脊柱、雙肩胯等無節不爭拉（圖39～42）。

　　以上訓練熟練後，就可以進行臨戰意識的培養。但我們應該知道，打手同清逸大勇的拳學家是兩個截然不同的概念，不能認為敢玩命就是大無畏的精神境界，也不能認為勇往直前的英雄氣慨是朝夕之間所能養成的。拳學的高深境界是隨著功力的增長，實作經驗的積累，拳學的閱歷，文化道德的修養等諸多因素的提高而逐漸形成的。所以實戰意識的初步訓練應以精神集中，勇敢無畏和全力以赴為主。待日久功深，再進一步升華為神猶霧豹，意若靈犀，「具有烈馬奔騰，神龍嘶噬之勢……亦猶似烈火燒身之急，更有蜇龍振電直飛之神氣……頗有神助之勇焉。故凡遇物，則神意一交，如網天羅，無物能逃，如雷霆之鼓舞鱗甲，雪霜之肅草木」。

　　因為在實作的攻防中，雙手是必需有高低、前後、長短等變化的，如欲保證攻防效果，必須使形體在空間各種變化時保持桩的運動，所以又由技擊桩派生出很多桩法，這些桩法基本原則皆同技擊桩，只是技擊桩在空間的不同運用和變化時的不同位置和形式。主要幾種桩法如下：

2.矛盾桩

　　要領皆同技擊桩（以下各桩亦然，從略）只是前臂撐抱，後臂肘不動，小臂由斜上方撐抱變為低於肘部的斜下方提插。此桩意念：前手如執盾牌，後手如執長矛，大敵當前，蓄勢對搏，一觸即發，勇往直前（圖43）。

圖43 矛盾桩

3.扶雲桩

　　技擊桩站好後，將雙肘向內下方翻滾，左手高於鼻平，右手略高於肩，使雙掌心向下，中指斜向相對，虎口撐圓，指尖微斂如各提抓一球。兩手腕處向懷內微曲，若能夾物，手微高於小臂，稍有斜度，兩手拇指外側與大小臂如環抱大樹。意念中胸部、腹部、四肢內側都要接觸到樹身而環抱，不斷用整體將樹拔起，栽下或前移後挪。站此桩對全身

圖44 扶雲桩

形體的肌肉群鍛煉效果很強，但初習極易因意念活動而使雙肩部和胸膈肌隨之發緊，故還應加上雙手如扶按彩雲和雙手臂被浮動的彩雲托起的意念。當年郭雲深先公就經常站此樁（雙手置於胸前），他是用手掌輕撫著雞毛撢子誘導雙肩和胸部放鬆的（圖44）。

4.托嬰樁

雙臂由技擊樁之撐抱變為前伸，掌心相對，左手抬至與眉相平，右手的位置與肩相平。雙手十指撐開稍彎，拇指雖彎有上回勾之意，小指有下回掛之意，食指、中指和無名指一齊指向前方，肘彎處不可小於九十度角。此樁意念初為雙手間如托一嬰孩，故亦名「托寶貝」。但此樁的實質是原傳的托槍樁，故深入練習應如托槍對敵。其意念亦應有前撲、後掛、上托、下按等實戰意識，而且必須遵守傳統槍法古訓：「上托重物，下必有樁」。即肘雖有墜意，但必須保持橫撐合抱的樁架。練習此樁應注意三個不同，即雙臂雖然外形相同，

圖45 托嬰樁

圖46 大天星樁

但內在意念必須有三個不一樣：長短不能一樣，高低不能一樣，（雙臂不能在一條水平線上）意念不能一樣。這在以後的實作中就能體認到這三個不一樣的重要（後文將作簡介）。托嬰桩，還有兩個輔助桩法，是為其在運動中變化所設（亦可配合其它桩而用），其名為天星桩。其要領皆同托嬰桩肘部和雙手腕向上內撐為大天星，肘部和雙手腕向下外撐為小天星，運用時還可以互相變化，如左大右小，或右大左小（圖45、46、47）。

圖47　小天星桩

圖48　虎撲桩

5.虎撲桩

　　要領皆同技擊桩。將雙肘朝下方撐轉，變手心相對為手心朝下，目光遠望，虎視眈眈。其意念如猛虎蓄勢待撲，故名虎撲桩。但意念不可單純前去而造成意絕力斷，還應有攦帶、偏掛、撕撐、前指、後拉及左右撐、中間抱等實作意力。

　　以上各桩認真練習後，我們就能基本掌握桩功在空間運

用時的變化和動作中的要領，其內在原則是相同的，只是上肢的外形稍有變化。所以應以站技擊樁為主。這些樁的體認，不僅能在實作中始終保持樁架威力，而且都可作為技擊時的預備式（圖48）。

6.撐托樁

兩手抬起約與眉齊，掌心斜向前上方，指如推物，掌如托物。意念：雙手如推托住一輛正從山坡上滑下的小車。腰背如靠在身後的石壁、大樹等倚托物上。此意念可使上肢同腰背部形成較大的拉伸量，但切記雙肘不能只有單純的前伸之意，更重要的是要橫撐抱圓。尤記身心必須放鬆，不可有絲毫緊張。

圖49 撐托樁

虎撲、撐托兩樁主要是技擊樁正面發力將要落成時應該形成的合理姿勢，若無此樁訓練，發力就容易形成虎頭蛇尾而影響發力的效果。同時還應注意，力雖發但意不能斷，還應該自如地保持樁架進行變化和連結發力（圖49）。

以上各樁認真鍛煉有得後，習者就會體認到：各樁雖外形稍異，但其原則要領是相同的，其變化主要是小臂和雙手的高低和擰轉是根據技擊時的發力在空間變化而設的，如天星樁是托嬰樁運用時和實作時撐擰滾進等變化的合理間架，技擊和矛盾等樁則是蓄勢待發時的姿式，而扶雲、虎撲等樁是技擊樁在發力過程中的擰轉前送姿勢，而撐托和虎撲等樁

則是發力終了時的合理間架。所以站桩訓練，應注意不要貪多求異，而應以技擊桩為主，同時還應注意兩點：一是無論何種意念誘導活動都不可使桩的外形過大則易失去桩架，微動而已，意不可露於形。二是切忌胸隔肌和雙肩部隨意動而僵滯。

7.大式桩和獨立桩

大式桩是相對高式桩而言，獨立桩是腿法訓練的桩法。大式桩主要有伏虎、降龍和子午，乃極重要的功法，其目的是為了增大下肢骨胳，筋腱、肌肉等運動量及肩胯等部位的拉伸量，並能在日後實作時遇到某些特殊的戰況時從容以應而設，因其較高式桩運動量明顯加大，所以欲仍保持桩的原則就有了很大難度，這就要求習者在具備了高式桩的基礎後才能練大式桩和腿法桩。其站桩原則要領一從混元桩，僅將略異處簡述如下。

8.伏虎桩

站法同托嬰桩，只是步距改為兩腳相距三腳，（隨功力漸進可繼續增大步距），雙手如掐虎頸。此桩意念大多為如騎虎縱躍，防其掙扎撕咬等。筆者以前也如此鍛煉，後為道新先生所糾誤，先生示教說：「如騎虎上，就應掄拳狠擊虎之要害，豈能『騎虎難下』？再者若依此意念訓練勢必執著己身，最於斂臀爭胯不利，因騎虎背，必夾虎腰則胯部失練。」道新先生示薌老當年親傳他的意念是：托嬰桩站妥當，意想身處深山密林之險境，對面一隻猛虎突然撲來，自己猝變不驚，後足撤一大步，雙手就勢掐住猛虎脖子，隨虎奮掙而動。一須注意自身間架不失，與虎生命相搏，然不可絲毫憋氣身僵；二是意念中的猛虎僅僅是被自己掐住了頸部，其身體

、四爪及虎尾仍在拼命掙搏，同時還需意識到，在同此虎搏
鬥中，亦需防及此虎的同伴會突然而至向自己撲來（圖50、
51）。

圖50　伏虎桩1

圖51　伏虎桩2

圖52　降龍桩1

圖53　降龍桩2

9.降龍樁

　　雙腳大步分開，儘量放大步距，雙臂推拉撐裏，雙目向身後怒視。意念如拔地而起雲端，身後有一惡龍張牙舞爪撲來，隨其攻擊而動，謹慎防護，將其降伏。身心切忌憋氣僵滯（圖52、53）。

10.子午樁

　　如伏虎式原則，雙臂撐撑爭拉，身體成二十五度斜面，後肩胯上拔，前肩胯下沉形成爭拉之勢，此樁專為求大、小變面而設，亦不需存拙力。

　　原則皆同技擊樁，只是一腿負重，是起腿樁法，姿勢可稍變而原則不變（圖54）。

　　站樁外形未動，內在無一處不動，故其訓練絕非靜極生動，而是科學的「視靜實全動」。

圖54　子午樁

第五章　試　力

　　通過站樁訓練，就會初步體會和認識到自身具備了整體的彈性，習者可以作個試驗：按要求站好技擊樁，閉上眼睛，不用加推之不動，砸之不落和撞之不開等意念。只是按樁的要求站好，請一同伴隨意推、砸、拉、撞，自己的雙臂就會產生穩立不動或彈起對方之前臂的效果。深入後自然還會感覺到身體四周都有阻力和地球磁力的存在。在以前練過其它拳術或進行過實作的人，通過站樁訓練會感到似乎不如以前靈活，因為四肢好像被拴住了，再打時竟不知怎樣發拳，或使用以前的招式感到彆扭了。這就是入門的好現象，說明過去的局部習慣動作已經並正在得到克服和糾正。久練生疑是深入的體現。但是，實作時是不能只求對方打不動自己的，何況對手還會找樁的空檔進攻，雖然打不著防護的部位，他還可以打其它的部位或繞著自己的雙臂擊打防護的部位。而實作時必須進行攻防，以將對手擊敗為目的，這就需要進一步練習試力功法。試力的功法就是解決如何將站樁獲得的整體勁力作用於對方的重要訓練手段。它的範圍很廣，難度最大，是承上啟下的關鍵環節。

第一節　試力方法與注意事項

　　試力的實質是樁在空間的延伸和放長。站樁是靜中有動，試力是動中有靜。其關鍵要領是樁在動。也就是說試力過程必須都是樁。這是檢查試力正確與否的最根本方法。初習

試力時可以在過程中停下來反視自身，只要有不符合樁的要求之處即應隨時糾正，以便養成和培養新的習慣動作和新的習慣用力，日久功深，就會鞏固為新的習慣動作和用力，成為下意識的自然本能反映。所以初學者應以試力的正確為出發點，不可心不在焉，一劃而過，其動作慢優於快，緩勝於急，欲行而又止，欲止而又行，緩緩而動，徐徐而為，專心體會。

　　初學試力，其動作先求開展，待到熟練後再求緊湊。

　　習者在前面已經對站樁有了體認，相認靜止尚且不易掌握要領，如果動起來就更非易事。儘管站樁已有了基礎，但試力之動是區別於日常之習慣之動，因而是生疏和不習慣的，也是不易一下子就能把試力動作全部掌握的，所以試力時應先下功夫學習一種。只要能掌握一種試力，其它試力就會迎刃而解一學即會，因為其內在原則也是相同的。

　　主練一種試力，可以在站樁的前提下先練一部分動作，待熟練後再逐步增加一些動作，直至完整。因試力是整體的運動，不可能一下就掌握全部要領並做對全部動作，可優質遞增。

　　試力時的意念因練功進境而設，不可單一。如初學試力可使全身放鬆，只用意念誘導放鬆和印證要領，進一步可體會雙臂及全身同空氣的摩擦。使試力緩、勻、真、切，運力如抽絲。再進一步深入則意力相逆，意力不分，並打破試力順序和節奏；大動、小動、疾動、緩動都要練習，達到實戰時隨機隨勢，應感應發。待功夫精深後，自能意力皆忘，如風中之旗，浪中之魚，自由自在，一切微動，均由風浪而是應，全為本能而動。

本章圖示只是外在形式而已，習者萬不可執著而破體。為了方便習者領會，有意將大多數圖示外形放大，尤其是側伏起拔和爭拉等圖的外形更是不符拳意，所謂起拔和爭拉的本意應是人體脊柱，骨關節及筋腱肌肉等內在運動，初練時因無拉伸量是不會顯示外形的，望習者萬萬注意，不可破體出尖。

第二節　試力法

一、勾挫試力

勾挫試力為薌拳的基本試力，又稱總試力，意念是如撕撐六面力，習此試力首先要把技擊樁的各要領返視正確，再接如下順序練習。

1.撐肘漲指

虎撲樁站定，先返視自身有無不符樁法要求之處，然後撐旋手指，初練可先從一只手掌開始：拇指在原先位置向外再撐開，其餘四指一齊同拇指分撐，依次中指和無名指也分別同拇指分撐，最後四指同小指形成矛盾爭拉。再以小指向

圖55 撐肘漲指

外撐捻，其餘四指同小指形成爭拉，再依次無名指、中指、食指和拇指共同分爭，反覆進行不斷。此訓練的要點是三窩必須放鬆，根節鬆是為了整體力的連結和力量達於稍節，而

稍節是應具備力量和強度的。鷹和虎豹的雙爪是很有力量而且極銳利的，此訓練可使手指靈活而有力。日常生活中也可以單練此項，實作握拳也應養成這樣的習慣，握拳有爪欲透骨的意念，張恩桐先生稱此訓練為泥中分指和撐指倒泥，熟練後再配合其它試力（圖55）。

2.撐撑雙肘

技擊樁起式，雙肘撐撑而前，其外形是由技擊樁的手心向內緩變為扶雲樁的手心向下，再變為虎撲樁的手心向前上方，最終以手心相對的托嬰樁完成再收回為扶雲樁。周而復始，連綿不斷。意念：雙手如被強大的無形力量牽動，不情願地被迫勉強拉出，而後又被上述力量勉強推回。開始可先練雙臂。

形體要求：必須自始至終保持樁的要求，（以下各試力亦然，敘述時從略）身體先不動，只以雙臂運動。注意雙肘不許癟，反覆撑撐旋轉。其運動軌跡不是單純伸縮，而是在空間畫了個括號（）形式的撐撑，注意雙臂前出不可伸直，不許直出直入，而是撑轉的螺旋運動（圖56、57、58、59、60）。

圖56 撐撑雙肘1

圖57 撐撑雙肘2

圖58 撐擰雙肘3

圖59 撐擰雙肘4

3.勾擰雙腕

上述兩項試力熟練後，再加上勾擰腕部的試力動作：以技擊樁起式，雙手掌心自內向上向後回勾成大天星姿式，再向下向後回勾成小天星姿式，再向前送成托嬰樁手心相對的手型。此項訓練熟練後，可同時加上撐滾雙肘和捻指的動作，做上肢的試力動作。意念：雙肘帶動腕部、指部在糖飴中運動時產生的阻力（圖61、62、63、64）。

圖60 試力中雙臂伸直和後腿直起的錯誤

4.起拔放長

技擊樁起式，意念中腰部以下如埋土中，也可以用尾閭下沉的意念。試力時，頸椎處隨雙臂運動向上拔起，初練時軀幹因從未進行過訓練拔量很小，外形甚微，隨著功夫的增長，脊柱和軀幹及肌肉群的拉伸量就會增大，外形明顯可看出如彈簧般的升降開合。在頸椎上拔時，尾閭不能隨之而起

圖61　勾擰雙腕1

圖62　勾擰雙腕2

圖63　勾擰雙腕3

圖64　勾擰雙腕4

，如果也隨著長起，就成為外形的起伏而失去內在要領。如此訓練還應注意，脊柱在上拔時雙膝會隨之略起，不可失去前頂後拉之意力要求，同時還要加大其前後爭拉的意力使下肢加強分爭。內在要求是：頸椎上拔和尾閭產生矛盾拉伸，同雙肘橫撐撐翻橫向矛盾拉伸形成十字的拉伸運動，從而使

軀幹的各部肌肉同時得到連結放長的訓練，同時，四肢各部也是在樁的矛盾要領下都在拉長，這就整體的緊，即放鬆後的整體連結放長訓練。所要引起注意的是：在作撕撐六面力的時候，雙肩和胸部最易出現反作用力，即僵滯憋氣現象，而此現象殘餘的拙力運動，其破壞作用不僅是產生戕生後果，而且破整體六面的放長效果，緊是六面渾元放長，僵是肌肉回縮，所以放長時應首先作到三窩的放鬆，此即緊中求鬆。在三窩放鬆後，六面已經拉伸的肌肉也自然地要隨之鬆回，所以還要在鬆靜的前提下使之放長，此即鬆中求緊（當然鬆緊還有其它意義，後文再述）。此試力首要注意的問題就是三窩放鬆，呼吸自然。由其頸椎上拔時最易出現憋氣身僵的反作用力，此時的要求是後升前降，即後背繃起上拔，而氣不能隨之上浮，如上浮要立刻糾正，使之下沉歸於自然。在此還要提及自然呼吸也不是任意隨便之意，它和意拳之意及自然之力等術語都有科學的含義的。嬰兒的呼吸才能屬自然

圖65 起拔放長1

圖66 起拔放長2

呼吸，而虎豹的呼吸也屬自然。薌拳的自然呼吸指功深後的
虎息耽耽（圖65、66）。

5.變面

待上述訓練熟練後，可再加斜面運動，趙道新和正文二
先生稱此運動為變面。變面是頭變臉兒，帶動軀幹改變角度
。此訓練是形成和掌握斜面力的關鍵（斜面力還指自身間架
的角度，即身不許正，肘不許平）。練法如下：

技擊桩起式。身體由四十五度斜面經三十五度、二十五
度轉成十五度側面。這裏所說的變面即變化軀幹面積而言。
常見一些人試力，只是雙臂部在頭部的帶動下變化；而軀幹
部原位置未動或被動而變。這就極易使脊柱失正。正確的練
法是由脊柱帶動肩胯同時變化，形成「面轉」。此處又涉及到
一個重要原則問題，必須引起注意，即桩無論如何變化都要
使雙肩雙胯始終保持平行四邊形的幾何狀態，無論試力、發
力、起步、實作都應保持這個原則，才能使軀幹中正，從而
利用攻守和發力，只有這個狀態才能發出整體勁力。如圈錘
和削掌不能只是腰部扭轉帶動上肢橫掃，而是脊柱帶動肩胯
這個平行四邊形的螺旋橫向旋轉及開合。不能只是臂轉、肩
轉、胯部必須同時運動才能形成整體運動。這在試力訓練時
就應引起重視，了解了這個平行四邊形的要求，也就比較容
易敘述和掌握了。試力中所說變面就是這個平行四邊形的整
體變化。變面在實作中非常重要，如我以四十五度角對敵實
作時，對方發拳擊我中線部位，只要我突然將身體的四十五
度變為十五度側面，即可躲過來拳或化掉來力，同時前鋒手
順勢擊出，一般情況下對手是不易躲過的，此即薌齋先生所
說：「正面微轉即側面，側面迎擊正可摧」的例子。再者，

物體放在空間是不會有力量的，但如果將物體突然改變方向，就可以產生力量，斜面變化的本身還可以使自身整體力形成尖劈之勢，即形體如同斧頭，前鋒手垂直線如同斧刃，所發之力是銳不可擋的。由四十五度變為十五度為發力，由十五度突然轉回四十五度也是發力，再變成另一側的四十五度和十五度也是發力，即拗步發力。故試力的任何過程都是一觸即發，只不過應是整體而動的原則（圖67、68）。

圖67 變面1　　　　圖68 變面2

6.肩胯互爭

待變面鍛煉熟練後，可在其變面過程中加上肩胯互爭試力，肩胯互爭和脊椎互爭是爭力的最根本來源。意念中雙肩雙胯這個平行四邊的橫線上有兩條無限長的空間延伸線，雙肩雙胯分別朝相反的方向同時互撐再配合肘的橫撐，就會體會到肩關節和胯關節向相反方向同時撐開的感覺，拉開的量越大，動作越靈活而且力量越大。關於肩胯的平行線還有一個作用，這就是試力回拉雙臂時，雙肘應儘量橫撐，不允許

肩隨提而起

胯隨爭而升

圖69　膝開和肩聳的錯誤

雙肘超過意念中的平行線，這樣就能使試力回拉而不破體，再一點肩部是放鬆狀態下的拉長，胯部是外裹夾而內在根部向外撐開，膝部不許隨之外開破體（圖69）。初練時可先以技擊桩式進行。

7.拉弓開合

在上述試力熟練後，又可以加練開合試力，開合試力的要領和變面爭拉大同小異，只是意念稍有變化。練法如下：以人體垂直線為界，前肩前胯和四肢意力指向前方，如弓把，後手如同扯住搭在弓弦上的箭羽，後肩後胯變面緩緩將弓扯滿後再緩緩鬆回，再扯滿鬆回。雙肩胯和脊柱等周身各部骨關節、筋腱、肌肉的開合鬆緊形成了渾元力最根本的發力形式，開即為爭力。開合皆為發力，亦是蓄力（圖70、71）。

圖70　拉弓開合1

圖71　拉弓開合2

　　基本試力還包括其它一些功法，但主要的是上述幾種，待這幾種練至熟練後，可將其綜合在一起做才是一個完整的勾挫試力動作（要領上面已分別提到，不再贅述）。此試力須苦練不可忽視，體認有得，其它試力即可觸類旁通（圖72、73、74、75、76）。

圖72 勾挫試力1

圖73 勾挫試力2

圖74 勾挫試力3

圖75 勾挫試力4

圖76　勾挫試力5

　　　　　　　通過上述試力練習，我們就會對薌拳有了更深刻的了解和體認，原來試力就是動著站桩而站桩訓練時就已經在開始進行試力，所以，桩的功夫越深，試力就越容易作正確。如果桩功不正確或功夫不深，不僅會影響試力的進展更會影響以後其它功法的進行，所以不如早些返過頭來學初步，如試力很難做正確時，應儘早重新站桩，即使是試力掌握較順利，亦應以站桩為主。

　　再者習者對薌拳中的力的概念已不在感到神秘，如三角力就是站桩的周身無處不三角的間架結構運動產生的；斜面力是桩架本身無平面積和平行四邊形的變化產生的；而爭力則是脊柱、肩胯及周身各處的同時矛盾互爭而產生的整體彈性力等。但所有力都應是渾元力的不同運用而已。基本試力又根據不同需要派生其它多種試力，其原則要領皆同勾錯試力，如桩的間架，整體爭拉，正、斜面轉，雙肘要擰滾而出等，下面就不再重複，只介紹稍異之處。以下試力預備式以技擊、矛盾、扶雲、虎撲各桩皆可。

　　（1）按推法：此試力的雙手外形是由扶雲桩變為虎撲桩，以托嬰桩為終了再回為扶雲桩。其動以身摧手，緩緩而行，意力如春蠶吐絲，連綿不斷。意念如推水上浮球，前推的程度以不失身體平衡為準，膝蓋前頂不可超過腳尖。要周身找手，不要手找身，回來時如抱著浮球拉回，身如站在齊腰

深的清水之中，要體會運動時水的阻力，雙手、雙肘、前膝及身體的各部都要感覺到水的阻力。進一步意念應如站在急流中，前去時流水迎面而來，回來時水又從身後衝來，中正安舒，逆水而動。再進一步意念中的浮球應變為鐵球，但雙肩和胸部不許有絲毫拙力，手回而意力前指，手前去意力後收，雙手要有撐、擰、裹、抱、提、插以及頓挫等意力，如勾挫刀叉，均需在試力中求取。待熟練深入後可運用伸手如銼，回手如鉤的意念。十指如行雪地，指過留痕（圖77、78、79）。

圖77 按推法1　　　圖78 按推法2

（2）推車法：以虎撲樁起式，意念中雙手如推住一輛小車，向上坡緩緩推去。但不是用手推，而是後腿下踩，靠蹬力將小車推出。然後雙手扶住小車不動，身體側拔成十五度角，小車順小坡緩緩滑歸原處。雙手意念前指按住，不丟不頂，由小車下滑之力將雙手慢慢頂回原位。再將身體由十五度變為六十度，同時拔起的身體下縮，後腿下踩，再將小車

圖79　按推法3

圖80　按壓法1

順山坡向斜上方推出，反覆訓練，動作輕慢均勻。不要用手掌面接觸意念中的車身，而是用指尖接觸，前推終了成托嬰樁式。

（3）按壓法：勾挫試力而動，至托嬰樁終了時，雙臂改勾挫試力的平行回拉為向自身的斜上方回拉，同時前膝前頂

圖81　按壓法2

圖82　按壓法3

，體重隨之後移，當把手拉至距自身半尺左右時，前手高於頭平，後手高於眉齊；滾肘擰腕，再向前下方作按推動作。意念：如按大球，勉強向下按，緩緩外滾（圖80、81、82）。

（4）勾推法：勾挫試力而動，至托嬰樁終了時，雙手小指如勾掛一物往懷內徐徐掛拉，同時重心後移，雙掌掌緣和腕部向下方擰轉，待雙手拉至距臍上部份半尺左右時，雙手向上抬起與眉齊，再反覆作前推回掛的動作。平時做勾掛練習時還可設想雙臂之下有一條繩子橫繫，雙小臂如鋸，向後下方輕輕回鋸，但意念不可絕

圖83 勾推法1

圖84 勾推法2

圖85 勾推法3

對，還要加上雙臂內如抱一球和意念中雙手如端著一盆水緩緩從高處收回。日後發力回掛時意念突然將繩子鋸斷，前發時意念中突然把水向斜上方潑出（圖83、84、85）。

二、蛇纏手試力

　　雙臂動作開始是勾挫試力，待雙手前出至托嬰樁式終了時，前手小指一側掌沿和腕部向上方撐轉纏撐，待掌心轉到斜向右上方時，前小臂前端與大臂形成剪手，再改為向下逆時針外旋，轉向斜左上方，同時後手隨同下壓外撐，小指斜前指與前手形成分力，前手繼續纏撐，又轉至掌心朝下，雙掌同時前推，又成托嬰樁式。在前手動作時，後手須相應配合，尤其身體應後靠胯坐形成整體齊動的配合。

　　在做此試力時，纏、撐、勾、掛的動作是以身帶臂，以臂帶手，由外向裏旋轉收回，左右交替。尤其要注意的是身與臂要成反方向螺旋轉動。意念：臂上如盤大蛇，用意力帶

圖86　蛇纏手試力1

圖87　蛇纏手試力2

動緩緩外旋。

上述介紹是外旋纏手試力，同時可依上述之法作內旋動作，如金鞭出水，又稱內纏手試力。內外都須練熟，待功夫漸深，可直接供斷手使用（圖86、87、88）。

圖88 蛇纏手試力3

三、波浪試力

初練的雙臂外形是由扶雲桩變為技擊桩的向內向上的撐撐，再變為虎撲桩的前下方按推如同搖轉井架上的轆轤，又如波浪起伏。待熟練後，再加上變面運動以身帶手臂而作。作此試力應注意在做出上下爭力的同時必須注意左右和前後的爭力（圖89、90、91、92、93）。

圖89 波浪試力1

圖90 波浪試力2

圖91 波浪試力3

圖92 波浪試力4

圖93 波浪試力中的錯誤

四、神龜出水試力

　　雙臂的動作是波浪試力同身體的反方向螺旋運動。如手上舉，身下沉，手右去，身左來，手左去，身右來，手下按，身上拔。此試力極易做成單純的雙臂運動，而且開始的動作要領也不易掌握，故也可以分開來做。因雙手臂波浪動作已熟，開始可先練身體的動作。練習時可先讓同伴促住自己的手（也可用手扶住牆或其它物品），先不讓手動。身體先儘量向右移（以左式為例），然後下蹲，再盡量左移，最後長起。需要注意的是不能單純追求外形，而應時時保持樁形，橫移時脊柱需正直，肩胯的平

行四邊形不能破壞，下沈時脊柱壓縮，上拔時以頸椎為主，尤忌上拔時不能隨之憋氣。這個長方形的外形動作很快就會熟練，再變成旋轉練習，把這個四方形變成圓形，使整體旋轉起來。（圖94、95、96、97、98）。

圖94　神龜出水試力1

圖95　神龜出水試力2

圖96　神龜出水試力3

圖97　神龜出水試力4

圖98　神龜出水試力5

　　此試力的練法是整體一邊起伏一邊旋轉配合雙臂的波浪試力及雙肩自轉。其作用不但增長下肢的力量，而且能鍛煉整體的靈活性。在作此試力時，是起於足踝，然後膝、胯、腰、肩、腕及頸椎周身關節由脊柱帶動下的三百六十度的不停旋轉運動，內含撐、抱、推、托、按、偏等多種勁力，是極重要的試力功法之一。意念：雙臂如同水面，自身猶如巨龜，旋轉入水，復旋轉游出水面。待功深後，設想自己置身洶湧澎湃的海水之中，挾波裹浪，旋轉起伏。以此試力原則雙臂輪番而動則為玉貓洗臉試力（圖99、100、101、102）。

圖99　玉貓洗臉試力1

圖100　玉貓洗臉試力2

圖101 玉貓洗臉試力3　　　　　圖102 玉貓洗臉試力4

五、金雞腿試力

　　分水樁站立，雙手如扶按一欄杆上，右腿前移至左足並行，然後上提，磨膝擦脛，由襠內向前方蹬出，腳心向前，腳尖回勾，蹬至腿與自身成為直角後，再向外側下踩，踩時腳掌平放，腳尖向前，成為丁八步，但不許踩實，最好不接觸地面。然後由原運動軌跡抬腳與腰平行，再經襠部復回原位，如此周而復始徐徐運動。因此試力都是由一條腿支撐進行訓練，故名金雞腿。又因試力時的腳是由襠內蹬出而專蹬敵手致命之處，故又稱穿襠腳試力。金雞樁和此試力原是薌拳唯一的使腿訓練法，稍有功力，實作時配合其它功法使用，無不使對手立即喪失戰鬥能力。薌齋先生根據實戰需要和利於武學交流切磋的方面考慮，告誡後學不可輕易使用此力，並增加了跺子腳、側身腳、蛇行腳等腿法。這些腿法的應用亦由以金雞腿試力練習中訓練。故在作此試力時，意念不可只是前蹬一種，應存錛、踢、點、踹、掛、跺等意力，尤

以錛、踢最為常用。對於那些外形大的失去整體均衡的各種腿法則不宜訓練。

　　練此試力時注意，蹬出的腿不要伸直，膝部應如肘部，始終保持鈍三角形。再者抬腿穿襠時，不要單純使膝帶腳，應以胯帶腿。由於胯帶腿時的自然上提，就造成了平行四邊形的破壞。以提右腿為例；在未抬腿前，肩胯是平行四邊形。因雙肩始終平行，而右胯帶腿的上提動作就使平行四邊形的左側連線縮短，會造成影響整體的結構，所以抬右腿時，應以肋帶胯，由胯帶腿。這樣右側的肩胯相對同時增高，但不是聳肩，平行四邊形只是左低右高而已。合理的間架是長方形。作拳如果始終保持長方形，就不能側伏起拔和自如地做其它動作，所以應使肩胯始終保持平行四邊形為宜。此試力如此，以後的步法訓練和其它功法訓練亦應如此（圖103、104）。

圖103　金雞腿試力1　　　　圖104　金雞腿試力2

六、按簧試力

站好虎撲樁，意念中雙手如按一個大彈簧，將彈簧下壓，待雙手與肚臍相平時，意念中的彈簧已被壓緊。雙手放鬆隨彈簧彈力而升起為虎撲樁式，如此一起一伏，反覆訓練。亦可進行雙手輪流按簧，身體隨意念分出輕重虛實。

七、揉球試力

站好扶雲樁，意念中如在水中按一浮球，此球在水中時起時浮，旋轉不已。雙掌隨之揉動，而意念中的這個球，一會兒要雙手推出，一會兒要雙手吸回，一會兒又漲大，一會兒又可以擠扁，有時會變成兩個球，兩個球又變成一個大球……以身帶手，緩緩隨之反覆揉動。亦可雙手輪掙換揉動。

第三節　單操試力

單操就是簡單的技術動作做反覆的練習。任何體育訓練項目無不重視這外形枯燥單調的訓練。如莊則棟的左右兩面攻和郎平的躍起扣球等。「小老虎」和「鐵鄉頭」都曾威震體壇。莊則棟的技術外形無非是左右抽殺，加上發球搶攻和偶爾的推擋也超不過五個動作。但他的成就是這些極簡單的動作每日千萬次的反覆苦練結果。而郎平的跳起重扣也不知凝聚著他多少心血和汗水淚水。古今中外的真正求學搏擊者也無不重視單操訓練，故一有千招會不如一招精的拳諺傳世。郭雲深老先生的半步崩拳，至今亦仍然膾炙人口，啟示後學。故有志於求真務實者，切不可尋奇求異，而要在拳學的

最基本的訓練上下功夫。

　　單操和單式招不同，單式單招是一學就會的招法，而單操就蘊含著極深的哲理和訓練的科學性以及真正掌握的艱難性。如郭老的崩拳就根本不是每日崩拳萬遍的機械重覆，而是他拳學造詣的綜合體現。首先是他的樁功湛深，使這一最簡單的外形金、木、水、火、土五力具備，十二形之意盡有之。由於生死線上搏擊的豐富經驗又使他在實作中能隨意運用路線、角度和曲折變化，掌握施以崩拳的時間性，空間性和有機性，從而使他的崩拳隨心所欲，游刃有餘。學者明於此理，就應在初學單操時，不要盲目苦練，而是要去試，要凝神靜慮，意念集中，慢慢摸索體會，才能逐漸體會到某一拳法的個中三味，進而刻意研精，一門深入，達萬法歸一之境。

　　初學單操，可多掌握幾種，但隨著體認，應選擇適合自身條件和興趣者精純專修，此謂由約而博，由博而約。同時須時時注意單操要領一從前面所練的站樁和試力，原則要領皆同。左右皆習，務必鬆靜自然，不許有拙力和憋氣身僵的現象，開始可舒展一些，進而歸於緊湊，再深求則應慢中求快，鬆中求緊，以利日後實作。

　　單操功法分為兩個訓練內容，一是單操手訓練，二是單操試力訓練。單操手是發力的外在表現形式，而單操試力是尋求掌握整體力的方法，二者有機的結合稱為單操，而試力法則更重要。

一、單操手

　　單操手訓練以劈、崩、鑽、炮、橫為主，習者還可以根

據自己的愛好和習慣選擇其它單操手，下面介紹幾種最基本的單操手。

1.圈錘

又稱圈拳。因此拳較利於肩部的放鬆，故初習單操一般多從此拳開始。練法如下：雙手呈空握拳狀，以身帶臂，左右輪番做平行弧形運動，一手前輪，另一手護住頭部。初練時可用身體慣性把拳帶過自身中線，但熟練後就不要超過中線。輪出去的手臂運行完成時不許被慣性帶直，亦不許甩成死彎（即由肘部折點成小於九十度形狀）。初練應全身放鬆，如同把擊出的手臂扔出去。以後可改為如臨敵手，意念中把他的頭打離頸部（圖105、106）。

圖105 圈錘1　　　　圖106 圈錘2

2.劈拳

雙臂高舉過頭，由內向外，由高向下作弧形下劈動作，待前拳劈落至臍部水平時，復抬臂練習。劈拳有雙劈和單劈練法，也可握拳練習。亦可雙手握拳用拳背下砸對方面部、

胸部或雙拳背輪番快速轉動而用。稱為鬼手斷。此拳如斧劈物，名曰切作力（圖107、108、109、110、111）。

圖107　雙劈拳1

圖108　雙劈拳2

圖109　鬼手斷1

圖110　鬼手斷2

圖111 鬼手斷3

3.崩拳

以身帶手，雙手作拳，輪換擰肘前擊。練此拳注意前出的拳收回時，後拳應從前拳的下方出來。因日後實作，前出的拳收回時要防護頭部，如在下方，不利抬臂上護。本拳是最難訓練和使用，但功成後又是最厲害的拳法（圖112、113）。

圖112 崩拳1

圖113 崩拳2

4.鑽拳

此拳訓練均同崩拳。只是，前拳打出擰肘時拳心向內，拳峰朝上。雙臂如擰繩（圖114、115）。

圖114　鑽拳1

圖115　鑽拳2

5.炮拳

　　雙拳輪番前擊，前拳拳心向下，後拳護住自身頭部。削掌和栽錘不能連點，此拳的特點是左右可以連點。雙拳如槍炮出膛，猛烈而連續不斷（圖116、117）。

圖116　炮拳1

圖117　炮拳2

6.橫拳

一拳防護中線，拳心向下，另一拳經前小臂下方撐肘擊出，拳心朝上，練習拳應體會原傳形意拳的術語：橫不見橫，雖然被擊中者無不斜著飛出，但前擊的手臂橫的外形不宜過大。其橫力來源於身體的整體螺旋分爭，非局部橫擊（圖

圖118 橫拳1

圖119 橫拳2

118、119）。

7.栽錘

又稱栽拳。其練法以頭將身體領起，前臂的肘也相應吊起，由上往下作弧形的下栽動作。實作時直接重擊對手頭部和肩胛骨處，稱作大栽錘，控制對手掛擦其臂擊其胸肋稱為小栽錘（圖120、121、122）

圖120 栽錘1

圖121 栽錘2

圖122 栽錘3

8.捯手

　　一臂探出，五指撐開抓捯回勾，另一臂護防中線，如靈猿撲擊。單臂捯勾為單捯手，雙臂回勾為雙捯手。初練應輕緩，實作時雙手可抓撲對方面門，也可順來拳猝然回勾發力。亦可雙臂十字交叉，閃電般輪番抓捯，自身頭部隨雙手動

圖123 單捯手1

圖124 單捯手2

作左右閃護。此捯手可以作整體帶動下的局部抓撲，亦可整體後坐發力。（圖123、124、125、126、127）。

圖125　單捯手3

圖126　輪番抓捯手1

圖127　輪番抓捯手2

9.撢手

一手回掛或作捯手，右手迎面抖腕撢出，左右反覆練習。此試力練習亦應由徐徐中體會，撢手時的手腕先回勾，後撢出。實作時配合捯手使用，速度極快，常使對手猝不及防，此為薌拳中常用的「豎去橫擊」（圖128、129）。

圖128　撐手1

圖129　撐手2

10.削掌

　　一掌滾肘擰轉變手心朝下為向上身體向左側轉動，帶動雙掌同時自身左右側作平行的弧形運動。左右互換（圖130、131）。也可雙掌陰陽互換攻防齊出（圖132、133）。

圖130　削掌1

圖131　削掌2

圖132 削掌3

圖133 削掌4

11.塌掌

一臂防護頭部，另一臂向內向下做弧形動作，至與胃脘部平行時，繼續向外向下撐肘擰腕動作。塌掌有高低大小之用。實作時可因勢塌擊對手胸腹和肋部（圖134、135）。若整體發力，以掌重擊對方胸腹則為掖掌（圖136、137）。

圖134 塌掌1

圖135 塌掌2

圖136　披掌1　　　　　　　　圖137　披掌2

二、單操試力

　　以上單操如果刻苦訓練，再配合合理的步法，在實作中是頗具威力的，因為它同單式不同，是整體放鬆後帶動下的四肢運動，鬆利於變化，能將慣性力集於發力點上，最重要的是在單操時有敵情觀念，能養成勇敢的拼搏精神，其威力自然遠勝那些套路招法，這就是不少習武者所拋棄招法套路苦練單操的原因。但是，單操所發之力還遠非整體力，或者說不完全是整體力。如果只練單操，那就會使站桩試力脫節，會嚴重影響實作時的效果。薌拳的單操應是桩功和試力的體現，所以奉勸那些急於求成的朋友們還是靜下心來，研究體悟一下拳學中的上乘單操，這就是單操試力。這雖然比單操複雜，但是如果我們已有了站桩和試力的基礎，單操試力也是會豁然貫通的。

　　所謂單操試力就是在掌握了單操的外形後，就不要急於繼續苦練，而是應把整體力試著融於單操之中，使某項簡單

的外形動作具有整體力的內含。不然站樁試力豈不枉費了時日和汗水？

我們不妨回過頭來，重新站好技擊樁，再按樁的要求作試力，先以勾挫試力為例：以技擊樁原則變為扶雲樁的手型，再變為虎撲樁的手型，以托嬰樁手型終了，在終了時，前手由掌變成拳，後手防護，只要稍加體認就會明白，這個動作就是發拳，高一些稱為炮拳，低一些稱為崩拳。此時的身體角度是側身的四十五度，如果再進行試力，由四十五度變面為三十五、二十五、十五度，因身隨之俱爭，前手順勢而出，後手抬起護頭，又會發現這就是單操中的炮拳，只不過是由全身齊爭的試力而成，這個炮拳如果突發，就具備了爭力的勁力，（如果前手低一些這又是崩拳。再從十五度變回四十五度，這個變面過程隨時可發前手，但最重要的是後手在變面的同時突然周身由爭（開）而合，這又是以手型高低而區分的炮拳、崩拳，再繼續變面，又成為拗步的炮拳、崩拳（內含不同與拳擊直拳的直拳）。這樣緩緩而練，靜心體認的練法即單操試力（圖138、139、140）。

如果作拳慣於用拳，即稱為崩、炮、直等名，若習慣用掌，以此內含發力亦可以稱為撞掌、碰掌、問心掌、高一些叫撲面掌，均從其便。如趙道新先生就曾以雙掌震撼過武壇，但他的掌絕非什麼鐵砂掌，迷魂掌，而是內在勁力和實搏經驗的體現。在心會掌中，趙先生就稱劈拳為張弓望敵，合力前撞稱為腋下藏花，橫向螺旋切削則謂之掬月在手。由上述可知，發拳的威力不在叫什麼掌，稱什麼拳，而是內在勁力的雄厚精純。此試力還可以由虎撲、托嬰等樁為預備式而練，更可以直接空握拳而練，關鍵的問題是單操時必須是樁

圖138　崩拳試力1

圖139　崩拳試力2

圖140　崩拳試力3

在試力。

在懂得並練習了上述試力之後，可再體認一下波浪試力或按壓試力，此試力不僅有實作時的繃護、撲擊、攦帶、偏掛等實用勁力，而且是重要的單操試力方法，如以雙臂做搖轆轤試力，身體做四十五度到十五度的變面，停下來體認就會明白這就是劈拳單操試力，雙手一齊向下按壓為雙劈，前鋒手劈擊，後手防護為單劈，拳背反砸稱作鬼手斷。這樣試力就區別於原先的單操了，因為它是整體齊動，包含六面爭力，斜面力、三角力、惰性力的威猛拳法。同樣，捯手、虎撲等單操也是用此試力帶出來的（圖141、142、143、144）。

圖141 劈拳試力1

圖142 劈拳試力2

圖143 劈拳試力3

圖144 劈拳試力4

　　栽錘是蛇纏手試力的應用，如果從外形上看似乎有些難通，原因是栽錘單操的外形過大而蛇纏手外形極小。而這正是拳學的妙處。我們可以再體認一下，在作蛇纏手時長身突然加快速度下合，又會體察到這就是栽錘發力，手臂掄的外

形極小，但如果真正有了體認，那誰也不會再去掄外形極大
的栽錘單操，因為那是身體把手扔出去的，其力主要是上肢
的巨大慣性。但如果以蛇纏手試力發栽錘，外形雖小，但卻

圖145　栽拳試力1

圖146　栽拳試力2

是整體的螺旋爭先後合，威
力自不待言（圖145、146）。

蛇纏手的反方向運動稱
為外蛇纏手或金鞭出水試力
，削掌、穿掌等單操的威力
是外蛇纏手的發力結果。同
樣，身體帶動肩胯把雙臂甩
出去的削掌單操動作變成了
上肢和整體爭與合的反方向
的螺旋運動，雙臂外形雖未
大開大掄，但形體卻是生生
不已的整體螺旋開合力，習

圖147　削掌試力圖

之得法，稍具功力，在實作中只要削與栽的力發出，一下便可致對方倒地不起或失去戰鬥力（圖147）。

圈錘和鑽拳等單操的試力就不詳述了，因為基本法則皆同，只是外形稍有變化，大同小異而已，皆為蛇纏手之試力，在整體齊動的前題下：平肘為圈，掉肘為栽；反肘而擊之為削，沉肘上挺之為鑽。

由上述可知，單操（以及後文所述各功法）都是以站樁為基礎的，明理和具備功力之後，在站樁的同時就可以進行單操試力，而在單操試力的過程中始終都在站著樁。

單操試力不可執著，各項單操之間都是相通的，應打破順序，隨勢而變。如劈拳試力（爭力）完成後，緊接可以變面（合力）作崩拳試力或虎撲試力和其它試力（圖148、149、150、151）。勾挫試力接劈拳試力再接崩拳試力。

為了適應實作的瞬息即變，還應熟練掌握自己所習慣的單操試力，不僅要對其進行左、右和順、拗的練習，還要進

圖148 隨機1

圖149 隨機2

圖150 隨機3

圖151 隨機4

行上下，高低，左右角度的單操試力訓練。雖然對搏時形勢變化急劇，不能以招法以應，但總有規律可循，是不會離開三維空間這個範疇的，對方來拳來力無論是什麼招，無一不是以我的中線部位為進攻點，路線總不出上下、左右、高低這個範圍，（身後之來拳又當別論）。千變萬化之說純屬自欺欺人之談。針對這個總原則，在單操試力時，還應在守中用中的原則指導下進行高低和左右的練習。以崩拳為例：

（1）勾挫試力終了時由托嬰桩收指為拳，名為順步崩拳。前鋒手不動，後手發出為拗步試力（圖152、153）。

（2）身體由四十五度變為十五度為爭拉試力，前文已敘述過，這個狀態下的前鋒手不回來，十五度面積不變，只是體內的爭拉變為合力，仍以十五度斜面復試崩拳之力稱為窄試力或長試力。身體由十五度變為六十度時仍是前鋒手發力，稱為短發力或寬發力（圖154、155）。

圖152 順步試力　　　　　圖153 拗步試力

圖154 長試力　　　　　圖155 短試力

（3）周身試力要領不變，只是前鋒手指向中線兩側試力，稱為左、右試力。鍛煉此試力時應注意，雙手不要離開中線部位。前鋒手雖然指向左右，但不是手在動，而是在保持守中用中的原則下，自身重心改變方向並整體而動帶動雙手運動。

（4）前鋒手指向自身斜上方為高試力，指向前下方（不許低於自身臍部）為下試力（圖156、157）。亦是整體試力的略異。試力時需注意：前鋒手上指身應下坐，前鋒手下指身應上拔。同時需注意肘的撐撑和其它試力要求。由於薌拳的技擊式比各派都高，有些人往往誤以為下盤沒有防護，在切磋時，低頭冒進，但無一不遭失敗，只要雙手突然下落發力，無論劈、崩均是正好實實落在下潛進攻者面部的。所以單操手的試力應首要顧及到自身中線的高低和左右的來力來拳，出一式即將三面封住並能同時兼顧三面進攻，這在試力中一定要刻苦摸索鍛煉。在進行上述訓練時，還會感覺到所試崩拳的外形不太規矩，尤其上崩拳試力極像鑽拳，下崩拳試力酷似劈拳，這無關緊要，關鍵的問題是否符合試力各項要求，內在要領正確就不要理會試力的外形，薌齋先生早有明訓：「似劈崩鑽炮橫，非劈崩鑽炮橫。」各種試力的正確與否不在形式，更非拉大鋸式的雙臂輪番互擊，故習者應不求形骸似，只求神意真（圖158、159）。

圖156　上試力　　　　　圖157　下試力

圖158 前試力

圖159 後試力

當習者已經徹悟了上述單操試力後，相信一定能夠一舉三反，如揮手試力就不是單純地甩臂抖腕，而是豎去橫揮。其它單操手試力就不再贅述。在清楚單操和單操試力的本質不同之後，相信習者在掌握了單操的外形之後就會停止其苦練，而深入到試力功法中去研悟，從而把站樁試力與單操溶為一體，體會到理趣叢生的境界。

單操試力是極重要的訓練項目，無此試力將空有功力而不能實作。在試力訓練中不但可以增加功力，掌握發力的正確方法，亦可以在徐徐而動的靜態下體認整體勁力在實作中的運動軌跡，隨時正誤糾謬，強化正確的習慣動作和習慣用力，待日久功深，自能日積月累，水到渠成，形成一觸即發的自然本能反映和發力。

在此再簡談一下各種腿法的單操試力。

腿法的正確運用應結合後一章的步法，實作時起腿和步法合一而用，攻守合一，進退合一，可行可踢，步動即藏踢

意，腿發而落步距。但作為單操試力，亦應遵守以下原則：

（1）各種腿法應以金雞桩為基，在試力中認真體會和掌握。

（2）起腿不宜過高，一般不超過對手的臍部，膕窩不可伸直。

（3）日後實作時起腿要順其自然，得機得勢，應感而發，不可心存招法和孤注一擲。

（4）各種腿法的試力亦應保持試力總原則，其出腿絕不許是進攻腿的局部動作。而應是一腿負重，另一腿進攻的整體協調運動。在起腿時，雙手要相應配合，守中用中。同一側手足齊出為順步踢，手足兩側互用（如起左腿而出右拳，或起右腿出左拳）為拗步踢。腿的試力亦應以整體而動為原則，發力的動作應注意脊柱彈射和變面。變面的要領是順步踢朝支撐腿的方向變面，如錛踢。拗步踢則朝進攻腿的方向變面，如穿襠腳。當然，各種起腿都可以隨機隨勢的左右而

圖160　順步踢

圖161　拗步踢

用，其變面方向的原則應根據順步和拗步而定（圖160、161）。

（5）進攻腿的動作應是以肋帶胯，以胯帶腿而動，發力時除蹬踹需有膝部的彈發動作外，其它各腿法的膝部都基本不動，是由胯部催動而發。最為重要的要領則還是負重腿的作用，即進攻腿的蓄發、攻守和進退轉換等動作都應由支撐腿控制和帶動，進攻腿的動力亦應來自支撐腿的蹬地和後胯的催送。

第六章　步法試力

　　無論何種拳術都有手眼身法步之說，其中步居最後，有其它功夫者方可習此，乃拳術的高深過程。在實作時，如無步法，甚至步稍踩慢，皆難出奇制勝；若無正確步法，任憑手能斷石，力舉千斤，也要陷於被動，處處給對手所乘之機。步法靈活者，即使功力稍淺，身材矮小，也能因步法如猿捷貓縱而處處主動。自古武林中有寧傳十藝，不傳一力；寧傳十力，不傳一步；手到腳不到，打人不為妙；手到步也到，打人如玩笑的口訣傳世。由此可見步法的重要，薌拳斷手的原則是腳打七分拳打三，不是指踢踹，而是指步法。各家拳派真傳漸失的原因之一就是步法失傳，甚至有動步就為輸的荒唐至極的說教。當然，步法亦是整體身法之一部分。

　　步法訓練不同於平時走路，也不同於一般體育運動和武術動作中的跑跳竄越，它是一種專門的實作動作。薌拳的步法訓練實質是步法試力，通過訓練使步法靈活、準確而極富彈性。包括步法和起腿訓練法兩種意義。其主要步法是磨擦步，稍微加速，便可供推手使用。磨擦步中又派生和吸收了其它拳派的幾種步法，訓練有得，專供斷手而用。

　　在前文我們已經講解了站樁和試力的訓練，基本領會和掌握了整體力的形成和運用，但是，實作時雙方都在伺機攻守，根本不會站著不動，所謂彼不動，己不動，彼欲動，己先動之說純屬外行夢囈。彼欲動者是還沒有動，而自己先動，不但同「彼不動，己不動」之說形成矛盾而成為病句，而在實作時也不會有這種情況，真實情況是雙方都在動，都在

尋找戰機。如若是雙方都按此說對陣，那只好等到吃飯的時間作罷。所以應以步法為先，處處爭取主動。

在具備整體力之後，面臨的一個最大課題是：整體力是在站樁和試力的靜態中摸索到的，一旦動起來是否還如前兩項功法具備一觸即發的能力？如果動起來就失去樁的原則，那整體力就將喪失而威力驟減。所以要進行下肢試力。下肢試力的根本目的是：解決把靜態平衡過渡到動態平衡的問題。這就要求習者還是應時時保持樁的原則，如果下肢試力失去樁，就又和以前訓練脫節，而覺得繁難。然而如果知道並一直注意保持這個原則，則將駕輕就熟，也不會覺得玄虛和難習，同時能在動態中繼續站樁，從而在步法試力的同時又增長功力。簡言之：步法試力是樁在空間的位移。所要解決的課題是如何將靜態平衡過渡為動態平衡。明於此，初學步法就不會簡單模仿外形，盲目而練，而是又靜下心來，心平氣和地去體會，在緩慢的動作中去試，而不是去走。

第一節　磨　擦　步

磨擦步的原則要領一從前文站樁，故從略。初學亦應以養生樁全身放鬆的要求為主，進一步再按技擊樁的要求進行訓練，亦從略。初學步法，習者可去動物園觀察一下虎豹之行走，或多看電視中的《動物世界》節目，對步法訓練會大增啟益的。

首先嬰孩爬行時和初習走路及獅虎之行是同常人不同的，其特點是以身帶腿，整體而動。尤其是四肢履地的動物（尤以鱷魚、壁虎最為明顯）都是靠身體蠕動帶動四肢的運動

，而常人的行走是靠雙腿拖著軀幹進行的。正文先生所謂「中華拳學返先天，返生物體，返嬰兒狀態」的論點即是指人體的改造，在步法中則指把雙腿的負擔功能變為運用功能。薌齋先生的「足踏貓似距」等遺教亦是從仿生學闡述的。十二形之意應盡有之即指習拳不應只模仿動物的外形，搞什麼雙手似爪而出謂之虎撲，以及猴爬竿、猴抓腮。而是應研究動物的生存本能和體質良能為拳學服務，步法的訓練即應從此入手。原傳實戰拳法的步法訓練目的有三個：一、是由靜態平衡過渡為動態平衡。二、在科學的動轉挪移中隨時起腿踢擊對手。三、行走、攻防中能自然地防護下盤，如對手起腿進攻，可本能地提膝防護並同時射腿撞進。

一、起拔桩步法挪位法

養生桩撐抱式站穩，徐徐作下蹲動作。蹲至將近與膝部平行時，（不可低於膝蓋水平）再緩緩恢復到撐抱式。這裏需注意的是在呈原式時不僅是雙腿的力量使然，最重要的是頸椎的作用，開始最好雙腿不用力，單純以頸椎上拔，同時雙手臂下如按一橫木，如同單槓動作中的引體向上動作，其拔起主要是上肢下按和頸椎上拔的力量完成（但不能有腹肌和胸肌及肩部肌肉的力量）。習此功的首要注意事項就是三窩的放鬆，不能因上拔造成憋氣身僵，意念中如爬著牆觀物，又如馬拉車上坡。

圖162 起拔試力

習者會意識到這又是樁功的原則。如此反覆進行（圖162起拔試力）。此試力也可以扶按等式進行。

待上述訓練熟練後，可進行樁位移步訓練。此項訓練要領皆同起拔法。只是不用再下蹲，只以撐抱式站立，頸椎上拔，雙臂下按（臂下方如按橫木或雙手如按橫木皆可）。雙腿彎度不變而前行，這樣就根本無法動步，只有靠腰腹部前送而膝行（不是抬足而行）。此試力注意雙腿不許直，應保持樁的彎曲角度，同時，體重不許偏放於支撐腿，重心始終在自己的中心。意念：身如槐蟲，肩似挑擔。槐蟲就是我們常見的一綠蟲，一根線從口中吊於樹枝上，其動全由身體蠕動，俗稱吊死鬼兒者即是。身如挑擔是為把重心拔起，其動也是由頸椎帶起的，此處再重申一下：肩如挑擔只是意念，千萬不可使三窩發緊，尤其雙肩不許上聳發僵（圖163、164樁位挪步）。

圖163 樁位挪步1　　　圖164 樁位挪步2

　　此行走乃步法之基，需熟練不可忽視，張恩桐先生身材
高大魁悟，但實作時步法極靈活，就是得益於經常操此步法
。該項訓練熟練後，可進行半邊鬆緊的訓練。即整體一分為
二，一邊鬆一邊緊，一邊拔一邊落。意念中頸椎上拔時一邊
起，一邊落，靠身體前行，如此左右互換前進。因此狀酷似
企鵝之行，故稱企鵝步，又名鵝行鴨子步。初習較慢，熟練
後動作可加快，此步熟練後，不僅步法轉換極快，而且實作
時蓄發隨意，鬆緊虛實變化自如。意念：雙手間如按彈簧，
身體隨著左右按下彈起的意念前行（圖165、166）。

圖165　企鵝步1

圖166　企鵝步2

二、磨擦步試力

　　分水桩起式，目光注意前方一個目標，無論如何動轉挪
移，視線不許隨動作轉移，始終以一個目標為視點，因為實
作時是始終觀察對方的，故在練習時即應如此，其它要領一
從養生桩分水式。站好桩之後開始運動，意念中雙手如按欄

杆，也可意想雙手各扶按一拐杖，然後邁後腿至前腿踝骨處，再用腹部將此腿緩緩送出，落於身側，其步距步型要求很簡單，落下後正好是技擊樁的姿勢才為正確。此步應注意的要領是：起步如履薄冰，落步如臨萬丈深淵，小心翼翼，緩緩而行。落腿時應有試探之意，徐徐而落，不可一下落實，萬一腳踩空或淵邊石頭滾下，自己將墮落喪生。抬腿行走時腳心下如踩著一根木棍或小球滾滾緩行，至踝骨交叉時應在意念中停一下再前送，因為實作時連自己也不知對方如何攻守，意念中略停，可隨對方之動而動，也可能橫移閃進，也可能繼續前進，還可能斜閃進攻，更可能抬足而踢……。但其原則不是形停，只是意念稍慢，不能讓對方覺察自己的意圖。而且在行進中也不能絕對，在每一步進退中都要有進退閃側等意念，此步試力進退皆練，緩緩而行，循環往復。意念：如趟泥涉水。注意腳尖方向始終朝前，日久功深自會感到與空氣產生磨擦。

待上述訓練熟練後，內在可加起拔法。即分水式站好後，以身如挑擔的意念用頸椎將軀幹拔起（注意雙腿不許直，樁的外形基本不變），拔的同時雙手意念下按（外形亦不許露出），將身體拔起後，以腹部催下肢頂膝而行，落腿時頸椎隨之內在放鬆，雙手亦隨之放鬆。如此徐徐體會操存，自有心得。其它要求一從磨擦步試力。

如上述訓練有得可再加上肩胯若機輪之法。即在頸椎上拔將身帶起後，後腿的胯部隨之上提，把腿帶起而行，落腿時實際上是胯部緩緩落下，膝、足隨之而落，這就是老譜中的所謂「以胯催膝，以膝催足」。不僅步法如此，日後實作前踩後蹬的配合也是行進中的突然落胯。發力時是爭胯、切胯

、勒胯。肩胯的拉伸量越大，步法就越靈活，發力的效果也愈佳。由此可更深刻了解到薌拳的各項功法都是相通的，是互為補益而統一的（圖167、168、169、170磨擦步試力）。

圖167 磨擦步試力1

圖168 磨擦步試力2

圖169 磨擦步試力3

圖170 磨擦步試力4

在此應提及的是：在提胯時由於一側胯部的提高，另一

側的肩胯未動，這就影響了肩胯的平行四邊形的結構。這就需要再加上以肋帶胯，因為肋部若起，肩會隨之而起（但仍是放鬆的肩隨肋的拔起而起），這樣就可以保持平行四邊形的整體幾何狀態，以利時時整體，隨機而整體齊動的狀態。依如上原則訓練的內在動態即是整體的樁運動，而且是脊柱帶動軀幹，軀幹帶動肩胯，肩胯帶動四肢的科學運動。我們不妨以此訓練對照一下獅、虎、豹等動物的行走，它們行走、撲擊或搏鬥，無不是先由頸椎帶起軀幹的肩胯若機輪的運動。此試力日久功深，自然一動齊動，肩胯如輪，活若靈猿，迅捷無比。

在磨擦步試力功深後，可略有變化，以利實作發力。其步變化亦應以上述原則為本，以樁為基，所不同的只是意念：

(1)攪水試力：意念中如在齊腰深的水中，雙腿十字交叉反覆前後攪水，其動作如前。

(2)踩泥試力：腰部以下如陷泥中，雙腿依磨擦步要領而動，如在深泥中運行。

(3)絆繩試力：雙腿如絆在有了彈性的繩子上，（也可意想絆在水中的水草上），前後牽連，緩緩而行。磨擦步的深入是在落胯時加上如走下坡的意念。

三、扶按磨擦步

以上訓練精熟後，可用意念摸索輕重虛實，以利在實作中隨時發力發拳。練法如下：要領皆如磨擦步，以分水樁站立：意念中如站立在水中，雙手各按一球。凝神定意後，意念中一隻手慢慢上吸稍鬆，讓意念中的球利用水的浮力把手

臂緩緩托起。而另一隻手同時下按，將手中浮球亦緩緩按入水中，在兩個浮和按的動作中，頸椎隨之拔起，同前手下按之手呼應，後腿亦隨之而動，作進退動作，然後水中之球隨手之放鬆將手臂緩緩托起，而另一隻手則把球慢慢按入水中，如此反覆訓練，左右同練。

　　此訓練應注意以下幾點：雙手意念中的水上浮球，無論升浮沉降都不許被水蕩走。雙腿起落進退時儘管有上下左右之動，但總不離樁，雙肘之間的撐拉要始終保持而且雙肘之間的距離應基本相同。上拔時膝部應保持樁的角度（圖171、

圖171 扶按磨擦步1

圖172 扶按磨擦步2

172、173扶按磨擦步）。

　　此試力亦應苦練，待習之有得，不僅動轉輕靈，而且在實作時處處有虛實，控制和擊打配合自如，蓄發隨意。

　　待此試力功深後，可改變意念，即解鐵夫老先生所說：「雙手如按水上浮萍」（初學不可習此）。身拔蘊於內，扶按存於意，因稍用力，浮萍就會入水而沒，而意念中又不許按萍

入水，故只有功深後以意存之。此試力深入，不僅練習時如紫燕落荷蓮，暇覽荷塘清趣，又如蜻蜓點浮萍，靈機只有自知。在實作時亦動如飄鶴，瀟灑自如，步履如飛，發腿似電。

四、高提磨擦步試力

上述磨擦步要求腳離地面不許過高，如果為適應實作時的變化需要行步時腳抬高進行練習，就稱

圖173 扶按磨擦步3

為高提步或大磨擦步。此項試力因需支撐腿有一定功夫，故初學者不易習此。其練法如下：

按照磨擦步的要求而動，待行步腳至支撐腿踝骨處時，以胯帶胯將腿提起，然後緩緩把腿從襠內前送，送出的腿不許過高，亦不許伸直（這就是前面練過的金雞樁）。要求行步腳抬蹬至與自身腹部相平，行步腳以金雞腿蹬出後，不許下落，保持這個姿勢

圖174 高提磨擦步

緩緩向行步腳的外側轉動，一直轉至身後再緩緩收至襠內，向前緩緩蹬出，復從原路線經襠內向後蹬出，再外繞弧線至金雞樁蹬出式，再緩緩向前側下落，然後依此方法訓練另一條腿。此試力可以行走進行，亦可原地而練。因此試力包括

圖175 高提步試力1

圖176 高提步試力2

圖177 高提步試力3

圖178 高提步試力4

各種步法和腿法，故運動量很大，初練如站立困難，可暫扶
一物練習，待功夫進展之後，再棄之靠支撐腿進行訓練，久
之則下盤穩健靈活，各種步法和腿法運用自如（圖174、175
、176、177、178高提步試力）。

第二節　實作步法試力

通過磨擦步的試力練習後，基本上就能掌握步法訓練的要領，並且具備了一定的功力。進一步應該練習實作的步法。實作步法和單操一樣都是試力的具體化，開始應慢慢體會，熟練後應逐漸加快，達到將訓練功法過渡到實作運用的目的。薌拳的步法有槐蟲步、十字步、雞行步、平行步、挎藍步、抽撒步、蛇行步、三角步、圈步、划步、墊步、陸地行舟步和撞步。步法雖然很多，但大同小異，其基本要領皆為磨擦步，精熟之後，都可以直接供斷手使用。下面介紹幾種常用的斷手基本步法。

一、槐蟲步

技擊樁起式（托嬰、扶雲、虎撲各樁式均可，以下各步法起式亦然，介紹時從略）。雙手護住中線，頸椎將軀幹帶起，同時提胯縱膝，腹部向前推送，後足蹬地，前腿被整體動作送出一步；後足隨之跟進並落於前腿踝骨內側，腳尖點地。此步法似槐蟲之行，故名槐蟲步，可繼續前行，也可一進一退訓練。如果跟進時，依要領向左右各進一步和前後

圖179　槐蟲步

進步就形成十字步形，即稱為十字步。此步法是實作步法最基本的訓練法。意念中如追風逐浪，身如挑擔。練此步法和

其它步法之進退時由於頸椎上拔和胯的起落形成波浪式的節奏外形，但是切記不許有鋸齒狀的起伏（圖179、180、181槐蟲步）。

圖180 槐蟲步1

圖181 槐蟲步2

二、蛇行步

此步本為形意拳精華步法，後薌齋先生將其外形改小，給以加速，成為重要的斷手步法。其練法要領皆如磨擦步，先作半邊進進退退，雙腿距離一腳半，若近則影響根基，直接影響斷手質量，若遠影響速度，也會影響斷手質量，以身帶腿疾行，動腿時以腳尖點地。然後再練雙腿。意念：如眼鏡蛇受驚，掠草而行。此步可供斷手作拳，以身帶步，閃晃而進，常使對手猝然驚恐失措，亦是供群戰時一人迎戰多人最好的步法。練習時可以一邊一步；亦可加墊步，連續進數步，再閃至另一側疾進（圖182、183、184、185、186）。

圖182 蛇行步1

圖183 蛇行步2

圖184 蛇行步3

圖185 蛇行步4

三、雞行步

外形極似槐蟲步，但後足只跟半步，而步距較槐蟲步大，其運動力源主要來於後足蹬地。此步可以原地進退而練，

圖186 蛇行步5

圖187 雞行步1

圖188 雞行步2

圖189 雞行步3

也可以此式連續進步。其要點是後足一直蹬催前足而行。前足前邁一大步，後足隨之緊跟，落於原來步型（兩足大約相距半步），再由後足蹬地，前足復進一大步，連續前進，若金雞疾奔以頭領身，以身帶胯而行。習此步法需注意：在後足

蹬地時，前足萬勿前邁，應是頂膝前撞，同時軀幹瞬間突然「失重」（圖187、188、189雞行步）。

四、三角步

三角步是供斷手時貼身戰連點使用的重要步法，故其步外形更小，因此身動半步。練此步以身帶挫行，前進後退，無論左右，由外向裏而練。意念：雙腿如墜千斤之力。此步訓練有原地、進退、斜進、橫進、先撤後進等練法，習時應時時如臨敵手（圖190、191、192、193三角步）。

五、圈步

圈步分反圈和正圈，本為八卦掌原傳精華步法。薌拳將其吸收成為重要的斷手步法。由於《武林志》的影響和武術的普及，不少人認為圈步就是影片中八步十個圈的矮腿蹲身的轉動，所以在筆者教學中發現，一些初學者在學練其它步法時尚且認真，但一到圈步大多認為已經掌握此步。為此特意提醒初學者，影視中的愛國主義精神和藝術效果是應稱頌的，但單純從學術角度而論，主人公所練根本不是原傳八卦掌。稍具實作常識的人都可以看出，儘管導演利用了特技，主人公的動作仍明顯地比對手笨拙，事實也是如此。初拍時為了真實，導演建議真打，實在的教師為了讓主人公顯示中華武術的神威立即同意，其結果是東方旭讓「大個夢卜」一拳就重重擊中面門。《體育報》曾以此為題贊揚其帶傷繼續拍片的精神。此種精神應大力提倡，但這種功夫，這種八卦步實在是不能用於實戰的。原形意八卦掌格鬥專家趙道新先生嚴肅指出：「八個方位打擊中心點，或憑抽身穿掌繞到對

圖190 三角步1

圖191 三角步2

圖192 三角步3

圖193 三角步4

圖194 正圈步1

圖195 正圈步2

圖196 反圈步1

圖197 反圈步2

方身後的妄想是教唆自己和他人當炮灰。」所以初習者且莫以為按影劇中而練就會了圈步，還是先從磨擦步體會要領，以磨擦步要領指導圈步的外形，切不可矮步蹲身，八步趟泥。祖國真傳拳法的要義都是相通的。

圈步練法，先站好扶雲樁，以一物為目標身體微側，不要側的太過，要能顧及左、中、右三面的進攻。以頸椎把整體領起，以肋帶胯，前腿如船，後腿如篙，篙支船行。意念中如餓虎覓食，輕靈穩健，蓄力待發。又如船行於激流湍浪之中，逆水而進，勇往直前（圖194、195正圈步）。（圖196、197反圈步）。

六、平行步

此步平行而進，看似日常行路，但內在精神早已激發，其力也蓄而待發。形似若無其事，待到臨界（雙方均能互擊之距離），突然改變方向，勢如奔馬，或閃進，或直撞對方中線，故常使對手愣神落敗。此步在平行徐進雙腿交叉的剎那間，意念中皆藏有突然改變方向或抬足疾踢或發拳猛攻的意念，只是外形絲毫不露形跡。此步步距較平時走路要小，以利於變化和突發。若步速稍快，極似舞台上古裝戲中的丫環之行，故又名之台步。

七、陸地行舟步

托嬰樁起式。指尖向前，雙手一前一後，意念中如拉一根粗繩，能夠帶動全身前進，腳下是溜光的冰面，可以一滑很遠。雙手下拉意念中的繩索帶動前腿前進，後腿亦隨之緊跟，如向前滑行。此步功深，在斷手時迅捷無比，飄忽而至

，使對手措手不及，無法招架。

八、抽撤步

此步為薌拳唯一的防守步法。被溶進改編於薌拳功法之中，但內含已經不同，因其要領已是整體帶動下的運動。此步雖應練熟，但一般不用，因薌拳多為攻守合一，亦多為處處主動進攻。只是遇到實戰經驗豐富力大拳猛者，而自身功力尚淺時，才使此步法，但平日訓練不可以此步法為主，而是應從根本下功夫，以站樁為主，待功力深厚之後此步可不再練。

抽撤步練法：以一物為目標，前腿旁撤一步，後腿跟一大步，雙腿須相應緊張。意念：如腳踏熱鐵。

第三節　活步試力

待步法精熟之後，進一步應進行活步試力，即把前文所述各項試力結合步法綜合訓練，以期達到上動下自隨，下動上自領，上下動中間攻，中間攻上下合。整體齊動的習慣動作和習慣用力，經過反覆的強化訓練，使各種訓練方法有機地結合於一，向實作穩步過渡。

前一時期所練的各種試力均應結合步法訓練，並且隨著功夫的增長要打亂所有的步法和單操的順序，亦須具有如臨大敵的真實精神。在此只簡述兩種試力，其它試力的活步訓練自然會觸類旁通。

一、磨擦步和勾挫結合試力

　　如果前一段所練功法已有深厚基礎，此試力並不難練，一如前要領練習磨擦步，同時作勾挫試力（圖198、199、200、201活步試力）。

圖198 活步試力1

圖199 活步試力2

圖200 活步試力3

圖201 活步試力4

二、雞行步劈崩試力

如前所練功法要領，以身帶步，後腿蹬地將前腿催出，同時前手作劈拳試力，然後後足跟進，帶動後手作崩拳試力（圖202、203雞行步劈崩試力）。

圖202 雞行步劈崩試力1

圖203 雞行步劈崩試力2

也可在作劈拳試力時，前足撤回，再進步作炮拳試力，又作退步劈拳和進步炮拳，反覆練習，務求真實精神（圖204、205、206退步崩拳，進步炮拳）。

圖204 退步蓄力

圖205 退步劈拳

圖206 進步炮拳

第七章　發　力

　　發力是所練功法的效果與結果。酷愛技擊，仰慕薌齋先生發力功夫的習者一定對發力和實作最感興趣，很可能有的讀者將前章一翻而過，直接就要閱讀這一章。因為早在薌齋先生健在時，就有一李某慕名前往求教，當時薌齋先生耐心授以站樁，此公心直口快當時就說：「不學站樁只學發力！」儘管薌齋先生再三解釋站樁的重要性，李某仍懇求一定要先學發力，以後再慢慢站。當時在場的松山先生見李某糾纏不休便說：「師父忙，我來教你發力。」李某甚喜，松山先生又說：「教你可以，但有個條件，你先請我吃紅燒魚。」李某馬上要去買魚，松山先生說：「現在就吃！」李某說：「沒有魚，怎麼吃？」松山先生說：「對！你根本沒有力，怎麼發？」李某語塞。松山先生說：「有了魚，才能談紅燒還是糖醋，沒有魚，連生魚也吃不成。」李某大悟，始靜心站樁。

　　發力的訓練用當今時髦語言形容就好比消費，必須先掙錢，沒有錢連一塊糖也買不了。這就是發力和其它功法關係之比喻。所以練發力必須在站樁、試力的基礎上才能訓練，是不能當招兒學的。發力的效果是樁功深淺和試力正確與否的體現，所以即使發力有了一定威力，還是應堅持站樁和認真試力，而且站樁時外形不動就能練習發力。試力就是發力放慢的空間動行軌跡。習者如若發力效果不佳，仍是只有一個辦法，返過頭來學初步。如果基本功法苦練體認很深，發力就不太繁難，反而會覺得下文所述過於重覆了。因為發力

的要領很簡單：把正確的試力突然放快即可。

第一節　力的來源

一、精神激發狀態

精神是人體的主宰，為第一信號系統，精神的因素可以提高和降低人的各組織器官的功能，如力量、速度、靈活和受拳能力等。薌拳在平時就重視對精神的培養和訓練。發力應首先使自己進入靈蛇驚變，烈火燒身以及雄雞相搏，蟋蟀鳴翅之狀態。

二、身體素質的提高

形體是發力的根本，無此基礎一切發力都將不復存在，如中樞神經支配肌肉的激發強度，發放神經衝動的頻率和皮層中樞之間的協調等。但最為根本的發力條件是周身肌肉連結動員參加工作的數量和周身筋、骨、肌腱和肌肉等物質條件整體連結後放長訓練的效果——拉伸量。量越大，肌肉收縮前的初長度愈長，肌肉中三磷酸腺苷酶活性愈強，肌纖維膜愈厚，肌纖維也愈粗，而這些都是發力的重要條件。同時還有把握陰陽的能力，因為把握陰陽才能肌肉若一。

三、體重的運用

力是一物體對另一物體的作用，物理學的常識告訴我們：$F = \dfrac{M\overrightarrow{\triangle V}}{\triangle t}$。為了使撞擊的力量值（$\overrightarrow{F}$）增大，就必須增大物體的質量（M），物體的質量（M）越大則衝擊產生的力量（

$\vec{F}$）越大；並且，必須增大物體的運動速度（$\triangle\vec{V}$），周身越鬆活，骨關節的伸縮越大，打一不二的意念越真，$\triangle\vec{V}$越大；同時，撞擊的物體還要加快速度，即縮小（$\triangle t$）值（物體運動時間）。習者可以做個試驗：把一個沙袋吊在樹上，自身站在沙袋的前面，開始人人都敢做這下試驗。但是如果先把沙袋向後一拉再向前一送，站在沙袋前的人就會被撞的退幾步。如果加大沙袋的重量，再把沙袋先來回蕩幾個，再以最快的速度突然向前蕩出去，恐怕站在沙袋前的人就會本能地趕緊閃開（不閃開必被撞倒或撞傷）。明白上述這個試驗，對以上的原理也就理解了。薌拳的特點是身無定位，拳無定式，這是和其它拳派的顯著區別。其它拳派大多以穩為功夫，所以只能是四肢的局部力，而薌拳首先就要利用體重的力量，那怕是25公斤的體重加上慣性砸在對方身上也比一條手臂的力量大的多。體重加慣性能產生巨大的力量，但是否能真正掌握這個力量這就要看樁的基本功了。因為懂得了利用體重，但不一定會利用或能利用，我們在日常生活中經常遇到兩個人戲耍，在他們互相推時只有兩個動作，一是局部的雙臂用力，再一種是把手放下，真正利用體重，俗語叫頂牛、抗膀子，就是兩個人都以肩膀互抗，看誰的勁大。可見也知道體重比手勁大。那為什麼會互碰呢？因為是身上的力傳不到手上，作用不到對方身上。常人的後天之力就是這樣，不是雙臂用力，就是身體用力，身體和手的力是由肩僵斷開的。站樁的作用之一就是連結傳導，即要求使整勁傳到稍節，又必須保持間架，因為在實作時若失去間架，對方就會打自己的鼻子。肩僵了，力無法傳導，肩懈，自己的面部又危險，由此可知若無樁功，其它皆無從練起。

四、平行四邊形的運用

物理學有一原理還告訴我們：在體重（M）不變的情況下，加大線速度（V），可以增長角速度（W）。這個公式是V＝r・W。所以發力時應當符合試力中變面的要求，並且還可以通過增大轉動半徑（r）來實現加大線速度的目的。肢體的轉動半徑越大、越快，衝擊力也就越大。一般拳術的發拳多是馬步和弓步衝拳，要求體直，連身體有時被動地跟著拳動也算不標準。而薌拳則要求捻肩攬胯，但不許擰腰，因為擰腰就容易破壞平行四邊形的結構，最重要的是擰腰能造成了看斜不正，不能斜中求正，從而破壞了整體的連通性，術語叫脊柱擰麻花。其它拳派的高級要求是力主宰於腰，薌拳則是力發於脊。其運動的脊柱正直狀態下帶動雙肩雙胯的爭發和振動。這一物理學原理，武學前輩雖然沒有提出並制定出公式，但早已運用了數百年。古時的器械用法無不是振肩順胯。原傳形意拳法有熊膀的要求，我們可以觀察一下熊的運動，其外形雖笨拙，內含靈性，運動時都是雙肩雙胯的不停調動，俗謂晃著走。郭老的崩拳在發力的剎那間即有熊栽膀的密授。這個動作如一把貨郎鼓，脊柱為鼓把，雙臂為鼓槌繩，雙拳為鼓槌，發力時栽膀、振肩、勒胯才能真正產生斜面的巨大威力。

薌拳中涉及物理、幾何、仿生等多門科學，限於篇幅，不便詳述，只是偶爾提及而已。

五、反作用力的運用

一是指借對力的反作用力，另一個是指後腿蹬地反作用力，這一慣性力的強弱取決於質量乘以速度的平方。但最重要的反作用主要脊柱的作用，力發於脊髓即指脊柱的核心作用。樁功的作用之一是脊柱的拉拔（可觀察貓，其臥為一團，其伸懶腰時卻能將脊柱拉拔很長）。脊柱是人體的大梁，人體各部機能無不與它有關，它更是力量的總發源地。人體某部有病變，其它部位還可運動，但如果脊柱失常很可能就要牽動全身不適甚至癱瘓。脊柱的拉拔不僅靈活無比，腰如金蛇，其力也是無比巨大的。薌齋先生平時中等身材，但作拳時突然會比別人高出許多，居高臨下，風馳電掣（正文先生曾專門觀察薌齋先生的脊柱其拉長量竟有半尺）。薌拳的爭力是脊柱上下的突然爭拉帶動四肢百骸的爭拉（為開），其合力是脊柱的突然壓縮帶動四肢的合。這就是不管對方中不中，只管自己正不正的原則，薌拳雖然威猛，但絕不許伸手搆人。脊柱的突然壓縮會帶動四肢百骸的壓縮，其力是巨大迅猛的。在脊柱壓縮時應有反彈阻力之意。

六、試聲的作用

試聲是薌拳功法中重要的訓練方法，其要領是以「伊」、「喲」先試，再試「伊喲」的拼音或「嗡哼」的拼音。初試有聲，後試無聲，正確與否只檢查試聲時口內有無氣外出即可，其聲如深山虎嘯，幽谷撞鐘，突發時似驚雷擊地，聞之令人猝然驚恐，但絕不複雜，更非專以嚇唬人而設，其聲是功力和拳學造詣的體現。雖然試聲是發聲的科學方法，並已被李少春先生等藝術家以及普拉西多‧多明哥和帕瓦羅蒂等世界歌唱家證明是最正確的發音方法（胸鬆腹實，腹部用力，

聲音返回於喉腔……），但薌拳中的試聲目的是為補充試力的不足之外。所以我們專為習拳的人還應以薌齋先生的遺訓為指導學練試聲。所謂不足之處指在發力時未能參加工作的部分形體，這裏主要指腹部，因為自始至終腹部一直是放鬆的，發力是應調動腹肌而緊才謂整。所以有站樁時鬆圓，走步時長圓，發力時實圓之教。另外平時訓練，呼吸自然，但發力的一瞬間氣血會隨之懲於胸際的。試聲另一目的是解決氣的突然振盪，使之突然隨發力沉於腹底（恥骨上端），發力結束復歸於自然。這樣胸膈肌始終不會緊張，隨著聲氣在腹部振盪，周身肌肉群在脊柱的壓縮帶動下突然以腹部為極爭發或合一。故試聲的真義是求整，在發力訓練時應配合發聲（後歸無聲）。實作時發力的試聲應該是齒欲斷筋，上下嚼牙磨錯。

第二節　發力訓練法

一、站樁法

以撐托樁、虎撲樁為式站立。要領皆同前文，不同的是在站樁時雙臂前出（同試力動作），由撐三抱七改為撐七抱三。在站樁時體認一下周身在此狀態下是否有不符合樁的要求之處，若有及時糾正。在站樁的基礎上再作雙肘不動，前臂上下任意移動的動作，每一動作都要體認一下是否符合樁的要求。

發力的身形要求是把雙臂的橫圓變為長圓。儘管有各種拳形、手形，但樁的原則是不能失的。此功熟練後，再將體

重由前三後七，改為前七後三，仍如樁的要求。如此緩緩倒換重心，以養成習慣。

二、射腿法

虎撲樁起式，前腳收回至後腳踝骨內側，突然射出，然後停一下體認是否樁的撐七抱三的要求，然後收回，反覆訓練。出腿時雙手儘量不超過前腳尖。此項訓練注意：腿是射出去而不是邁出去，胯落胯送膝頂合一。待上述訓練熟練後，可加上射腿時驟然下踩，前腳尖似乎直入地下，後腿隨之蹬地，前膝前指，後胯略拉。一切皆如試力的要求，只是加快。射腿法初練時前腳收至後腳踝骨處，以後應只撤半步，因半步變化快，不易被對手覺察。

三、鬆緊法

技擊樁起式。一手如樁，一手收回。前手突然揮指或握拳，另一手摸胸和雙肩窩，只要三窩一緊即是錯誤。練至突然握拳或彈指時三窩鬆靜如始即證明正確。此訓練熟練後再試下肢。前踩後蹬時如法檢查三窩，直至梢節緊，根節鬆才算正確。最後檢查試聲：一手置於腹部，一手放在胸窩，試聲前胸鬆腹鬆，試聲時胸鬆腹緊，腹部有明顯振顫感覺，試聲完畢又復自然即為正確。

第三節　發　力

一、定步發力

以勾挫試力進行，運行中驟然以頭領身（注意頭前領，切不可低），整體前撞，此為發力先行階段，緊接撐抱陰陽轉變，（撐三抱七和撐七抱三都能發力），陽面肌肉由漲拉狀態突然一鬆，周身相合。身體在空間突然有個失重，但又未完全失重，同時射腿蹬足，彈指試聲，又自然快速復歸原樁要求。所有發力在實作中都應作到四透：精神透、意念透、形體透、力量透（尤擊對方身後之人）。

以上為定步正面整體的發力訓練，其它各項試力均可以此為原則指導發力。只是應注意橫向發力時整體和上肢的相爭螺旋，以及變面發力的栽肩勒胯。如有試力基礎可一舉三反，不再贅述。

二、活步發力

活步發力就是在進行步法和試力綜合訓練時突然發力，在此只舉雞行步前發力：以托嬰樁起式，前鋒手不動，後足猛一下踩，利用反彈力將身體催出，前足疾出前踩，後手防護，前手原式不動驟然握拳，此即已完成發力動作，前鋒手的拳未動，只是一個突握振顫，其力是後足蹬出的反彈力。此發力來源於深州老譜。傳統長拳多為弓步進取，力為局部而且極易失重，故原傳形意拳改為後足蹬，以及由此推進的前三後七等。此發力注意應是：顫胯而進，後胯沉顫之際，正是前腿提膝摩脛之時，此時正好上體的底邊與兩胯正好是個折迭，此狀態身略前傾，重心在前足，由頭至胸至腹三個重心線僅在前膝內側，即使前方有阻力，自己不用力，只一落步即可衝起對手的整體。以此身法而進只是接敵階段即勝負已分，而自己整體之力根本還未發出，自然可隨意繼續搏

擊。

發力訓練與斷手的關係最為直接，從某種意義上講，斷手的目的就是如何將整體力作用於對方，其力雖然有多種形式，但根本上就是渾元力的一種，各力之變化運用最重要的形式只有六面力，即站樁時所求的前後撐抱力、左右開合力、上下托按力、兩側翻滾力、橫豎長短力、反向交替力。而這幾種力又是交替突出和互為統一的。只要有了深厚的樁功和正確的試力動作體認，再參以發力基本要領，反覆揣摩練習，亦是可以掌握的，只是每個人的習慣不同和功夫深淺不同，才使每個人的發力外形和效果不盡相同。

掌型發力和拳型發力的原則是一致的，發力的效果不在於外在形式，而是取決於發力的目的和所接觸對手的面積及擊打部位，一般來說，接觸面積大殺傷力相對要小一些。而且發力時的意念不同也直接影響發力的效果，以穿透力的意念發力多是同對手慣性相撞或先驚起對方，發放力多是借力發力。其主要區別是：發放力要使物體產生位移，穿透力則是要破壞物體的幾何形狀。

發力動作必須以頭領身，以身帶四肢，術語稱「甩臉變面」，發力的瞬間必須完整正確的作出這個動作，其它如變面、開合、爭旋等要領也必須正確完成，才能保證發力的效果。在此僅附《心會掌》中的「童子掛畫」、「張弓望敵」及「滾肘雙盤」三個發力動作，以供讀者參考（圖207、208・童子掛畫）；（圖209、210、211・張弓望敵）；（圖212、213、214・滾肘雙盤）。

發力訓練最重要的功法應該是具備了各項基本功之後的活步發力，其實質是在進行對搏的訓練，其目的是不斷檢驗

圖207 童子掛畫1

圖208 童子掛畫2

圖209 張弓望敵1

圖210 張弓望敵2

圖211　張弓望敵3

圖212　滾肘雙盤1

圖213　滾肘雙盤2

圖214　滾肘雙盤3

和提高在激烈的實作時
應感而發的能力，故習
者在練習時精神必須真
切，意念中的假想敵亦
應毫無規律地在不斷變
化，僅以蛇行發力和活
步攻防練習為例：

圖215　蛇行發力

（1）蛇行發力：以
蛇驚而動，向假想敵曲
折逼近，或左右領打，
或佯左實右，或速進猛
攻，或緩進速發，時而

圖216　蛇行發力

圖217　蛇行發力

圖218 蟄龍探首

圖219 滄海龍吟

圖220 進退捲臂

圖221 波浪頓首

閃避，時而劈擊（圖215、216、217蛇行發力）。

　　（2）活步攻防發力：以身帶步，同假想敵進行毫無規律的攻防搏擊，運動中突發不同外形的拳法。（圖218、219、220、221、222、223、224、225、226、227、228、229·活步攻防發力）。

　　以上兩種訓練圖示是搶拍的練習動作，僅是舉例而已，萬勿按圖索驥。其練習更不可誤練為固定的步法加單操的機械重覆，各種動作應隨假想敵的攻守而變化，同時要注意蓄發和變化的速度。道新先生說：「能顯示出一輛汽車爆發性能的因素，不是看它在寬闊馬路上能跑多快，而是看它緊急起動、剎車和高速轉彎掉頭的能力。而人體運動的爆發則要看運動部分由靜到動，由動到靜，由慢動到快動，由快動到慢動的速度。」深望讀者著意體認先生遺教，用以指導活步發力及日後的實作訓練。

圖222　半窗觀雨

圖223　兔起鶻落

圖224 徹地追鼠

圖225 驚蛇遇敵

圖226 勒馬聽風

圖227 怒虎搜山

圖228　提弓捉狐

圖229　白猿鬥鶴

第八章　推　手

　　推手，也稱雙人試力，其實質是放慢的、避免傷害的實作訓練。若從薌拳實作角度而論，搭上點為推手，脫開點為斷手。拳學的高深程度有「打人容易摔人難，管人更難」的術語。所以功深之後，推斷不分，而推手則又上升為控制對手能力的高深功夫。其訓練目的開始是為了在雙方接觸的過程中，把前文所述各種拳力試用，諸如三角力、槓桿力、螺旋力、爆發力、斜面力等，都在推手中試著發出。推手訓練的要訣有兩點：出手指中線，雙手不斷點。要領是「撐、擰、裹、抱」。單推多用定步，雙推多用活步。無論何種推手，切記間架要圓，搭手點要密，同時借力發力，以柔克剛，緊纏對方，得機即發，不可猶豫。

第一節　推手的注意事項

　　推手是平時站樁、試力、步法和發力等功法練習的檢驗和應用，通過推手可以對以前所練功法重新認識和重新深入。儘管以前所練都重視臨敵意識的培養，但畢竟不是真正的。推手訓練實際上已進入了實際對搏，只不過為避免傷害而放慢了速度，但發力的瞬間是必須具有真實搏擊的意識和速度。推手的實際目的是解決實際對搏中雙方肢體不可避免地出現接觸時，如何發放整體力的問題。所以，推手的注意事項首先應是時時處處保持旺盛的鬥志和高度的警覺以及守中用中等實戰原則，切不可虛應招架如同遊戲。同時在技術上

也應注意避免如下幾個通病。

不護中線，盲目轉圈。薌拳的推手訓練同其它推手的原則有重大區別。我們可以到公園去看一下，很多推手者都沒有護頭和護中線的意識，如甲乙雙方推手，甲方已按住乙方的前胸，乙方仍擰腰化勁，而且確實能化開，使推手繼續進行。然而薌拳中的推手如讓對方按住前胸部位就應該認輸，並總結提高。其原因是：在斷手時甲方如一拳擊中前胸，乙方就不可能化解，而且甲方的擊打首先是乙方的鼻子，如果被對方重拳擊中鼻子後就會喪失或減弱戰鬥力。筆者在初學推手時，因常失中線受到過周子岩先生的嚴厲訓斥，當向周子岩先生請教推手的初級意念時，子岩先生說：「要首先想到自己是個大姑娘，格外小心謹慎，自己的前胸和中線是絕對不允許別人摸的。推手的雙方雖然不發拳互擊，但雙方的初步意念是『不懷好意』，時時警惕對方的襲擊。」希望初學者能從子岩先生的遺教中得到啟示。還要提醒的是：如果精於發力者按住前胸是根本化不開的。無實戰意識的推手還有一種表現就是心不在焉，目光散亂，正確的目光應始終盯著對方眉宇之間，如不好意思，亦應盯著對方前胸。

擰腰化勁。推手是攻防合一的訓練方法，單純的進攻與防守都是錯誤的。我們經常見到一些推手練習者，儘管都防護中線，但其方法有誤，這就是當感覺到對方來力或對方之力已作用於已身時扭腰向側後化勁偏帶，這就使自身意力絕對失去用中的要求。同時因扭腰造成了脊柱的扭曲，使整體間架從根本上已經變形，從而失去了三角力的整體支撐和發放整體力的基本條件，術語稱作「脊柱失正」。（偏帶掛等屬發力）。為了保持整體的運動和科學的發力，薌拳要求習者「

周身關節皆為鈍形三角」。這個結構的科學性早已被實踐證實。在推手中不少人失去了這個原則，其表現在下肢前推時後腿直，後回時前腿直；在上肢則是後手鬆垂或置於背後，前手則犯回手之病。回收手是前推終了時主動回撤，外形似乎沒有漏洞，對方一般也隨之跟進，但若遇到通家，會突然順勢撞進。收手的檢查很簡單，即甲方後回時，乙方突然停止前推，如兩點仍黏在一起，證明正確，如果二點斷開就證明錯誤。正確的方法是，前推終了時，撐腕不動，如乙方前推，甲方繃隨而回，但也不許頂。主動撤為「丟」，硬抗著不回為「頂」，以樁黏著對方讓對方推回為「隨」。至於垂手則更是常見的原則錯誤。技擊時都是兩隻手配合攻防的，再高的功夫也不敢「賣份子」，垂著一隻手。薌齋先生雖然一手接點，但另一手都在配合防護和爭發。

　　在推手中還有人犯折肘和平肘的通病，這都是沒有攻防意識的結果。折肘就是後撤時肘彎小於九十度，平肘是指小臂失去斜面的支撐而平置，這樣就使自身「癟」了間架。即

圖230　推手中常見的通病
　　　　1.後臂鬆懈，前臂伸直
　　　　2.後腿蹬直，失去間架和重心
　　　　3.臂力外掰失中
　　　　4.體重壓在後腿
　　　　5.膝失頂意，重心後坐

使是對方單純為推手不發力也使自身處於劣勢，因為對方如果把勁鬆到點上，那平肘者就始終「端抬」著對方運動，連十圈也轉不了就肩疼換手。

以上通病，不僅初學者常見，就是一些權威性的書刊上也經常見到，儘管通篇「立身中正」和「一動無有不動」、「不丟不頂」等正確理論，但觀其拳照，無一不是扭腰垂手、（垂著的那隻手還規定不許用），未曾交手，先自廢一臂，何謬至此（圖230）。

守中用中是實作的根本法則，而背豎腰直是身法的最基本要求。所以初學者必須時時注意，而老師和有一定基礎的學友亦應該先帶初學者一段時間，不然養成了錯誤的習慣動作再改就難了。錯誤動作的形成有兩個原因：一是不了解推手的真正目的，所練推手完全同以前功法脫節；二是受社會其它推手的影響，或尚未定型就去和其它推手形式對練，「隨」之而成。為此，初學推手者可以對照上文中幾個推手中最常見的通病，如果自身存在，應及時糾正。其實正確的方法亦不難掌握，即「站著樁推，按試力的要領推」。

第二節　單推手

甲乙雙方以技擊樁姿式伸小臂互搭謂之接點，接點後彼此作平行的弧形運動。初練推手必須做到鬆、柔、靜、慢、勻。先熟練基本圈，基本圈的訓練很重要，由此才可體會拳勁和拳勁的變化與應用。雙方都不要急於進攻，待基本圈熟練之後，再進一步體會「點」的作用。雙方接觸部位謂之點，點的作用首先是「偵察兵」，即雙方通過點來判斷對方的意

圖和功力，同時隱蔽自己的意圖給對方造成錯覺。這就要求練習者要如同醫生診脈，全神貫注而鬆靜。通過局部的接觸掌握和「診斷」對方的意圖，此所謂「聽勁兒」，是中華武術中獨特的功夫，無此功夫，在斷手時如發生雙方接觸就不能進行短促有效的打擊（只能拉回手來重新出擊）。點還有兩個作用，一是能作為槓桿力的支點（不直接接觸對方身上就能用點撬起對方）；二是可以直接作為發力點打擊對方或發放對方。隨著功夫的深入，對點的理解亦會不斷加深。

初練推手，應時時體認是否失去了樁，是否未按試力的要求進行訓練。前去後腿不可直，收回前腿的膝蓋莫失去前頂之意，切不可單純化勁後坐，把體重坐在後腿上。未搭點的一隻手臂要護住下頜，並隨搭點手臂的動作做相應的呼應。實踐證明，只要不失樁，對方就不易進攻，而後手如始終防護著中線，則對方的肘靠和其它襲擊將均難奏效。如若對方發冷手，後手封擋的同時應發力將對方撞出。下面談一下點的掌握和應用。

推手的技術，尤其是觸覺反應的靈敏性必須在實踐中體會和提高，捨此別無二途。除與學友共同練習外，還應主動和其它拳派的武友進行交流，而後者比前者更為重要。需提醒的是，當與善推者切磋時，應注意如下兩方面的問題：

一是態度需謙和，舉止文雅，不可好勇鬥狠，尤其不能計較勝負，而且應做到心中有數。如你按住對方中線，可先不要發，主動掤回，繼續訓練。首先心中須明白推手的目的和原則，不要隨著走，更不要在形式上爭勝負。尤其是一些老拳師，聽勁的功夫很深，應取長補短，但正確的習慣應該堅持。如有的拳派不許動步，而薌拳則要求以步為先。在推

圖231 單推手左式

圖232 單推手右式

手時常有這樣的情況，對方扭化之後，突然用力往身後牽掅，如按其要求應施以擠靠，但如對方借勢拍肘，極易前仆失重。正確的方法應先動步，間架不動，順其勢反方向上步，如對方向右後拉，我應速向其左方上一大步，先把位置控制住，有時未等發力，對方就把我拉到其身上失重。類似這樣「有了」的形勢最好，先不發力，尤其當著圍觀者和對手的門人在場的情況下更不要借勢前撞，以聽勁和反應為主。當對方善意指出我已動步為輸時，也應承認，千萬不要打嘴皮官司。待相識較深，再隨意真作，雙方放開，互相補益。在相交流中，還會遇到一些人提出不許用力，不許壓，不許……這樣的條件，其實他們是什麼都用，連擒拿摔跤也用，我應愉快接受。保持樁架以應。如對方使出各種招法，應隨機

應變，自己不要先發制人。須知真正的反應非「亂來」不能練就，不但不應指責對方，還應感謝對方的陪練，切不可在語言和形式上爭高低，有傷和雅（圖231、232、233）。

二是技術問題，其實是招法，雖違背原則，但初學者如不會幾招，將使推手無法進行。待功夫深入之後，

圖233 推手中的樁形

就應「過河棄筏」，將其拋棄。招法的應用首先是上肢三節的變化。與人試推，常見的就是受壓，對方身高力大，又有經驗，多欲使本力將人制服。其推手時，聽著勁把全力作用於點上壓著進行，這樣推不了幾圈，對方就會因肩酸換手或休息，推手將無法進行。如遇這種情況，應先把對方壓服，術語謂之「壓點」，待其不再壓了以後再正常進行。方法如下：當對方推壓過來之後，迫我造成的平肘豎起上滾，上滾之力和其下壓之力相合，使其點壓在我肘窩處，我以肘抬起就能將其反壓下去，此謂「中節找梢節」，即我肘找其腕。如對方死死壓住，我依上法突然施「變面」，點上不動，以左肩胯找自己的右肩胯，身形隨之上拔，自能輕鬆地將其點置於我的點下方，使其「抬著」我進行訓練。還要注意的是，前推時，改以栽錘試力壓著對方推，把肘抬高（點上不高，如抬點易形成雙方都長點的現象），向前聽著勁壓著對方前去，此謂「中節高於梢節」。前去終了收掤時應把肘豎起，使對方不能

圖234 讓點1

圖235 讓點2

壓，一壓就會順豎著的臂滑脫，待其回點時，再以栽錘法前行壓推。此招應注意後手必須牢牢護住頭部，以防對方借機撞肘。

　　在初學推手時，遇有幾種方法，如能掌握，通常就可以使推手正常進行。

　　（1）讓點：當基本圈熟練掌握進入攻防意識的訓練後，遇到的第一個問題就是如何「化勁兒守中，以應無窮」。當對方之力逼向我中線時，如不使之偏離，自身將受到威脅，但如化勁又犯了折腰的大忌。解決這個矛盾的方法就是讓點。所謂讓點，就是使自身中線讓開對方的威脅，同時威脅對方的中線。這個讓還包括閃和柔化之意。絕不可用手往中線兩側用力拉引對方，術語謂之「掰」，掰是失中的絕對力，應首先克服。

　　但應注意的是，基本間架和四十五度的斜面是不能破壞的，應從推手時就養成正確的習慣動作。當對方指我中線而進時，我平行四邊形狀態不變（以右腳在

前為例），脊柱帶動肩胯稍向左橫移就使對方意力偏離了中線。如果對方繼續進，則借其失重之力突然由四十五度變為十五度斜面（稱小面）後掛，就可使其仆跌。一般情況下，對手會掤而回蓄，我則隨其而進，肩胯亦隨脊柱復位，如此繼續練習。初為橫移，後應過渡為「圓移」，整體螺旋閃讓。（在此需重申，技擊時的讓點原則亦同，只是速度快，發拳重擊而已。所以，推手必須有實作意識。其它點的變化日後都要體現於技擊應用，後不再敘。）

圖236 旋點

（2）旋點：旋點有整體螺旋帶動點的運用，也有點的局部應用，形式很多，在此僅舉一例。

如上文所談就存在一個問題，有些拳派的老手經驗豐富，在前指時偷施「提前量」，即出手意力不指中線，而是指對方左肩（仍以右

圖237 貓探爪

圖238 旋點橫力1

圖239 旋點橫力2

側為例，以下皆同，簡略）。當我讓點時，正好被他指定中線。解決的方法仍然要遵循守中用中的總原則。我們可以這樣理解：如雙方對搏，對方不打我中線怎麼辦？答案很簡單，對方打我肩部，我變面（即閃化來拳）直接打他鼻子；對方不打中線，我不能手追手，應直接擊他的中線。明白推手即實作就好辦了。當自身之意力前去欲回時，對方推回，點上若「聽」知其勁偏我左側，即立即旋點攞腕（此狀態更說明不能回手，如回手對方必須順勢直進左側，極不易化）。旋點攞腕是由下向前擦其點下抖出，因其身正前仆，而我又未回，必正好中其下胸，整體隨之前撞，將其發出，此時，因自身側進和後手的習慣防護，根本不用考慮其指來的前手。同樣，若遇對方專一愛用拙力下壓而進，欲使我臂酸不支

者，亦如此法，守中用中，因他打的是地面，更不需理他。擰腕彈指有冷、脆、快的特點，趙道新先生名之曰「貓探爪」。如若推手時對方偏、壓，可探掌旋以問心掌。

另外，有些推手老手柔化功夫很深，即被按住也能轉腰而化，如若執著去推，必因其雙腿大彎、下盤穩不易發起，而且他還會很熟練地化勁或手捋，使對手失重前栽。如遇這種情況，切不可孤注一擲，可故意加大按勁，讓其扭化帶捋，突然施以旋點。不過，不易前撞，因其是橫力，故應向其後方施以揮浪發力。有時不用發力，旋點後他自己就右閃而倒。

以上所述，都是為初習推手者進行推手訓練而用，若無功力，這些都是招，根本無用，只為解決初練時遇到的麻煩。進一步應進行實用性推手訓練，這些訓練皆為向實作中的半搭半斷或先制後擊過渡，主要有以下幾項（此練習最好是同伴互練）。

（1）定點：定點就是用點控制住方中線，為發力創造條件，但定而不發，以防傷害事故。一般來說，如一方讓對方定住，就應認輸。定點有運動中定點和中線定點兩種。運動中定點指在劃圈時突然定住對方中線，對方化開為定點失敗。定點要迅速，稍一猶豫就會使對方得以防護。其形體要求是身上一個大螺旋，帶動手臂上一個小螺旋，手腕亦隨之轉動，將手突放於對方前胸，此是互推時作出的，實質上是一個蛇形手試力。如果按住中線對方欲化閃，應隨其上抬或轉身連續作螺旋，使之反抗之力反作用自身，這就需平時的聽勁兒和「旋」的功夫了。另外，最好不要用手腕定點，突施定點時，應使小臂順勢擦對方之臂下滑，手按對手中線，小

圖240　定點1

圖241　定點2

圖242　滑點1

圖243　滑點2

臂壓聽對方腕部，中節定點（圖240、241定點）。

　　（2）滑點：在推手過程中，突施栽錘試力，點處先向下方回掛，再滾肘擦滑其臂進入對方「防區」，注意實作時可發

拳，但推手時應以掌按住對
方前胸定點即可（圖242、
243定點）。

（3）擦點：推手中突然
用手掌擦對方小臂外側而進
，將手按在對方肘彎外側，
擠癟其臂，左足左前方進步
，捂按對方肘外側，將其控
制（圖244 擦點）。

（4）滾點：搭手時用大
天星樁，手心向後外側，在

圖244 擦點

接觸的同時，突然滾肘變為小天星，滑擦對方小臂直進，定
住中線。也可以大天星樁的肘部去搭對方的腕部，剛接觸即
落臂滾肘定其中線。實作時以此法接手就是孫子兵法中的「
其節短，其勢險」（圖245、246滾點）。

圖245 滾點1

圖246 滾點2

　　還有其它一些練法，不再贅述。上述點的訓練一定要保持樁形，而且不許脫點。並且定住點後，前鋒手就不要動，整體前撞發力。

　　待功深後，搭手即可用點控制住對方，這是為在斷手時施發拳法創造條件。若純屬發人練習，可使功力猝然叫動對方，先使其根虛，復以全身之力前撞，將其放出。若對方鬆靜，可先用點驚起，所謂冷、彈、驚、抖之意。如對方點緊，可直接變面發力，亦可直接施以蛇纏手發力，意念不可作用於點處，要直接向其身後橫削。總之，以前所試各力均要試著並能自如發出，方為掌握了推手。

第三節　雙　推　手

　　雙推手訓練較之單推手更為複雜一些，但基本要領和目的相同。亦應養成正確習慣，當對方指我中線時，不許用手壓對方，撥對方，而是以步讓開中線，在纏繞時以點指向對方中線，這就形成了雙方的對形打輪。外形的雙臂纏繞動作實際上是雙方互閃中線而又同時指向對方中線所形成的特殊形式，初學雙推手可以先練隨點和放點。

　　（1）隨點：隨點就是不和對方發生矛盾，以跟和隨對方的意圖為主，此謂「順勁」。這種訓練有個原則，即主要目的是為使對方意圖處處落空，並練出「聽勁兒」。一塊磚，一塊石頭容易扔出，一堆泥就可能不好收拾了。習者可以試一下，如果對方一掛，你不前鬆，他就會順勢借你後拉之勢前撞；如果對方點上前擠，你就該側閃或後撤一步使之落空，如果前頂他就會順勢牽掛，你將前仆失重。對方若左偏你應左

圖247　隨點1　　　　　　　　圖248　隨點2

上步鬆隨，如若向右反勁，他就會順勢向右旋掛，使你身體
不穩。練此不為了「耍賴」，是為了練出隨點，日後順其力隨
其動發力於對方。

　　隨點的基本練法：甲乙雙方以樁架對搭，如甲方先動，
甲踩步前撞，乙以身帶步橫拉讓開來力，但雙臂隨之同自身
成反方向旋偏。如果乙向左偏，甲應向右上步同時撐肘；如
向右偏，甲應向左方緊隨一步同時撐肘。需要注意的是，甲
撐肘是為了練隨步隨點，借力撐肘使乙失勢即可，切不可借
勢撞擊使練習無法繼續進行。還有一點是乙方的偏掛不可有
規律，一般是左一下，右一下，甲隨之形成慣性也是左一下
，右一下的跟。所以乙在偏掛時應先有規律，再突然打破規
律，如連續向左掛二下或三下，或一直向右掛，再突然向左
掛，以利甲的真正隨點功夫的掌握。此訓練甲乙互換練習，
應閉上眼睛，只以觸覺隨點。在隨點訓練時，步法應隨對方
亦必須與對方同步，不同步無法緊隨，但有了聽勁兒基礎後

圖249　反點1

圖250　反點2

，此訓練必須停止，尤其步法，在實作和推手中是不允許與對方同步的，與對方同步是原則錯誤（圖247、248隨點）。

（2）放點：放點就是在雙方高度警覺的閃讓纏繞的動態中，突然把前鋒手放在對方中線上（推手時多指胸部）。由於雙方都在伺機而動，如一方欲動，另一方立即會閃讓柔化，所以不容易按住對方，尤其是雙方水平相近則更為不易，但也有規律可循，在此介紹常用的幾種，供初學習練。開始先不發力，雙方先練放點，在自由的動態中進行放點訓練。放點的變化有滾點、螺旋點和反點、等點等，在此，只介紹後兩種。

（3）反點：推手基本上是在托嬰樁和大、小天星樁的變化中進行。如形成大天星樁時（無論位置在對方手臂的上與下），即可使大天星樁稍向外用力，給對方造成錯覺，突然滾肘由反點變為虎撲樁按於對方胸前。如反點時順其大臂內側擦滑和身體的左反右進或右反左進則效果更好（圖249、250

反點）。

（4）等點：分整體等、下肢等及上肢等。如對方進一步我閃讓一步，我進一步對方也閃讓一步，如果有意等點，對方進步時我向後撤步，但撤至與後足平行時卻突然前去，由於慣性很容易使對方錯覺。上肢等點最常用，由於四條手臂在不停地纏化，極易形成慣性運動，如果直接捂點，對方就會本能地柔化。但是存意等點時，在運動中一臂突然停步運動，此謂左動右不動，或是右動左不動，自身的一臂仍在隨慣性運動，而不動的另一臂必然被對方的慣性等作帶動，自己的意直指對方中線，由於突然的輕微停頓造成了主動等的無形狀態，這隻手隨意急指必按住對方，實際上是對方把自己的手臂劃到了他的中線上。

待能熟練隨讓和放點之後，就應進入隨意攻守的訓練。只有在雙方條件相等的情況下自由攻守，才能練出真正的拳勁兒和反應。當然，隨意攻防不是胡推亂撞，在初級階段也有一定方法，下擇其較為普遍者作一簡述。

同單推手一樣亦應同別的拳派高手友好交流，需注意的問題前面已述，不再重覆。其不同之處是各家拳派的形式有所不同，如雙腳的前後和打輪的方法等，所以應學會打輪的方法，不然有人會以「我們推手和你們不一樣」為由拒絕友好交流。其實真正的推手全人類都一樣，無非是進退攻守，柔化剛發，借力發力而已。尤其是國家舉行的各級推手比賽，有八股文式的限制，如果不會規定程序就會失去鍛煉的機會，所以學會程序，轉上幾圈後就可以自由攻守了。所謂不一樣只是外在程序，只要轉上幾圈，一般雙方都開始「亂踩花」，各施所長。

在推手交流中，由於外形不同，更需心中有數，不可脫離實作原則，首要守中用中。如胸部已被按住，不要撐腰化勁，因在實作時，此種狀態已經徹底失去繼續作戰的能力，對方可順勢發拳，或乾脆一頭就撞在鼻子上。切記不要為推手而推手，一切以實戰為訓練目的。

圖251　抖腿

在上肢守中用中的同時，下肢也存在這個問題。一般拳家多知腳踏中門的道理，自己的中門是不能讓對方占據的，應隨時以步法閃護襠內，如對方突踏中門，而上肢又在攻守，前腿就應作出本能反應，在其進腿的同時做抖腿動作，只消一抖即恢復原狀，一般都會使其腿失效或歪倒（圖251抖腿）。

推手還有一些原則問題，需要了解掌握，亦簡述如下。

（1）動靜：上身動步不動，為上動下靜；上身不動步法動，為上靜下動。右動而左靜，左動而右靜，不可盲目亂動，發力時才全身而動。

（2）鬆緊：動時應保持樁形的鬆緊適當，太緊動轉不靈，太鬆對方就要衝破防線。同時，在運動時還要做到，根節和中節緊而稍節則鬆，上身緊則下肢鬆，上身鬆下肢緊，發力才是整體一緊，而且鬆發力必緊，緊發力必鬆。

（3）虛實：推手身上需分虛實，雙手亦應分虛實，尤其

點上更需分虛實。一般如對方功力較弱就應搭實點，冷彈驚抖，直接以功力將其發出。如果對方水平相當，或對方稍強，就應搭虛點，虛點最易「聽」出對方意圖，搭點處以「摸脈」為主，對方稍有意圖，即相應而動；或以三角步將其堵出（稱為擠放，功力相當不易發出，解鐵夫先生曾說：「擠放如接生」。可體會此狀態意境）；或隨其變化，乘隙而入。發力亦有虛實。若水平相差無幾，對方聽力極好，無此虛實變化將很被動，故應處處有虛實。手似前發實後掛，步似後撤實前撞，點上如果局部猝驚其中線，對方必化，整體卻以實隨即前撞。所以虛實運用更需學者自悟。

（4）長短：一般認為長比短得力，但薌齋先生曾說：「長的不長，短的不短。」如搭手時手長，接點後手的空間位置不動，身體往上一摧，便是發力，尤記間架不能散。搭手時曲肘，用中節搭對方稍節，形式上對方似乎長一些，但互轉後，即可劃住對方中線，而對方雙手與己胸尚有一定距離。如自身長時，中節應搭住對方短的間架。發力時對方沒有餘地是不對的，發力是先用身叫，如未奏效，緊接用步叫。不能違背周身連接和雙手變點的原則。上下的問題也是如此，不要以為手在上沾光，上下只是外形不同，關鍵問題是搭手（上）不要按，接手（下）不要抬，要在意力後拉的原則下把體重搭在對方身上。

（5）單雙重：推手時身上處處存在單雙重。上肢雙重即雙臂平均用力，意力不分虛實；下肢雙重指雙腿平均用力，步法不分虛實。手和腳如果左右用力同在一個側面，產生片面力，也為雙重。雙重容易失去重心，意力不分虛實。但一味單重也不行，應是單雙重不斷變化，如下肢如果沒有雙重

步就動不起來。應使雙重的時間短一些，最好只是極短的過渡。所以，推手是雙腿單重時長，雙重時間短才為合適。

　　另外，亦需掌握點的變化。雙推手中點的變化較為複雜，如閃點、螺旋點、斜面點、擦點、鑽點、滑點，但通常運用的是如下幾個點。

　　（6）閃點：所謂閃點就是在閃開對方發力的同時運用三角步橫拉豎撞。互推中，如甲方向前發力，乙方點上不動，以身帶步橫移讓開來力，同時以正取側，撞步而進，如在實作時攻守皆可靈活運用，稱為「橫走豎撞」。運用閃點切記點上不動，控制對方手臂不動，只以步動，要是手隨之而動，對方必隨之以應（圖252、253閃點）。

圖252　閃點1　　　　　　　圖253　閃點2

　　（7）空點：空點屬先化後發，但非手化，雙手前指中線不變，如甲方發力，乙方含胸或撤步，使之落空，緊接射腿前撞（圖254、255空點）。

　　（8）掛點：掛點有先掛後發與直接掛發兩種形式。如甲

圖254 空點1

圖255 空點2

方前撞,或以點驚乙方,乙方若前頂反抗,甲方可先掛後發,但不要掛對方前臂,應掛對方後臂,而且要向對方後腿方向橫掛,對方後腳必起,急以整體撞出。如掛前臂,對方或跟進,或失重,容易造成把對方拉過來的狀態,影響發力效果。如果是整體掛,絕對不可用點上掛,用點掛人是薌拳中原則之錯誤。推手時點的基本原則是不輕易動(勁大勁小要保持),而以身動、步動,點上不能讓對方感覺到自身作任何調整,然後貼身放人。如果是掛點,點上只需上舉即可,對方必反力向下,形成對抗(當然掛點最好的時機是對方前撞),突然順勢掛拉,對方必離地而起,掛點是另一隻手微鬆,但點不能鬆。掛點時可隨之前撞,亦可後撤一大步成伏虎式,需隨機而動。

在此還要提到,掛點和捋、採、牽的要領和效果皆不同。掛點可向後下發力,也可為驚起或急偏,使對方失重。掛點時應加大摩擦,用小臂沿對方大臂摩擦而掛,摩擦力越大

圖256 掛點

，效果越好。所以提醒初習者，在夏天推手時不要赤臂，在冬天不要穿羽絨服進行推手（圖256掛點）。

（9）堵點：堵點的運用必須具備較深的功夫和聽勁能力，不然將適得其反，此乃比較高深的推手技術。雙方互推時，甲方突然發力，乙方不化不退，同時撞進，即謂堵點。因為功深之後，對方稍有變化即能覺察，爆發力必蓄力，局部發力的抽手動作即為蓄力，整體力的發放也需蓄力，而蓄力的剎那間已被覺察，這正是「整」的狀態，這種蓄力時間較長的整體狀態也是發力的最好時機。舉個不文雅的例子，兔子若出窩即被堵住好抓，若跑出來就不易捉到。勁的發放如果也未等出窩先將其堵住，效果當然最佳。但是，若無深厚功夫，切不可用，因為聽勁兒和反應稍慢，對方的力就已作用到自身了。薌拳前輩當數楊德茂先生堵點最準，常使對手本力和功力再大也使不出來。如果斷手時運用堵點就更難，但效果也最好，術語稱「接拳」。

（10）發力：推手時的發力只能隨機而發，而且機會可遇而不可求。初學者欲發力應具備如下幾個條件，發力才能奏效。這幾個條件是：①堵住對方；②對方犯雙重；③比對方多點；④叫起對方。其中當數叫起對方最難，如果能把對方叫起來不用發力了就決定了勝負。所謂叫起對方就是使其後

腳必須失重，前腳失重不為叫動。前輩中楊德茂先生叫人的功夫非常精深，推手時常使對手後腳失重，使之重心失控如醉漢般，而且身不由己地東搖西晃，身向上飄。當時北京最為著名的推手專家是崔一士先生，王少蘭先生請二位大師友好試藝，楊崔二先生搭手盤旋，不一會兒，崔先生的後腳就被楊先生叫起失重，崔先生大為嘆服，至今傳為美談。叫人屬上乘功夫，初學雖極難練就，但應了解和努力追求。

　　另外三個條件屬多點最為重要。所謂多點，就是發力點比對方多，點若相等則會影響發力效果。如甲乙雙臂相搭互堵時，大都是前手指對方中線，後臂控制對方小臂，功力大或體重大就沾光，但這只能靠頂牛之技，而練習推手是絕對不能頂牛的，應在剎那間變點。如剛接觸，甲方前手若按在乙方中線，乙方上搭之點不能鬆，含胸以接觸部位前撞，甲方前鋒手必定彆扭，廢其一點，這時甲方只剩有後手扶按我前臂一個點，而乙兩個點未變，即可發力，但乙應以身上接

圖257　擠肘和身作點1

圖258　擠肘和身作點2

擠甲方前掌之部位先發，使接觸部位直接作點，這就成為三個點，三打一，一般無失機之理（圖257、258擠肘和身作點）。

　　有時對方按偏於前胸或肩部，一定用接觸部位擠死來點，不許其抽手，突然變面，使肩胯向自身中線先變面後當點前撞（術語謂之「滾豆力」）。變點的形式和多點應用很多，學者可在實踐中增加體會。這裏還要重申一下，推手時必須處處是樁，連雙手也是站樁時的要求——手心涵空，手指撐彎，絕不允許用掌根去推對方；發力用身撞，絕不允許用手搆對方。習者可作一下試驗，如用掌部實實去推對方，對方若涵胸或變面擠壓變點，不僅使對方點多，而且會造成自己的手指或腕部疼痛難支而自身廢點的結果。如若掌心虛，手指實，可隨對方變化而不失這個前鋒點。

　　在雙推過程中，雙臂變化應該始終以托嬰樁和大、小天星樁變化而動，尤其托嬰樁最為重要。前文所述托嬰樁的三個不一樣在推手過程中就顯示出了巨大作用，在以後的實作中效果更為明顯。高低和長短不一樣容易理解和體會，而意念就需簡述一下。意念不一樣很重要，因為人體的動作首先是由意念指揮的，意念不一樣即意念不能絕對。如發力前的定堵對方，如意念都向前，對方會後掛，如都向後，對方會跟進。定堵對方首要意念不一樣，如前手前指，後手則後拉，使其前後皆不如意。外形未變，內在暗藏多種變化。旋繞時意念也不同，但要看住對方後手。

　　發力前的步法運動以槐蟲步變化的十字步為多，變化以三角步為多，左拉、右拉，前隨、後撤，但發力前絕不允許與對方同步，先要破壞同步的狀態，然後用直步射腿前撞。

間架不動，意指對方中線，意力始終後拉，形成整體奪位，而一指觸敵，亦尤全身之力。

遇發力之機，不可猶豫，機不可失，失不再來，全身齊動，整體奪位。發力的關鍵是奪位，奪位有三個因素：一是精神激發，全力以赴，迅速果斷；二是意力指向對方重心，前指後拉。發力時手略微鬆一下，發力用步趕，千萬不許用手搆。對方重心應是對方鼻部垂直線，三是踩步，最後一步（中半步），後足蹬，頭領身撞，前足下踩的位置與對方後足平行或超出。以上做到謂之奪位，奪位成功即發力成功。所謂奪位就是以發力動作強行奪占對手占據的原來空間位置。如果對方因身體雙重或其它不利之處被動移位或動步讓位不能謂之奪位。奪位時的意念必須做到前文所講之四透。

推手訓練極為複雜，而真正的推手功夫只能在實踐中自己體認才能不斷提高，尤其功力和反應是任何方法不能代替的，而且上述所談均為入門功法，所發之力多為「體重加慣性」，還遠非本能之力。所以讀者在有了一定基礎後就應繼續深入，以任意攻守為主。單推手也應動步，以實作形式掄點，在突然接觸中定點發人，這樣才能逐漸上升為實作。雙推手則更應放開，要允許對方「亂來」，並鍛煉搭手即掄點放人或制人而不制於人。接觸後的化發攻守，亦應是前文所練步法與發力。尤其是單操手發力，雖然不允許擊打對手，但接觸面可大一些（有時是點上作），使其內在要求必須是各項試力之應用。如一手被壓時，就不要非轉上不可，應突然施以鑽拳發力，周身爭發，對方必被撬起，再施以崩拳（不要打）之力，對方必騰身而起。大天星的轉點也非局部之力，而應為波浪試力而突發的劈拳（劈拳之力如正確，對方應被劈起

而不是後仰），將對方拍起再變面合力。如被對方前鋒手撲擊，則以蛇纏手發力將其臂控制，或橫向扔出……。化力亦不許有局部之動，只要對方來力，無論虛實，周身三角斜面間架驟然旋轉，將其旋飄，緊接發力。如對方一手在上，一手在下，亦應螺旋而動，將其抖偏，以爆發力斜著放出；如雙手在下，驟然回帶猝抖，將其後足抖飄，以爆發力挑起，猛挫一步，合力放出；如對方雙手在上，雙手搭其雙臂之上，往裏一轉，驟發螺旋力放出。總之，無論右偏，左偏，上下挑等形式，搭點即使對方雙臂失控，失去戰鬥力或被放出。切記，精神貫注但非緊張，不可用拙力，將整體之力鬆開，集中於一點發出，而且周身無處不是點，無處不發力。此中奧妙，功深後多加體認自知。

第九章　實　作

　　實作，又稱作拳、技擊、格鬥、搏擊和斷手等，若按搏擊術的根本目的而論，實作才是真正的武術，因為實作可以表演，而套路不能實作；實作又是檢驗武術水平和維護武術純潔性的唯一手段，因為雙方真殺實鬥，來不得半點虛假，什麼服飾分、高難分、印象分都必將因勝負而真正公平，而隔空發人的神術，點穴致命的絕招，劈石斷碑的氣功亦會原形畢露，真相大白。實作是不附加任何條件的徒手和器械的真正廝殺搏擊。

　　薌拳的推手和斷手相輔相成，合而為一稱為實作，前面所練推手，已由溫文爾雅的懂勁過渡為點的控制與變化，再上升為搶點定點的半搭半斷和接觸即發。這本身就已在進行實作訓練。同時，習者通過推手的訓練和實踐，對樁功、試力、步法和發力及作拳的戰機等實質問題已經有了體認，所不同的只是推手的性質已由不傷人的技擊過渡為雙方精神氣勢和各項功法合成後的激烈的直接較量。推手的意義已變為互擊時接觸控制對方並瞬間施以重創的手段，其作用主要為接手與發放。所謂接手並非有意識的要去和對方搭手，其實質是指攻防時雙方形體的必然接觸（現在主要指上肢，原傳薌拳曾有推腿訓練，實作時若下肢接觸，同樣能以沾連黏隨之技術用腿將對手摔出，現已失傳或少用）。接手有主動接被動接以及裏接外接形式之別，然基本要領皆同。發放則指控制對手後，打擊面積相對大一些，將其以整體力撞出。（斷手指同對手拉開距離後直接施以重擊或接觸後又拉開距離再

戰，或接觸後控制對手後突施重拳而言）。故斷手應包括接手。推手功夫高深是斷手的重要條件和基礎，但是，從某種角度上講，推手技術雖嫻熟，但斷手水平不一定高深，而斷手訓練還可以提高推手的瞬間反應和發力的冷、脆、猛的效果。如果無實作實踐，推手練將誤入纏綿和拖泥帶水的歧路，尤其當今世界搏壇各拳種，速度均極快，發力亦凶猛，戰機稍縱即逝，若天真地套用接手的老路與對方搭點，其結果只能是頭破血流。失去實作訓練的推手、接手只能是「聽聽勁而已」。「執於推手，操拳必敗」。

薌拳之斷手功法若只論及原則，薌齋先生遺著中已有定論，如若以站樁為幌子，將其它拳派和書刊上發表過的招法改頭換面杜撰成文，則能湊千百招，億萬法。故實作只能重覆其原則；略述梗概，供初學者入門而已，若有相當實作功夫者則勿需讀此章。

簡而言之，實作的訓練是前述各項功法的合成體現。若站樁、試力、步法、發力、推手等功法已深有體認，就已經在向實作穩步前進，然若無前述之功法者，則切勿急於實作。實作訓練所要解決的最大課題是臨敵心態（即精神狀態）和雙方對峙時的距離感、時空感以及自身功力於不同路線、角度的運用與變化。實作只有通過反覆實踐，才能養成真正的條件反射。不通過實作就能掌握實作技術的念頭是異想天開的。

第一節　精神境界的培養和提高

「夫戰，勇氣也。」這是古代軍事家曹劌的著名論斷。自古上陣拼殺，無不是「狹路相逢勇者勝」。互搏之時，「人

神疲則氣餒，神旺則氣足，氣足則勇，氣餒則怯。」原傳形意拳亦有「打人如走路，視人如蒿草」的拳諺傳世。我們經常見到，在實作之際，有的人本已具備一定水平，但因心慌膽怯，竟呆若木雞，發揮不出自己應有的水平，術語謂之「怯陣」。而另一種人，儘管功力稍遜，但毫無畏懼之心，勇猛拼搏反而會彌補技術上的不足而獲勝。此種現象在國際上一些重大的體育項目比賽中表現尤為突出。如若雙方水平相近，決定勝負的因素就要取決於精神方面的因素，凡瞻前顧後，畏首畏尾者必負於全力以赴爭取勝利，毫無思想顧慮的一方。所以初學實作者首先要培養大無畏的英雄氣慨和敢打必勝的信心。

由於初學實作者的生理心理條件不同和臨戰經驗的不同，從而會形成不同的臨戰意識，其中不乏沉毅果敢者，但存有恐懼心理者占多數，而恐懼心理是不能一概套用「視對方如草芥」的訓教所能消除的，因為產生恐懼心理的原因很多，故欲克服也絕非朝夕之事、亦應因人而異，優質遞增。更不能因其心顫手軟而歧視他們。趙道新先生客觀地指出：「恐懼有多種，不要以為恐懼只是懦夫和竊賊的行為而與勇士和豪俠無緣，恐懼也是健康的動物或是人類面臨各種危險的自我保護本能。」而人生最大的恐懼是什麼？趙先生又指出：「是對未知神秘的恐懼。在『可怕的情景』到來之前，比如死亡將近，罪犯在逃，在上賽場或上戰場之前，對吉凶未卜的命運面臨抉擇時往往處於恐懼的高峰。另外，天不怕、地不怕地好漢也會拜倒在神龕的腳下，假如他對神的一切了如指掌還會下跪嗎？」所以，恐懼心理是正常的，讀者中若有在實作訓練時產生恐懼心理者不要自責自餒，更不要以為

自己與勇士無緣。因為連曾經叱吒風雲，震撼武林的趙先生對恐懼的看法都如此客觀，並還教誨我們要利用恐懼而背水一戰。

造成恐懼的原因很多，在此僅涉及幾個常見的原因，讀者中若有類似的情況，可參考並力爭在實作中逐漸消除。

（1）害怕在實作中受傷，更多的人害怕在實作中丟臉，尤其是年齡稍大或一些練了多年套路且已帶過學生的人，如果在實作中被打的鼻青臉腫將認為自己失了面子無法回家同家人或學生見面，更無法帶傷上班或上街。這是常見的病態心理，他們學拳的目的正是為了醫治這種恐懼，他們戰勝對手也是為了醫治這種恐懼心理（對失敗的恐懼）。此種習拳者，勝則趾高氣揚，敗則垂頭喪氣，甚至不敢進行實作訓練，實質是傳統的「輸不起」在作怪。如遇此種學者時，應首先向其講清勝負無損人格，克服怕丟面子的虛偽心態，正確對待勝負。凡習拳必挨打，敢於挨打本身就是勇敢者的表現，帶傷拼搏是值得驕傲的品格。據說拳王阿里就曾挨過18,000次的重擊，連薌齋先生在成名之後還十戰十負於解老。勇於實踐，承認失敗，找出不足才是真正高尚的武德。如果明白了「學游泳必先嗆幾口水」的至淺道理，相信懷有這種恐懼心理的朋友們一定能夠勇敢上陣。當然，在初學實作時還是儘量不擊面部，待心理和功夫具有一定基礎時再放開自由搏擊。

（2）另有一些人的恐懼原因是還未真正懂得什麼才叫作拳。他們學拳是受了武俠影片、電視和小說的影響，幻想著怪俠式的奇遇，或偶然學到高招、或有幸得到秘笈，或有緣遇到兩位絕世奇人同時把修煉了一個甲子的功力一下子全發

輸於他，一夜間便成為天下第一刀，這類人自站樁時起就心不在焉，既然為師者無法滿足他的要求，他會因還未得到「追命奇魂」招而不敢同人動手。

還有一些人現實一些，因由衷仰慕薌齋先生的德藝而學拳，但總以為薌拳中有絕招，只要掌握了絕招一抖手就能把對手扔出丈外，故其在未學到絕招之前就總認為自己不行，如果真打，必被掌握了絕招的對手打傷。對於此類學者應從根本上曉以世上根本沒有一喚即出的「屠龍術」。薌齋先生的隻手敗敵事跡是因一些人介紹不甚詳盡的結果。薌齋先生的功夫是自身整體功夫和自然本能的反映，尤其是他的資質。常人望塵莫及的原因很多，其中有一條就極難做到，這就是他在八歲時就已被郭老「逼」著苦練樁功，其拙力根本還未形成，薌齋先生終生為打破武學神秘而奮鬥，而我們在介紹其事跡時最好詳盡、客觀一些，以免又造成新的神秘而誤後學。

神秘主義是產生恐懼的一個重要原因，拳學中的神秘主義至今仍大肆泛濫，使上述習者很自然的相信什麼「百步穿楊拳」和「開石切碑」等功夫。筆者當年就極懼服聲稱身懷此類絕技者，當有時要同這些「大師」比武時，會立刻想到：「人家功夫那般了得，碎石開碑如同兒戲，若是一拳擊在我身上，血肉之軀，如何能受，必骨斷筋折無疑。」有此恐懼，簡直不敢出手，後來無奈硬著頭皮試了幾陣，才知道這些功夫都是打死物的，對於活人根本來不及運氣。恐懼自然消失。如今已深知此等神功乃下而又下之「托門」、「腥活」功夫，不但無恐懼，反生鄙棄厭惡，以同此類大師比武為恥。讀者中若有因此原因而生恐懼者，可看後文所談「薌拳非

氣功」，相信讀後恐懼會煙消雲散。

　　還有一些人天生善良，性格溫和，或書生氣十足，他們之所以產生恐懼是因怕傷及對方或本性就從未想過要伸手打人。消除此類人的恐懼心最難，因為「江山易改，本性難移」。消除此類人的恐懼心應多帶其實作，如果連擊他的頭部（切記勿發重拳），一般情況他會本能地反擊。但最根本的方法是應讓其區別打人和實作訓練之不同和練習實作的必要性。因為此類人大多具有正義感而深明大義，首先應使他們明白侵略者和匪盜之徒乃習拳者之天敵。而習武的目的之一就是要隨時準備保衛祖國、沙場捐軀和馬革裹屍，侵略者是最凶惡的敵人，如果他的心目中把對手當成侵略者去打，效果一定很好。另外，此類人大多關心國家的前途和命運，嫉惡如仇，如果再曉以當今社會惡性案件不斷上升，車匪路霸橫行，而公眾的集體公德心、正義心日漸麻木衰亡，竟有圍觀歹徒在公共汽車上強姦少女的慘痛現實。他們就會將「東郭先生」的仁慈拋到九霄雲外，為維護人民的利益而練實用。一旦此類人的恐懼感消除，經過艱苦訓練，一定能夠成為最上乘的拳學家。

　　當然，不可否認的是有極少數人，天生懦弱，又無積極進取之心，應多帶其實作，不可打掉他們的積極性，如果始終不敢出手，那只好多在養生方面給予指導，亦應遵循「教必盡心、學必有得」的教言。

　　在此還要指出：臨戰時的大無畏氣慨和「敢打架、不怕死」是兩回事，而且，拳技的提高、武德的培養是增加精神氣勢最重要的手段。氣勢和拳技譬如車之兩輪，鳥之雙翼，不可偏廢，所謂「藝高人膽大，膽大人藝高。」在此不妨以

大家熟知的「荊軻刺秦王」的史記為例來說明。荊軻受太子丹之命刺殺秦王，秦武陽與之同往。武陽少年時就敢殺人，可謂心狠手黑，而荊軻則舉止儒雅，似遜其狠勇，但到了秦廷，荊軻談笑自若，從容不迫，而武陽卻已嚇得面如土色，被秦王看出了破綻（足以說明他的敢玩命是勇於私鬥而怯於公戰）。當「圖窮匕見」，荊軻追刺秦王，未遂被殺，其氣勢可謂視死如歸，但如果荊軻身懷項羽，馬超之藝，那統一中國的將不會是嬴政了。由此可知，臨戰心態應建立在熱愛祖國，為事業而獻身的基礎上，技擊時的氣勢應是無私無畏，清逸大勇。應同拳技水平的提高互為補益，相輔相成。

簡言之，初學實作應具有敢打必勝的信心，勝負無縈於心，全力以赴，精神上無任何負擔，勇往直前，將拳技發揮的淋漓盡致。隨著實作經驗的積累和拳技水平的提高，也應該使自己的精神境界不斷提高。特摘抄薌齋先生語錄如下，供學習參悟：

「態似書生若女郎，偉大猶比楚項王。一聲叱吒風雷響，神情豪放雄且壯。遇敵接觸似虎狼，舉步輕重，如履溝壑深千丈。一面鼓，一面蕩，周身無點不彈簧。齒扣足抓，毛髮似金槍，根根無不放光芒。譬水之波浪，回旋不已，縱橫在汪洋。無形如天地，充實如太蒼，悠悠揚揚舒且暢。一經觸覺，立時即緊張，如同火藥爆發狀，炸力發出意不亡，無形機變，卻又深深暗中藏。閃展進退謹提防。打顧正側，絲毫不虛讓，勢均力敵須看對手方，猶如鷹鶻下雞場，倒海翻江不須忙，單風朝陽勢占強。勾錯刀叉同互上，腿足提縮似螳螂，揣敵力量有方向，察來勢之機會，度己身之短長，勢如龍駒扭絲繮，谷應山搖一齊撞。」

第二節　實作原則

　　薌拳之實作，無固定招法，但必須處處有法，須臾不可離法，此即原則要領之法，尤其初學者更需遵循基本法則，以免盲揮亂舞而破壞正確的習慣定型，影響正確本能的形成。常見一些人自己尚未真正懂得拳，即向學生講什麼「善游者忘水，忘水者神會。」使一些初學者忽視基本原則而胡打亂掄。望初學者應正理解這一哲言。所謂忘水者必須有個條件，那就是善游，前輩中的名家作拳無形無意，瀟灑自如，是因其深諳此道已成本能，雖不講法而處處得法。善游者可以忘水，但若是連「狗刨兒」也不會，還是應先識水性，再學蝶、仰、蛙、爬之技，待善游後再忘水，不然，盲然躍入水中後果不堪設想。練習實作亦應如此，開始應遵守原則之法，才能「登堂漸入室」。現將道新先生親傳的薌齋先生口授實作原則簡述如下：

一、間架配妥當

　　所謂間架、即實作時合理之整體各部安排，進一步而言之，實作之預備式必須是技擊、扶雲、托嬰、虎撲等樁（筆者所習慣的是道新先生所傳的青龍出水式，要領皆同），又需動步無論快慢仍要保持摩擦步的要領，雙方如有接觸必是推手之變化控制與發放，發拳必如發力之要領。簡言之，實作的全過程必須是樁的變化和運用。

　　因為實作是雙氣勢意志，功法和耐力等合成因素的激烈對抗，就更需保持合理的間架，實踐證明；始終能間架調配

適當，就能處處得機得勢；即使功力稍遜挨上幾拳幾腳也無足輕重，這是因合理的間架首先就防護住了自己薄弱部位的緣故。但是，儘管很多練習實作者都明白這個道理，但真正交手時往往先丟了間架而失勢，其原因主要有三個方面：

其一是基本功較淺，合理的習慣動作和習慣發力還沒形成自動化，一經實作檢查就暴露無遺。應盡快回過頭來學初步，苦練基本功法為妥。其二是怯陣心慌。雖然外形是樁的架子，但神志早已動搖。未曾交手，已先自發僵，呼吸亦失常態。空有其形，必敗無疑。有此弱點者，應加強臨戰氣勢的培養和多進行實作訓練。其三是經驗不足，拙力重犯。若一見對手虛晃假擊，就隨之而招架，最為不利者是被對方牽著鼻子走，只要犯了招架之病，則露破綻，而對方就會趁勢狠擊。更有心性浮躁者，咬牙切齒，手足並舉，欲將對方一口吞下。其氣勢可嘉，然手足忙亂，間架已散，亦會為對手所乘的，有此不足者切記「蓄意肯忍狠」的道理，沉著冷靜，膽大心細，智勇皆重，方可使間架不散，進而攻取得法。盲目招架，手腳亂忙是實作第一大忌。尤其當對方施以假動作誘敵之際，只要犯了招架，必破壞間架，整體力之威力為之頓減。一些初學者皆易犯此通病，一些老手也有隨對方之虛晃而出手迎擊的下意識反映，所以老譜才有「犯了招架就是幾十下」的經驗之談。大敵當前，雙方蓄勢對搏，對方突發一拳很難判定虛實，招架也屬本能，但局部而動勢必破壞間架，若以整體力以迎，對方如是虛點又失火侯。這就需使間架動起來，外形未動，內動不已，則無論對手來力是虛是實皆能封住而利進擊。若尚不會動樁可略施「突肘」，即只要對方發拳即突肘以應，若是虛點，自己間架不散，若是實擊

，對方必被彈起，可趁機前撞發拳。

在此還要指出，有少數練習實作者在對手發拳猛擊時，死死抱住頭部，雖把頭部護住，間架未散，然已僵死，也是破壞了間架，此乃心慌和無反擊能力的表現。真正間架適當的體現應是疾速運動和突然變化時。必須符合樁的原則。

二、取中入中

此原則在推手一章中已作了介紹，之所以又要重申，實因這一原則至關重要。所謂守中，並非指單純防禦，而應同時用中，而取中入中，亦不僅是強攻，而且是在進攻的同時必須處處預防自己。而守須臾不可離開自身中線，攻則必須以對方中線為目標。守中用中和取中入中的意義和要領是相同，只是推手較斷手而言相對慢一些，手段以發放為主。而取中入中則相對要快、要猛、要狠。若按常理而論，取中入中應先具備守中用中的基礎，並形成本能，全力進攻時自身中線已能自然地形成無懈可擊的狀態，才能攻防合一，顧打一如，積極主動、勇猛拼搏，以拿下對方中線為唯一的目的。

一般來講，如果在進攻時能自然地形成樁架不散的本能，就能很自然地做到守住自身中線部位，僅以托嬰樁為例，來說明幾種通常遇到的例子。

甲、乙雙方互搏：甲方以托嬰樁逼進，乙方見甲方中線防護極嚴，根本無法進擊，只能從兩側進攻，或前手虛點，後手用圈捶擺拳之類手法圈擊甲方兩側面部或耳部。亦有心狠手毒者會迎面晃，擺雙拳同時狠掄甲方雙耳，（此謂武術中常見的厲害招法雙風貫耳）。如失守中用中和取中入中的原

則，就會出現這類戰況：甲方見乙方或左或右掄拳側擊，會出一手招架攔迎，擋住來拳再進招，乙方復變招。另一種是，甲方見乙方雙風貫耳擊來會抬雙臂分架護擋（中線已失），或白鶴亮翅，或野馬分鬃，分迎來拳，乙方打擊失效，或撤手再攻，或抬腿擊踢甲方中線空檔，甲方又下攔迎；其結果必然是演練起了接招破招的武打片，勝負難料。然如甲方依取中入中之原則，則無需費事，根本不管乙方單輪雙貫，只要前鋒手不動，直取乙方中線，後足蹬地，整體前撞即可，根本不招不架，而且乙方的攻勢越猛越好。其結果是乙方的單拳或雙拳只能打中甲方間架，大多是大臂外側，而甲方卻只能擊中乙方中線。如試藝時，甲方應把拳放在乙方臉部即可，其臉部正好撞在甲方的拳上，不能發力。

　　還有一種情況，乙方見甲方托嬰椿防護上盤甚嚴，誤以為下盤空虛，或抬腿踢胸腹，或潛身而進，揮拳直搗「空檔」。甲方稍偏步就能防控來拳來腿，同時發力以斜取正，即可結束戰鬥。若依直正取中原則，根本無虛偏擊，仍正面迎擊即可。因為距離和時機最為公正，對方能打著你，你就能打著他，故對方進攻才是最好的發拳時機，如乙方從下盤而進，甲方只需撞進，托嬰椿雙手突變虎撲椿即可。因托嬰椿有三個不一樣，突發此力俗謂雙劈拳。其結果必是雙臂同落，但因高低不一樣，剎那間似乎有個先後，而意念不一樣，本能地形成後手捊按住了乙方來拳或來腿，而前鋒手正好落在乙方的面部。若是發力可加變面，一是符合原則，二是即使對方擊中也會使其勁力落空。當然，上述僅是舉例，旨在說明取中入中的重要性，讀者切莫按圖索驥，對號入座。在實作之際能遵行原則即可，究竟以何種形式手法應敵，亦應根

據個人的習慣和本能。

　　關於入中，即必須以對方中線為攻擊之根本目標，無論戰況如何變化，此原則絕不能改變。初學者會遇到這樣一個現實的問題，這就是在實作之際對手的中線部位大多防護甚嚴，似乎難攻，為此而生尋隙攻擊其他部位的念頭。此乃犯了實作大忌，望切記薌齋先生的明訓：「見虛不擊擊實處，要知實處正是虛」。在實搏時，雙方的攻守、進與退、虛與實、強與弱等情況都不是絕對的，而是在不斷變化的，防護最嚴之處往往是最為薄弱之處，看似薄弱之處去進攻反不易見效。讀者可以一試，實作時若擊對方「漏洞」之處，對手大多會本能地防護。而其防護最嚴之處，反而遇擊使其感到茫然而無變化。只要直撲對手防護最嚴之中線部位，必定能控制其雙臂使其無法變化。如觸其間架而未中其軀體，可直接「隔點」發力或撞出或擊其間架震撼其內臟。當然應以抽打、掛打、鑽打、栽打等「接點」打法擊其中線為要。在此需要強調的是在擊對手中線之時，雖然有打間架之法，但切記是因擊對手中線部位，迫使對手被動招架而形成的暫時狀態，萬萬不可把意念放在對方雙臂上。正確的原則是取中入中，如直接擊中對手中線，即可結束戰鬥，若對手招架可自然形成打的間架，實作自始至終均需遵循取中入中之原則。而打實不打虛的原則是指對方防護甚嚴的而言，如對方不護中線、亡命而上，切不可顧其來拳，可直接重擊其頭部，而解除其戰鬥力。

　　在取中入中原則下斷手還應注意發拳的部位，前輩們因各自條件和習慣不同而擊打部位亦不盡相同。根據馬驤良先生的經驗應在入中貼身近戰之際重點擊打對手三個部位，即

人體三盤之重心。上盤可擊對手頸部，直擊橫削對手頸部前後左右均可致其掙扎不起，此為對手上盤重心。中盤，欲發出可撞其胸和雙胯部，雙胯部為對手中盤之重心，若重擊可傷其兩肋和脊突。下盤可踢其足踝，踝骨為其下盤重心，如重擊可踢其襠部及小腹，穿踢膝頂均可。

三、先進兩頭，後進中間

實作進身之法應一動無有不動，一枝動而百枝搖。其要領應以人體總重心小腹小部和恥骨上端交接處，帶動整體而動。但在本能形成之前還是應先進兩頭，後進中間。所謂兩頭指頭與足而言，中間指手而言。先進兩頭指意識上以頭領身，以步為先，並非先伸出頭部讓對方來打，因自身間架得當，本身已護住頭部，先進頭部必定帶動前鋒手前擊，尤其初學者更需注意這一點。

大多數初習實作者都有怕挨打，尤其怕擊頭部的本能。當對手發拳時極易犯向後仰身躲頭、仰頭與閉眼的通病。這樣不但破壞了間架和重心，還因視線散亂而影響了距離感及擊打部位的失誤等造成嚴重失勢。克服的方法除多加實作訓練外，還可在日常進行雙眼和頭部的訓練。雙眼的練法是平時經常用乾淨的手絹輕輕抽打眼睛，也可上下左右轉睛，亦可觀察空中飛鳥和水中游魚之功，隨其而動以練眼神之靈活。另外在站樁時就應同時進行眼睛的訓練。初練時可含光斂神，繼而隨周身的鬆緊而進行鬆緊的訓練，但用於實戰的訓練應是蓄發的訓練。其練法是於站樁時用眼注視遠處景物，用意念將景物如樹木、山頭，建築物均可盡收眼內（切記胸隔肌不可隨之發緊），再徐徐將景物放出，再收回、再放出。

試力發力亦應配合目光訓練，蓄力時用意念將景物收於眼內，而發力時突然目光陡射，意念中將收入眼內之物突然同時放出。

　　實作之眼神應蓄放適宜，可斂神將對方用意念收入眼內，亦可掃視其周身。如與對手目光相遇，可本能地突然將眼內之敵放出逼視。如功夫高深者，可使對方悚然驚恐。實作時還可以目光逼視對方眉宇之間，亦可用目光使對方產生錯覺，（術語稱作「領」）而突發攻擊。需要指出的是無論目擊和試聲均應是功夫的自然體現，有些人幻想學薌齋先生以目擊制勝而忽略基本功的訓練是極錯誤的。「相持目擊最為先、動靜虛實指顧間」，指通家而言，目擊是以功夫為基礎的。若薌齋先生本人同解老、郭老等人相遇，恐怕目擊就不會有奇效。所以趙道新先生說：「人的神態應是攻擊心理的自然流露，而不是作面部表演。」真正的目擊和聲擊是高深功夫的本能反映，根本無需做作就自然顯示莊嚴、目光如電，使對手深感凜然而不可犯。猛虎垂目百獸懼怵，黔驢嘶鳴，乃是技窮，至於有人說用目光旋繞可發遙感信息控制對手之云云。誠望讀者慎思之、明辨之。當心在實作時遙感對手，使對手頓生憎厭而遭狠擊。

　　頭部練法以正直靈活為主，可於平時保持樁形，使頸部自左至右，或自右至左旋轉、轉動時必須保持頭直目正的原則，速度也需緩慢，久之則能轉動自如，而且能迅速帶動整體各部發放整體螺旋之力。

　　在實作時，初學者除在對手發拳時易犯仰頭閉目之病，而且還有在發拳擊打對方時，犯前鋒手擊出，頭部後躲之病，這樣就造成了面部用力和體重後壓，亦極不利。薌拳間架

本身就已防護了頭部，攻防之時，如要領正確，面部必有一臂防護。故其動可以藏頭、進頭、讓頭，絕不許向後仰頭。六合之原則有頭要撞人、足要踢人之說，其意是指頭與足皆可作為發力部位直接攻擊對方，但最為重要者是指以頭領身而動，以步為先而戰。望初學者萬萬不可躲頭撤身而發拳，這是怯陣的表現，勢必形成手搆人的狀態，必散間架落敗無疑。在攻防之時，應有意識地先進頭部和步法，以頭領身，則全身齊動，以足先動，則其力必整，其動必速。實作之原則，雙手如持弓，雙足如戰馬，距離合適與否，應由戰馬進退調整，雙手是不能去搆敵人的。故初習實作，應有意識地先進兩頭、後進中間。進攻原則如此，發力亦然，蓄力之際雙手如各有一繩繫住，另一端叼於口中，即符合「拳自口中出，又需以頭領拳而動」。

四、進步小，橫步快，撞步大；進步低，退步高

實作必以步法為先，功夫老到者，進退只需半步即可，但初學實作或雖具一定功夫而遇強手者，需遵循此原則，此原則在推手實踐中就要注意並逐漸養成習慣。

進步小是相對大步而言，步大則滯，慢而不利變化，故實作最忌大叉步。在拉開距離互進之時，步距應相對小一些，待欲接未觸之際或進或閃或撞突然變步，定使對手猝不及防。無論直進與閃進，橫步是極重要的步法，大多拳種多直進直退而沒有橫步。如是主動進攻，可先橫向移動，待距離合適，再突然直進而撲對手中門，此種戰法要求橫走的步距就應小一些，而豎撞應猛應快，而只有橫走時的步距小才能

使豎撞的步子大而快，動作突然而有威力。又如雙方互進，當對方發拳直擊我的中線時，我若直退對方會連續進攻，如若向兩側突然橫閃，則對手之面門正好撞向我的拳鋒。此種橫移可以先橫閃再進，亦可斜上一步而擊。但無論橫斜都存在一個現實問題，即如果是大叉步就會造成橫側之動無效。讀者可以試一試，若是大步距對敵，如果對方擊來，我只能橫或斜一小步，而且很慢、最關鍵之處是自身中線仍然受到對手的威脅。這就要求進步時要小，近乎半步，如果上述戰況，以總重心帶動整體就會輕易地橫移或側進一步，以頭領身，同時重擊對手中線。所以進步小、側步快、撞步大是一體的，只有進步小，才能隨意動轉挪移，選擇和適應性極強而避免雙重。才能使橫移或側步快，只有橫側快進攻才有突發性，才能使對手驚慌失措，若橫閃側進慢，必因預兆引起對手的警覺。而撞步大才能使整體奪位具有威力。

　　進步低、退步高指避讓地面的障礙物，又指蓄發而言，包括整體慣性的運用和發力的原則，對搏必有攻守，進易理解，而退就不太好掌握，如一味的退，就是消極的逃跑，退的不夠，對手的力還是作用於己身，退的太過則影響延緩自己的進攻，故退應使對方之力無效即可，那怕擦碰自身也無所謂，同時退的同時應發拳阻擊對方，或似撤突進，攻守合一。退或蓄力應以頭領身，以頸椎把整體拔起，此謂退步高。高則居高臨下，而進步低是指進攻時整體的前撞，有僅有體重的巨大慣性，而且有俯衝之勢，其勢威猛可知。發力亦應如是，體重加慣性再加整體勁力的爆發力謂渾元力，渾元力之蓄為爭為開，爭開則整體六面爭，頸椎帶拔起整體（高），發力周身俱合，足下蹬和脊柱突然壓縮等才謂渾元爆發力（

低)。

在此需要向讀者說明,退不僅指身撤步退,橫步:側步以及所有蓄力皆屬退的範疇。高和低也是辯證關係,切不可教條。而且低是俯衝或發力狀態,是相對高而言,千萬不可理解為縮頭潛身而進。薌齋先生身材雖不高大。(據筆者記憶薌齋先生的身高為175公分左右,所謂身材矮小,弱不禁風純屬杜撰,在當時已屬上中等,雖然瘦,但不弱,因其骨骼出鋒,乃上等習拳人選)。但與人交手皆為居高臨下、俯視對手。故習實作者對敵之時應堂堂正正,勇敢無畏,雙手防護亦應高一些,真正的實戰拳法根本沒有縮頭哈腰之態。憶當年道新先生習拳時,均是身形拔起,雙掌高舉。當時有北京八卦名家梁先生赴天津探師弟張兆東先生,好心地指出道新先生「下盤有露洞」。道新先生敬其是長輩,點頭不語,但練法如敵。梁先生為讓其明白下盤未護的危險,便以實作進招來教導他,然梁先生掌剛發出,道新先生的雙掌已霹靂般的落下,若非張老阻攔喝止,梁先生將危矣。讀者中可能會有人認為桩形上盤嚴密,中下盤較差,如若再「退必高」,會懼怕對手打中下盤;其實虛實是辯證的,只要對手敢擊打中下「破綻」,必中後下發力無疑,另外摩擦步本身就暗藏防護和進擊下盤之效。故切莫違背退必高的原則就更不必怕「黑狗鑽襠」式的招法。我們可以觀察一下犬之撲擊,根本不鑽人襠,而是豎起直撲人身,或抓撲面門或咬脖子。連狗都不肯鑽襠,而作為自命為高級動物的人就更不應該鑽了(各家拳派中高低起伏的身法和神龜出水等閃潛奪勢同此類招法本不相同)。尤其身形較矮的朋友們,實作時更應整體而上,縱躍而起,舞雙掌直撲對手面門。切莫誤信小說家之言,自身本已

矮小，若再潛身而進，豈不要處劣勢？相反的，大個子反而應將間架抱的緊湊向下一些為妥。薌齋先生口授的其它要訣，就不一一詳述了，僅將其錄於下，無讀者研習：短接長放，長接短放；步過人；點緊身鬆；神透、意透、力透、形透；以正取斜、以側擊正；前手為主、後手為輔，後手為主、前手為輔；前足過人，後足蹬力；緩進速發，速進緩放；頭撞、手擊、足踏；足踏中心，手擊中線；間架重斜面，運動起螺旋，著力爭棱角；長出而力直，短拔而力橫；上重拔，而下宜矮；先動足，再動身，後動手；根節摧，中節抖，稍節刺；聲不發而怒吼，眼微睜而目瞪，身未進而意透，牙不露而切齒，面帶笑而舌努，指觸敵如穿紙。

第三節　斷手與對敵

　　實作的實質是雙方真正的搏擊，但也有訓練和實搏之別，而且雙方的比武會因國家民族利益、門派的尊嚴、個人的榮辱以及比武者的身份、場合、目的等原因出現不同的性質。如薌齋先生同解老比武就屬武會友，但同英格的比武則屬決鬥性質，尤其在日寇侵華氣焰囂張之際同日野、八田等人的比武，敗之辱國、勝之有身家性命之危，其性質實為性命相搏。薌齋先生及其弟子們的實踐亦多為同兄弟門派切磋以取長補短，但姚宗勛先生同武培卿先生的比武就事關新舊觀念和新生事物的大義，故亦為決鬥。趙道新先生的一生實作多決鬥，尤其是在大庭廣眾之下參加29年的擂台賽取得優勝獎，以及30年代的全運會和上海的國術大賽，在沒有護具和「打死人不償命」的條件下勇奪第一，則純屬決鬥性質，故武

林中人稱其為格鬥專家。如果雙方比武屬決鬥性質，「點到為止」和「發放對手」的概念將不復存在。其目的是要徹底解除對手戰鬥力。如果上陣同侵略者血戰，同危害人民利益的惡霸慣匪交鋒，那實作就必須以置對手於死地為根本目的。

如欲將實作性質和原則詳盡區分，則是教條的編造，而把實作中的具體身法、步法和手法的運用繪圖分解，亦屬害人欺世，所以只能概略而述，亦不知妥當否？粗說其彷彿而已。

一、斷手比拳

斷手比拳者，乃以武會友，不要計較勝負，更要雙方商定好，拉開距離後，再互相攻守，切不可發冷拳，勝不驕，敗不餒，以提高技擊能力和豐富實作經驗為目的。

首先斷手必須遵循前文所述各項原則，無論設與不設間架，必須處處是間架。臨戰之際，需應堂堂正正，內則神不外溢，外則形不破體，靜如深閨淑女，動若陣中項王，隨機而動，一觸即發。對搏之時，應身無定勢、足無定位、手無定形、強攻硬搏、應感而發。如環繞圈擊，飄忽而至；蛇形疾進、閃左擊右；虛拳實腿，驚上取下；佯側實中，炸力突發和路線、曲折、矛盾之用以及抽、截、掛、進、退等等打法必須融匯貫通，得機得勢，運用自如，萬不可心存招法，備方待醫，一切攻防動作必須不期然而然，莫知至而至，全繫長期練功形成的自然動作和自然用力。其斷手形式，因人而異，因勢而變，主要分為三種，一為貼身鬥；二為遊鬥，三為遊貼互用。

　　所謂貼身鬥，就是以整體間架和功力，逼近對方，不管不顧，直取對手中線，曲臂直力，強攻硬搏，使對手退不及、擋不住、閃不開。這種鬥法多用三角步、圈步；身材高大，功力較深者，常用這種打法。

　　另一種是遊鬥，是以活步和整體帶動下的雙劈拳、鬼斷手、捯手等單操外形快速撲擊為主。多採用靈活多變的步法和身法，亂踩梅花步，不斷地變化自身的重心和進攻路線，左右躲閃，進進退退，忽左忽右，不與對手作正面接觸，不給對手絲毫喘息的機會，此種打法多是蛇形步、龍形身，適合於身材較矮較弱者。

　　第三種打法或貼身驟至，迅雷不及掩耳；或如靈蛇受驚，無法窺其端倪；或先發制人，對手傾刻倒地；或後發先至，舉手即定勝負。攻守自如，進退隨意，屬高深功夫者的自然反應。

二、格鬥

　　等功深之後，必有為國爭光之機會，亦會遇到同勢均力敵的強手論武，或格鬥於私下、或爭雄於賽場，臨戰心態則更為重要。激發潛意識的能量可加誘導加強渾元力的速度和強度。前輩們每個人都有自己的體會和經驗，並有具體措施和功法。如設想自己頂天立地，無比高大，對手則如蒿草或鬼影。並通過激發心靈深處的野性而產生決鬥的傾向和死戰的決心。這樣的意念對精神激發十分有效。趙道新先生總結了畢生的格鬥經驗之後提出了適用於大多數人的爆發引動術——崩潰與切換。即利用恐懼和逃生的慾望驀地切換成激奮，從而引動野性的暴發。同經驗豐富、訓練有素的高手格鬥

，套用傳統的說教都將會慘遭痛擊。如以靜制動，以柔克剛、引進落空，以及避實擊虛，「當面一掌雲遮月，黑虎偷心快如飛」等上乘戰略戰術會盡因對手的老練、凶悍而成為自欺欺人的幻想。如面對慣於格鬥者，若想觀察，等待和引誘其出現破綻，幾乎是不可能的。所以趙道新先生說：「假如你已看清了對方的破綻就等於錯過了這次戰機，假如你已明確了攻擊的方法和目標那就最好取消這次進攻。」同久經大陣的對手格鬥只能「打出戰機」。而打出戰機的行動必須是精神、意念、形體、勁力等諸多因素的突然激發，激發威力的主要因素是渾元力的爆發。主要有三種形式，這就是爆發力、螺旋力、粘沾力。

所謂爆發力（爆發力縮短則為彈力），就是在接觸對手的剎那間已將渾元力通過自身的突出部位作用於對手。在此需要闡明，施此爆發力必須無形無意，但周身處處皆不失前文所述各項斷手原則，任何著意和著相的念頭都是危險的，其實質是攻擊者本身平時苦練各項功法的合成在格鬥的憑直覺預感無意識的本能發揮。故在突發之際，不僅是力量的爆發，同時必須具備身法步法的突變和人類原始搏擊基因——野性本能的驟現，意念的閃動，整體的突然起動或加速，陡然減速或急停，以及在高速攻防動作中突然改變方位和角度等種種因素，才能使爆發力具有擋之即摧的威力。而臨敵的心態更是爆發的重要因素。

趙先生對格鬥時的臨敵心態有獨特的經驗和見解，他說：「臨敵時不是在刻意強化攻擊，而是努力克制住攻擊。因為此時燃燒著的攻擊慾彷彿在他的每支血管中沸騰，在每根毛孔中噴射。就好似在獵物前躍躍欲試的獵犬，煩躁地等待

著主人鬆開繩子。我們大腦的理智就是在沒有必要行動的時候拉緊這個『繩子』，使攻擊儲藏能量。鬆開或崩斷繩子，攻擊就會像困獸出籠一樣爆發出來，不用費力，不用勞神，而且迅速準確，威猛無比」。

渾元力的爆發應該具備極快的速度和強大的殺傷力，如果只是輕觸對手或打擊部位不宜，就反而會使對手暴怒反撲比來被擊前凶猛十倍。而在短兵相接之際，速度稍慢亦會使攻擊威力受阻或失效。所以發力的結果，應即解除對手的戰鬥力。最低效果也要使其喪失鬥志和肢體致傷。如其頑抗，爆發力的作用已為「炸力無斷續」打出了戰機。

螺旋力分大小螺旋，是指以整體間架的各關節齊轉帶動臂膀旋轉發出之力。形不破體，疾力如輪，循環無端，根本不允許有直來直去或其它絕對間斷之力，如利斧劈旋，又似車輪切削，凡遇之物，必被離心力擊出，而自身處處為之中心，攻防隨意，力無斷續。對手若主動進攻，來力必被旋出而重心先失。若被擊中，則傾刻倒地。

粘沾力是指上述兩種發力形式經發出，然對手閃避或躲過，而自己的前鋒手或其他部位已擦觸其體（無論何部），乃以爆發力連續發力。一般高手在渾元力突然施發下會徹底崩潰的，雖有少數強敵能忍受一兩次的爆發力，但卻逃不過連續性的爆發。粘沾力的爆發要求如泰山驟傾，海潮漲溢。同強手對搏，亦應如冷眼觀潮，一旦意力突發，就應如濤漲波湧，濤高一濤，浪接一浪。渾元力突發可摧動對手整體，但一系列的爆發可以打飛對手。

三、對敵

　　所謂對敵，是指不同於一般實作的在特定條件的決鬥，包括心法和技法。這也是薌拳的又一特徵。在此我們首先要搞清楚是誰是我們所對之敵？而後再研討以何心法對敵。

　　薌齋先生對此早有定論——「侵略者為習武者之天敵，其次是侵害民眾的匪、淫、賊、盜等。」習武者常講義字當先，應該是道義之義，正義之義，尤其是民族大義之義。當外敵入侵，國家蒙難之際，保衛國家，奔赴戰場就是習武者的天職。日常若遇到匪盜歹徒為非作惡，亦應挺身而前，義無反顧。馬驥良和石洛東二位是薌老門下最傑出的對敵決鬥英雄。這是因為在祖國危難之際，二位先生都曾戰場殺敵，衝鋒陷陣。馬先生身上的累累傷疤記載著他當時九死一生的拼殺經歷，更是對敵心法和技法的最好詮釋。

　　馬先生一直非常重視對後學進行對敵的訓練，他經常緬懷張自忠、楊靖宇、趙登禹、何其灃等民族英雄的業績和為國捐軀的精神，他認為，較之技法而言，心法則更為重要。

　　在憶昔日寇侵華初期，馬先生悲憤的控訴了日本侵略者的滔天罪行，並痛心講述了一個實例：

　　三個日本兵衝進一個村莊，村民們爭相逃命，村裡歷來武風很盛，但竟無一人抵抗，任敵人大逞淫威，燒殺姦掠，甚至當鬼子把槍支起來去抓雞時，也無一人去搶槍消滅這三個鬼子。連中國的正規軍隊也是望風而逃，潰不成軍。這就使日軍長驅直入，更加瘋狂，極力鼓吹「大日本武士道精神世界無敵，三個月就能滅亡中國。」

　　但是當黃河怒吼，中華民族奮起抗戰後，就徹底粉碎了「大日本皇軍不可戰勝、中國必亡」的狂言。淞滬抗戰，十九路軍和民眾同仇敵愾，拼死血戰，一位營長在彈盡糧絕後就

抱著點燃的炸藥包衝進敵群;多倫之役,吉鴻昌肉袒爬城;狼牙山頂,五壯士跳崖不屈;台兒莊,南寧會戰,平型關,百團大戰……優秀的中華兒女不分男女老幼,誓死禦寇,浴血奮戰,威攝敵膽。由此可知,對敵的戰略戰術和肉搏技法固然重要,但民族精神和國民素質更為重要。在馬老激昂的追憶自己參加二十九軍大刀隊與日寇肉搏的悲壯經歷時,更是證明了對敵心法的重要性。

在同侵略者肉搏時,馬先生等精於對敵技法的戰士們雙手執刀(雙手帶)奮勇砍殺,大顯神威。但大刀隊的戰士們並非個個武藝高強,武器裝備也很差,而當時的日軍卻裝備精良,凶焰萬丈。交戰時更非人們傳說的那樣,殺鬼子如砍瓜切菜,這是同胞們的愛國之心使然。其實大刀隊就是敢死隊,戰士們都是抱著必死的決心去和侵略者拼命的,雙方的傷亡基本是一比一,大刀隊在肉搏時,人人奮勇血戰,前仆後繼,有的戰士被打出了腸子仍死戰不退,有的戰士陣亡後嘴裡還咬著敵人的耳朵,僅在南苑一戰中,馬先生雖驍勇善戰,但當一名日軍中佐領著兩個日本兵同時圍住他,瘋狂撲來時,馬先生以身帶刀,虎撲蛇閃,在砍死兩個鬼子後,自己也連中四刀,血透征衣,當日軍中佐的戰刀刺中他的左肋時,他最後全力擰身發力,將日軍中佐的腦袋斜著劈開後,意欲與敵人同歸於盡,但尚未拉開手榴彈的弦,便昏死過去,在打掃戰場時,戰友們在死人堆裡發現了他,他左手仍死死攥著手榴彈,右手緊握的大刀已崩成齒狀……。

中華兒女們就是靠這種以血肉築成的新的長城,以生命誓死反抗侵略者的精神徹底擊垮了所謂的大日本武士道精神,使日軍連睡覺時也用毛巾包住脖子,聞風喪膽,後退百餘

里。

馬先生被抬回營地搶救，半個月後傷未痊癒又揮刀上陣
。

由上可知，對敵心法不僅需要楚項王十突十決的神勇和
關雲長單刀赴會的氣慨，更需具備抗敵衛國，馬革裹屍，為
國捐軀，與敵同死之決心。這就要求習武者在平時刻苦用功
，練就強壯之體魄和嫻熟實戰之技法，尤要注意精神境界的
陶冶砥礪，正如薌齋先生所教：「不健康決無充足之精神，
精神不足決永無可歌可泣之事跡。」

當今時代，科技昌明，戰場上執盾與執械攻防合一的技
法早已被坦克裝甲所代替，戰爭的勝負主要取決於雙方科技
、經濟等綜合國力，已少有上陣血刃之境況，但我們不能忘
記祖國沉重、屈辱和悲壯的過去，更要弘揚偉大的愛國主義
精神和對敵心法中見義勇為、捨生取義的信條與規守。由於
現代社會治安混亂，民眾的正常生活和生命財產經常受到威
脅，習武者現在所對之敵，多是匪類歹徒，同其實作，亦為
對敵決鬥。

同惡徒慣匪決鬥，不許有絲毫的善念，無論任何打法都
必須遵循「打不準不打、打不狠不打、打不死不打」和「心
毒稱上策，手狠方勝人」的原則，所要注意的是，在決鬥之
際，常遇群戰險況，在此又需略述。

如遇眾多人圍攻，且勿走直線，應先把步拉開，不以正
面對敵，特別要警惕身後之敵的襲擊。群敵多窮凶極惡，惡
毒亡命，所以萬萬不可原地待攻。更不可信武俠小說和影視
打法——眾敵觀戰，只一人先上，其它再依次而進，或同時
抬腿揮臂，前面踢倒一人，雙臂各擊倒兩人……如以此等打

法對敵，必致重傷或喪命。

　　與群敵決鬥，應痛擊其匪首及其勇者，應以蛇形步為主，身無定位，發拳即走，無論中與不中，都不可停留。如在狹隘地帶，需先靠牆或大樹而戰，但切記不可久戰，發拳即前衝去，或佯作決戰姿態，虛發即衝出，待至寬闊地帶，復殺回馬槍，痛擊追至之敵。

　　如今歹徒，多具報復心，在打擊他們之後，需要防其報復。平時行走坐臥，要注意觀察，如遇人暗算，奮起而擊之。夜間走路，不許走直線，不許高歌，不許喧嘩，如在險惡地帶聽到響動，要立即蹲身觀察，並以土塊石子扔往響地聲處試探，飛石探後，嘩啦驚跑者，大多是鳥獸，若是探後反而靜寂無聲，就需小心謹慎，遇盜匪襲擊，不可理喻，切記先下手為強，發拳必擊其要害部位。

　　過去群戰，一般如擊倒頭目或帶頭而上者，餘者多會望風而逃，而如今的歹徒匪類多亡命之徒，所以決戰時，無論何種發力，必以致敵死地為目的，不能絲毫手軟。同時要時刻警惕身後之敵，以防其對自己形成包圍而暗算襲擊，更需把步法蹓開。群戰是我國武學原傳功法的特長，活步發力尤為獨到之處，其它搏擊術多無群戰步法，連拳王泰森在遇到小流氓圍攻時也只能頭破血流。與群敵格鬥，要充分發揮步法之長，因為你一動步，群敵就會跟著亂動，動時要避開自己的中線，指左打右，指前打後，利用混亂而衝撞擠靠，周身無處不技擊。若群敵之首和亡命先上者身材高大，戰鬥力較強，萬不可死纏連擊，因為稍有糾纏，遠處之敵就會乘機對自己形成包圍之勢，趁機於背後偷下黑手，所以萬勿呆滯，應以步為先，處處主動，隨機應變。可先重擊其匪首及其

勇者，亦可先擊遠擊弱，最後再全力對付近與強者。如佯擊逼近之敵或做與匪首決鬥狀，突發一拳，不管效果如何，卻突然飛身疾衝，到遠弱之敵處猝發重拳，則群敵必被自己牽著鼻子走而盲衝亂撞，不易形成包圍，遠弱之敵亦會因突然遭擊而措手不及，切記，千萬不可同某一敵手糾纏。如此以身帶步，反覆衝殺，頭撞肩靠，肘撞膝頂，拳打足踢，逐一擊破，則我必處處主動而群敵必亂，待最後再徹底收拾匪首及其勇者，務以致死殘為目的。

如遇手持凶器的歹徒，千萬不使用什麼「空手奪白刃」之類的招法，應立即搶占有利地形並迅速尋找武器，石塊、木棍、鐵鍬、磚頭、刀具、酒瓶、板凳、沙土石灰……都可使用，如果身邊沒有東西可用，也要馬上解下皮帶或上衣，以便纏擊防護，掄皮帶或上衣時，應以對方雙眼為目標，一旦纏住對方刺來的凶器，應立即拼命而上，先狠擊其雙眼、咽喉或襠部，迅速解決其戰鬥力，而後再撿搶凶器，更應正義凜然，以步為先，出手致命，捨生忘死，全力拼殺而將歹徒擊倒擊潰。

章末，還需略論及現代散打。

現在流行的散打較之傳統武術中的一些功法如插沙、捻豆、抱牛犢和套路招法等是先進的，科學的，散打的開展為振興國術的實用技術提供了合法的條件，而且其倡行者大多拋棄了門派觀念等傳統陋習，文化層次較高，意識更新，信奉科學，其技法的本身就證明了勇於借鑒國外先進技術的精神。散打的普及將完成對傳統武術中垃圾積澱進行清掃的任務，同時可以淘汰那些所謂絕密的土功法，因為經過實踐，習武者就會明白，那些招法和抓筋卸骨等術根本無用。

　　現在很多民間習武者，都嘲諷散打是「拳擊加亂踢」，其實，這正是散打的長處。歷史已經證明，我國大多數拳種根本無法適應高水平拳擊手的壓擊。散打訓練吸取拳擊簡捷實用的拳法實屬革新進步，如再加上腿的配合，豈不更具威力？何況其腿法的實質乃東南亞的實戰腿法，當然速成而實用。

　　散打的不足主要有兩點，一是規則護具的不合理，二是技法本身的不足。

　　散打的護具和規則極不合理，儘管明文規定說在規則允許的情況可以使用國術的各種技法，但只要戴上拳套，那練鷹爪和猴拳的就探不出「爪」，練八卦的就伸不出掌，實際是什麼也不能使。尤其是薌拳等以求取運用整體力的拳種更是無法發揮，由於拳套前端呈圓形，螺旋力的發出就造成了滑空，所以功力越大也就越失利，何況薌拳所求乃自然本能之力，如果裝備成了「可賽號」隊員，就如同一隻猛虎被包上了四爪，勒上了嚼子，雖然不怕羊，但肯定撲不倒狼。所以如為了安全，可去掉護具而配帶分肢手套。

　　散打的規則多不合理，如抱摔本是貼身後的有效技法，但有的選手卻利用規則不防不護去抱對手的支撐腿。筆者曾見到一位選手去抱對方的腿，對手本能地下砸，將其擊仆後卻判失分，原因是打了對手的後腦和後背犯了規。其實這樣的打法在徒手搏擊時根本不會出現的，因為如若敢低頭貓腰去抱腿，對手會一記後下發力將送之拳下者脖筋震斷。

　　散打是以中華武術的名義由官方推行的，那就應該打出國術的特色，但是其技法卻拋棄了國術的精華，有少數人以專業散打在比賽中獲勝為據否定國術實用價值，並力倡國術

實作技法需統一於散打，這是缺乏常識的表現，因為真正驗證功法的優劣應在條件公平的前提下實搏，而民間武術的場地、設備、營養，尤其是時間和人才的選擇都根本無法同專業隊相比。即使如此，如若徒手一試，傳統功法之精華亦會大優於散打。

國術的實戰威力早已被世界搏壇所公認，遺憾的是規則制約了國術長處的發揮。澤井先生卻因屢敗各國名手已被尊為「拳聖」。

散打的手法雖然是拳擊的打法，但失之粗糙，其速度等不如拳擊，其要領也未盡得拳擊之妙，如高水平拳擊手的刺拳多是探臂伸掌把勁力扔出去的，重拳則是靠腰部，足踝和前腳掌同方向擰轉之力，形成了下肢與上體的整體（非渾元力）協調配合，此即傳統武術技法中失傳的「腰馬合一」，如果角度機會適當加上拳套的運用就能將對手擊倒。（李小龍的重拳也是由此傳而發，但缺乏整體連通性。）在散打賽時，尚未見到有人能如此發拳。由於拳擊運動激烈對抗及科學性，促使其不斷革新和發展，據最近報載，世界拳王霍利菲爾德請到一位教練，補充了左直拳右側的不足。這雖只是中華實戰拳法中的上體均衡，但卻引起了正文先生等有識之士的極大憂慮，如果散打以二、三十年代的拳擊水平繼續故步自封，國術精華仍然受到壓制而只能在民間艱難的承繼，那澤井健一的論斷──「中國實戰拳法在本土已瀕臨滅絕」將成為悲痛的現實。

目前，中華武林面臨世界搏壇的嚴重挑戰，我國只有以實戰技藝重振國威，有關部門應以此為燃眉之務。

如果是基於民族大義這個基本點，根本無需喋喋不休而

眾說紛紜。其方法極簡單易行，這就是立刻使一盤散沙的武林界，體育界團結一致，同心同德，共負重擔，迎接挑戰。首先由官方舉辦全國搏擊賽，經實戰檢驗後，千名以下選手的拳種就應取消，而十名內的選手就應成為專職武師，由其組建並訓練國術隊，再由國術隊同散打隊進行自由搏擊賽，獲勝的一方才有資格代表祖國走出國門，而失利的一方就應和拳擊隊一起，擔當起模擬敵的任務。

我國的乒乓技術之所以為祖國爭得了榮譽，除了容國團、丘鍾惠、莊則棟等名將的貢獻外，還有教練員的心血和陪練員們的無私奉獻。若是沒有陪練員為了祖國的榮譽，放棄自己的專長而去模仿歐洲、日本等強手的打法，甘當模擬對手，我國的乒乓球是不會翻身和稱雄世界乒壇的，所以甘當無名英雄同鏖戰世界體壇同樣可貴。常識告訴我們：知己知彼，方能百戰不殆。所以國術欲走向世界，必須先「窩里鬥」，失利者應甘心情願地為自己的同胞當陪練，並且相互學習，交流和促進，因為陪練的水平越高，就越促使對手不斷提高。

作為薌拳愛好者，應把訓練實作的目的放在迎接世界搏擊術挑戰的當務之急，授拳者在訓練實作時，還應派學生苦練散打和拳擊，並曉以大義，讓他們愉快地甘作高水平的模擬對手，而授拳者本身由於年齡多已偏高，亦應掌握散打技術，因為散打體現了國外搏擊術的許多特點和長處，授拳者如掌握了其技法，在訓練時就可以給學生當靶子，如果條件允許，還應選人學練泰拳和空手道。若是官方仍然在短期內不能解決針對民辦的打法問題，那我們就應從現在做起，從自我做起，盡赤子之責。

　　拳擊的發拳很快，傳統的接手不易奏效，散打的腿法突發性強，殺傷力大，若依深州老傳「見腿起虎撲」亦難奏效，這就使一些同道針對此類課題研究了一些對付的方法，其中不頗精到見解，然亦有違背薌拳原則之處，如一味跑跳負重以加大肺活量或見招破招等，還有的人以站樁的空形為薌拳標誌，其它技法一概照搬散打和拳擊的技法，這勢必會違背薌拳實作原則而入斜路。至於如何針對散打制訂訓練的方法，溫故而知新，我們不妨回憶一下薌齋先生的經歷，以便從中獲得啟益，其中薌老針對拳擊挑戰的事跡前文已述，在此僅以其同酷似散打或高於散打技法者的切磋為例。

　　杭州大擂前，各派高手無不加緊練功，除了苦練本門功法外，還把精力放在了解有名的高手擅長的招法上，並研究「克」的方法。其時，薌老在津訓練張占魁先生的弟子，並對原傳精華進行整理提高。賽前，薌老已把形意拳法老三拳行步起始的左右剪手推進為「六個勁」，道新先生經過兩個月的嚴格訓練，就由原先的「三個勁」上升為「六個勁」（參見心會掌第一式青龍出水），薌老根本不去教道新先生如何去破拆各派名手的絕招，而是以樁功和發力等原則嚴訓。隨即攜道新先生打擂一舉成功。

　　薌老以武會友，互為補益之事跡已有文介紹，便卻忽略了幾位硬手，如通臂拳大師郭長生先生，獨流太祖名手魏長海先生，梅花拳名家劉丕顯先生以及精拳擊、通臂的竇以鸞先生等。郭先生乃實戰通家，身輕如燕，臂如巨斧，所向無敵，魏先生上盤防護嚴密，拳發如閃電，攻守得法，劉先生腿法獨到，神出鬼沒，人稱神腿，竇先生拳法犀擊，尤懷失傳的善撲營抱摔絕藝。薌老同各位見手試藝，雖勝而取其長

，相交甚洽。各師皆有獨到，而薌老交手前並未一一研究破解之法，均以本能的發揮而獲勝。

竇以鸞先生同薌老比武之始，欲先虛刺，再攻以直拳、擺拳和勾拳之組合，如糾纏則以摔法神技擲之，然其手方虛出即知已敗，因薌老根本不招不架，而以頭閃電般閃迎旋轉，渾元力早將其抖起，複將其拉回，至今竇先生尚不明究竟。

拳擊名手同薌老試藝者亦眾，如姚、卜、張等拳擊家均敗而入門，試藝時，薌老有時抖起對手，有時掛撲對手，有時擊倒對手，杭賽後，上海錢莊一拳擊名手尋其試藝，此公拳發即回，步法極快，薌老輕削其臂，致使其全臂麻木而不能抬，此又是「斷其營衛」。（上海錢莊楊司帳目擊）。

杭州大賽之時，薌老任總裁判長，郭長生先生任副總裁判長，郭先生的弟子中有三位高手同薌老試藝而意義深遠。據薌老之甥趙佐堯先生目睹講述如下：一弟子擅劈擊，當其巨力劈向薌老時，薌老反螺旋力突發將其抖飛而出；又一弟子腿法嫻熟，突起側腿崩蹬，薌老第一次走出了磨擦步，（佐堯先生稱為揉搓步）側迎撞進，力未發對方已雙足離地。孫家樹先生樁功深厚，當其穩立樁法後，被薌老僅用食指捻起。

由上述讀者一定會受到啟益，在實作訓練時不離正軌。初學實作，可戴拳套，能起到一定的保護作用。平時亦應同練散打的拳友進行實作練習，因為他們觀念更新，務實進取，勇於實作，而且戰鬥力很強。如果當地有散打比賽，一定要積極參加，儘管按其規則互練和參賽不能全力發揮而影響名次，但卻能鍛煉臨敵心態，訓練實作時的距離感和時空感

等。只有在實作時才能提高的素質，這要求同其論武時必須明確目的，千萬不可計較勝負。但是切記：平時訓練須時時以薌拳原則為本，有了一定基礎後必須要徒手訓練，以求一觸即發之本能力。而授拳者和學練散打和拳擊的同伴亦應刻苦練功，實作訓練時認真陪練，共同為珍存中華民族文化遺產之精華而切實努力，並使之重振薌齋先生之拳魂，為第三次迎接世界搏壇之挑戰做出炎黃子孫應有的貢獻。

第十章　器　械

　　器械的發明和運用是我們中華民族的自豪和驕傲。在漫長的歷史時期裡，我國古代器械的發展可以分為石兵器、青銅兵器、鐵兵器和火器四個階段。早在五六十萬年以前，我們的祖先即已懂得用一塊石頭去敲碎另一塊石頭，從中選出適用於狩獵和勞動的工具。並能用石塊去砍斫修整木枝，這就製造出第一批石器和木器工具。恩格斯指出：「最古的工具究竟是些什麼東西呢？是打獵和捕魚的工具，而同時又是武器」。選自恩格斯《勞動在從猿到人種轉變過程中的作用》。因此，這第一批石器和木器（包括竹器），同時也是我國最早的石兵器和木兵器，據考察得知距今五六十萬年前的北京猿人，當時就能採集石英和砂岩（也有少量的燧石和水晶），經過初步加工後，製成帶有鋒緣或鋒尖的石器。到了舊石器時代晚期，祖先們在木棒頂端綁上加工過的石塊製成了石矛、石斧、標槍等，並且發明了遠程兵器——弓箭。「弓、弦、箭已經是複雜的工具，發明這些工具要有長期積累的經驗和較發達的智力，因而也要同時熟悉其它許多發明」。（選自恩格斯《勞動在從猿到人種轉變過程中的作用》）。由器械的產生和進步，就足以證明我們中華民族是世界上最勤勞智慧的民族。時至今日，我們華人的智慧與創造仍然在為人類的文明和進步起著巨大的作用。

　　經過橫亙數十萬年的歷史進程，我器械的發明和運用，創造了光輝燦爛的歷史。在世界兵器寶庫中占有重要地位，作為炎黃子孫很有必要進行系統的整理研究和繼承。可惜目

前我國武林界在這方面的研究仍然是個空白。限於篇幅和筆者的水平，只能略為淺談而已。

器械又稱兵器，乃自衛和戰事的根本工具，其在拳學中最偉大的貢獻是啟發了先哲們的靈悟，在長期的以械化拳，以槍為用，拳械過渡，拳械互補的實踐中，促進了拳技的發展和不斷向高深層次的探索與質變。從而為探索人體內在的機制機能提供了先決的條件，所以說沒有器械的創造和進步，就不會有拳技向高層次的發展，也就不會有薌拳的創立。

第一節　器械概論

器械的原義指兵器和機械兩種。兵器中主要有殳（後稱棍、棒），戈常同干並用，因此又用以代表戰爭，後改進為戟。矛又稱鏦、鋋、稍後改進為槍。戟又稱棘、鎚、實際是戈矛合一。斧又稱鈇、戚、楊。劍、鞭、鐧等主要兵器和未用於裝備軍隊的飛鉤、鑹、鑣、馬叉、鈀、狼憲等雜兵器以及遠射兵器弓箭和弩。除這些進攻類兵器外，還有甲胄和盾牌等防護用具。機械是指用於戰爭的軍事器材，包括戰車、戰船、銃、地雷、水雷、火球、火炮、火箭、雲梯和鹿角木、鐵蒺藜、絆索等障礙器材等。本文所述是指兵器和運用兵器的技術，以傳統習慣概稱為器械。

器械雖外形有異，然無非是桿棒狀和鋒刃狀兩種，故使用方法大同小異。並非如小說家所描繪的那樣複雜，諸如單雙、明暗、軟硬之分是門外漢之談，因所有軟兵器根本不能用於上陣，只能作為輔助，而所謂暗器亦非戰場和比武場所用。故真正實用器械只有常見的棍、刀、槍、劍等。

　　習練器械必須有拳學的基礎，拳學界自古有「拳成兵器就，莫專練刀槍」的說法。若於拳學的站椿、試力、發力的功夫根本茫然，則無論明暗，較硬和單雙都將使刃自傷。然若基本功夫嫻熟，空手即可置執械之對手敗傷。憶昔當年薌齋先生手持竹杖，亦能將執械的日本劍道高手日野、澤井等擊倒，就是證明。所以從某種意義上講，真傳的器械之用是渾元力的隔點發力，其實質是手足之延長。

　　我國的器械技術本為世界之冠，然自清末起卻外形突變，花樣繁多，至今已基本失傳。體育和武術界人士若是不信，可讓全國任何一位棍術冠軍、刀術冠軍以及所有的器械冠軍，同欒菊杰老師一試，筆者敢斷言，稍一對抗，欒老師的劍鋒就會擊中所有敢試者前胸。最為痛心的是現在大多數執著追求真藝的武迷，由於受影視和小說的影響，根本不知道什麼才是真正的器械。有人苦練九節鞭，有人研悟什麼一百單八槍和七十二路刀法，以期實用，殊不知上陣交鋒，一萬路也沒有用，騎馬相交，只是很短的機會，連項羽和呂布也只是刺、扎、砍幾下而已，至於竇爾墩的所謂虎頭鉤，也只能同影視中的黃天霸較量，在實際搏鬥中又笨又重，根本無法使用。而大錘絕招，無論是岳雲的擂鼓甕金錘，還是裴元慶的八棱梅花亮銀錘，只要用於交鋒，第一個作用就是先把自己的馬頭擊碎（當然，京劇中臉譜和器械造形等屬於國粹藝術，是需保留發揚的民族寶貴文化遺產的重要部分，而其它戲劇、曲藝和評書的誇張描繪，也是能豐富人民群眾文化生活的藝術，皆無可非議，筆者僅指拳學而論）。

第二節　常用器械簡介

自古上陣交鋒，非真傳不能殺敵自禦，拳和器械都是如此。而現今的一些熱門器械，如纏自己脖子再鬆開滿地翻滾的九節鞭，在手指上自轉的峨嵋刺和子母鴛鴦鉞，金頂娃娃槊以及血滴子之類純係外行人偽造，實搏根本無用。縱觀戰爭史和武術史，陣前所用器械只有殳、戈、矛、刀、斧、劍、鞭、鐧和弓箭。而且各種器械雖各有所長，然槍可以化棒，棒可以代槍，刀可以作劍刺，劍可以代刀劈，只要拳學基本功深厚，實作經驗豐富，均可將各種器械練而熟之於心，隨心所欲而用。

各種器械的外形不同，技法上亦形成主要風格。如槍扎一線、棍掃一片，但發力要領都是集於一點。又如刀如猛虎，劍似飛鳳，槍如游龍，棍似旋風等，雖描述了各種器械的主要特點，但其身法、步法根本功夫的運用的是一致的。

初學器械會感覺到豐富多彩，眼花瞭亂，希透過其表面現象而得到其實質，依實用之主要技法而練，且莫為其表象所惑。有些技法是相同的，但只是因其形狀和空間變化而派生了不同說法。如槍之用，裡為拿，外為靠；戟之用本同於槍，但因端多兩刃，才又多了攢拉和貼靠的技法，也是裡為貼，外為靠；又如刀劍之用，本無大異，然劍之用，扁為刺，直為扎；刀之用，刀刃向外為展，刀刃向裡為抹；單劈為砍，雙手握砍則改稱為劈。這樣分析雖然詳細豐富，但於習者反增繁複之感，若從實戰角度而論，這一方面反不如源於我國的日本刀法。日本國的倭刀和劈劍極具威力，但其刀劍

不分（形狀不分）。明於此，希望初習器械者不要為繁雜的動作所惑，更不要為名詞所迷，諸如：吳王試劍切玉磚，洞賓舉火來燒天之類，那是文學家研究的事，至於什麼怪蟒翻身，白蛇吐信，更不要理喻，馬驥良先生說：「白蛇吐信，黑蛇也吐信，花蛇也吐信，學拳你管他什麼蛇吐信，只學實用即可！」王薌齋先生於器械之練用亦有精闢之論：「若能獲得拳中之真理，對各項力之功能，節段面積之曲折，長短斜正之虛實，三段九節之功用，路線高低之方向，接觸時間之火候，能意領神會，則勿論刀槍劍棍種種兵器，稍加指點俱無不精。即偶遇從無見聞之兵器，且執於使用該兵器專家之手，彼亦不敵。如則，譬如工程師比小爐匠，醫博士比護士，根本無比例之可擬也。」望初學器械者應以基本功夫為要。只尋求其實用之法，以綱帶目，其它則可互為貫通。下面將幾種主要器械作一簡介，以供讀者了解和參考之用。

一、棍

　　棍是一種打擊型兵器，早期稱殳，是一種八棱形的堅實粗木棒，長度一般為一丈二尺左右。據史籍記載，自商代戰爭中已大量使用。《尚書・武成》上有血流漂桿等記載。現在河南安陽殷墟中已出土過商代殳的實物。在實踐中棍的製造和使用技術不斷發展，至明朝仍為軍隊中主要的實戰武器。《武經總要》中圖列了七種棍棒形制，棍首大多帶刃或包鐵，殺傷威力大大增強。棍術發展至今，仍是習武者的重要器械，因其取材方便，低廉實用，可以以槍代棍，以棍為槍，如遇不測隨時可尋使用，或遠出可當擔挑之物，又無凶器之嫌，所以現在的習武者應練此技，以備實用。因棍棒是祖

先們最早的工具和武器，所以棍有百兵之祖之說。

棍的用法最為樸實無華，威猛無比。術語中有年拳、月棍、日日槍之說。可知欲得心應手亦需下一定功夫，其用法無論何家拳派，皆不出掄、掃、截、蓋、戳之五字總綱。

二、槍

槍是實戰中最重要的刺殺長兵器，自古名將使用此兵器者居多，所以有槍為百兵之王或器械之王之說。

槍的前身為矛，主要由身、骹兩大部分構成。矛身有一鋒一刃，兩刃中線部較厚稱脊，脊兩旁多開血槽，刺殺入人體後用來出血進氣。脊延成稱為骹，骹中空，略呈圓錐形，用以扦柲。柲端多有裝飾，稱為鐓。據《荀子‧議兵篇》記載：「矛，慘如蜂蠆。」可見其實用與鋒利。在實戰中，矛的外形不斷變化，長度縮短，重量減輕，前鋒也更加銳利，逐漸演變為槍。據《武備志》記載，在明朝已有二十餘種形狀。由於槍一直是裝備軍隊的重要武器，所以其槍法非常豐富，有關槍的著述和套路也很多。但不論何家拳派都是以十字為綱，即：拿、攔、崩、挑、扎、提、沉、封、搖、壓。

三、刀

《釋名》上曰：「刀，到也。以斬伐到其所乃擊之也。」刀是最實用的砍殺武器，術語中有刀走黑，劍走輕之說。自漢初始，隨著車戰的衰落，騎兵已成為戰爭的主要建制，其裝備也由刀逐漸取代了長劍。自漢而後，刀一直是戰爭中的主要武器，至三國時期，刀已完全取代劍而成為軍隊製兵器，而且技術更為精良。據《太平御覽‧蒲元傳》記載，蜀相

諸葛亮命令蒲元一次在斜谷就造刀三千口，其淬火技術也十分先進。直至清代，刀一直是軍隊中的主要武器，所以有刀為百兵之母或百兵之帥之說。時至今日刀仍然裝備著部隊，如騎兵的馬刀，步兵的刺刀，偵察兵的匕首等。由於長期的實用，使其鍛造技術日漸提高和豐富。然當今習武者除表演而用的不鏽鋼薄片外，多不持此器械，其原因是其形狀不雅，且有凶器之嫌。刀之用法無論何家拳派均以劈、砍、剁、扎、掃五字為綱。

四、斧

　　斧為武術中最早的劈砍兵器，遠在新石器時代，祖先們就用石塊經過精心的磨打，製成石斧。這種石斧在西安半坡、齊齊哈爾昂昂溪等地多有出土。

　　斧很早就用於軍隊中的作戰。三國時期，諸葛亮就曾親自督造了一百把質量很高，十分鋒利的戰斧，用來裝備軍隊。並在《作斧教》中告誡將士：「戰斧，非小事也，若臨敵敗人軍事也」。然固其不如矛、劍、刀等其它兵器易變化，在戰爭中的作用日漸減少，後只用於城池攻守和水戰中，劈砍敵方器械或斬截帆纜，後來多用於權威的象徵，借以顯示權力和身份。如今習武者亦少練用，然其卻極實用，隨身可帶，不僅能防身，而且可砍柴劈骨，其用法是劈、抽、剁、戳、推五字為綱。

五、劍

　　劍分三刃，即鋒尖和左右刃口。乃習武者最為喜愛之器械。其構造一般由身和莖兩部分構成。劍身中線突起者稱脊

，脊兩側成坡狀稱從，從外的刃稱鍔，劍身前端稱鋒。劍莖即劍把，有圓形和扁形兩種。莖端稱首，莖和身之間有護手的稱格，劍可佩帶又可手持。

漢代以前，劍一直是戰場上的主要兵器，從而促進了我國熱處理工藝的高度發展。歷史上曾湧現出歐冶子、風胡子、干將、莫邪等能工巧匠。對陸續出土的一批古劍考查和分析鑒定得知，當時的劍主要為錫青銅鑄造並含有大量的鉛和微量的鎳，全劍保存完好，刃部仍很鋒利，充分顯示了古人的智慧。這批劍是貨真價實的稀世珍寶。

由於劍在戰場上的重要作用，促進了其製作工藝，同時也提高和豐富了其實戰技術。又因其製作精良，劍法飄逸，很早就被奉為文雅裝飾之物，故自古女子多喜習之。儒生學子出遊亦以琴劍為伴，並留有「萬里長空明月夜，劍光閃閃似銀龍。」的佳句傳世。

自東漢末年，由於刀的普遍使用，劍逐漸結束了作為軍隊中標準武器的歷史命運。隨著歷史的進程，劍的作用只剩下四個方面。

第一，佩帶，平時佩帶以顯示身份，戰時佩帶作為殺敵防身的短兵器。

第二，裝飾，無論是官員或民間的習武者都喜於室內懸劍，或附庸風雅，或鎮宅驅邪。其實，劍體輕且狹長，實用威力本不如份量較重、刃背較厚的單面刃口刀。其備受青睞的原因是由於儒士多佩帶而相沿成風氣，又因中國人最崇尚祥和，室內佈置也能體現出來。同是兵器，室內可以高懸寶劍，若是掛狼牙棒則被視為不雅。

第三，表演，由於劍在器械中的地位，致使很早就有了

劍舞，或彈劍高吟，或醉後起舞。這就是武術中劍的套路最為龐雜的原因，從而導致了劍的實用性的最早失傳。

第四，法器，劍的命運後來竟成為鎮惡除邪的萬能神符，蒙上了厚厚的迷信外衣，從而出現並廣為流傳著很多關於它的荒誕離奇的故事。

歷史的沿革和變遷，使劍的興衰史頗令人回味和反思。但劍畢竟是「百兵之仙」，所以其真實技法一直在民間輾轉相傳，並且不斷提高和發展。「練好寶劍，不離脖腕。」由此術語可以領會用劍的訣要。劍之用法，各家拳派皆遵「劈、刺、撩、點、崩、雲、截、抹」，的八字總綱。

第三節　器械之習練

習練器械須有精熟的拳術基礎，如拳術精深者學器械則如畫龍點睛，然亦需一練。筆者曾多次去薌齋先生的故里考查，村中父老都證實他常於村邊的小樹林中練槍，因用功刻苦，遂使一棵樹的樹皮因他常練滑桿而脫落。又據張恩桐先生說，當年澤井健一同薌齋先生比拳慘敗後，從學中國拳法，間或同薌齋先生的一些弟子試拳亦遭失敗，但若比器械，有些弟子以蠟桿對其竹劍竟不能勝（後經薌齋先生指導才擊敗澤井）。故澤井自以為器械高超，又提出同薌齋先生一試，被薌齋先生輕揮手杖擊出。由此可知，「莫專習練刀槍」，不是不練刀槍。「稍加指點俱無不精，」亦非不用指點。筆者因經馬驥良、張恩桐、趙道新、正文諸先生指教，對器械才略有所知，茲就以劍和槍為代表，將其基本練法作一簡介：

劍和槍的練法皆同於徒手實作的功法與原則（以下從略）

。二者為主要之兵器，通此二械後，其它棍、刀等器械則無須專練。若按外形區分，劍為短器械，槍為長器械。但薌齋先生說過：「功夫精深者無所謂長短，長者不長，短者亦不短。」其基本持握原則為槍需貼身，劍需高舉。真傳大槍的標準多為七尺，劍的尺寸則為三尺，故如遵槍不離身，劍由雙臂探出的原則而論，其距離則是相等的。器械大部分為三節，梢節直刺，中節帶轉，根節由整體力帶動為催。

一、劍

劍體的各部名稱，前文已經提到，薌拳中因習慣又有專門術語，亦介紹一下，意在方便習者的交流和研習。

劍為劍身和劍把兩個部位，劍把末端稱劍督，劍把稱劍柄，護手也稱哈蟆口。劍身兩端稱為劍根和劍尖，中間突起部位為脊，劍鞘也稱劍匣。實用劍一般不帶穗子，從俗裝飾也可繫穗，實戰中除無識中偶掃對方眼睛外無任何作用，劍穗子稱為劍袍。實用劍應專門打造，因市場上所售無一能用於實戰。打造時應保證劍的硬度和彈性，劍根處必須厚一些，因此處多用於接點及迎撞對方兵器。

劍的基本練習：實戰器械為了渾元力的運用，拋棄了一切虛晃假套之動作，並且皆為雙手持劍。無雙刀、雙戟等出尖破體之局部練法。劍雖然有單手、雙手持法之別，但以雙握為主。一般極少單手持握，即使有單握練法亦為雙手配合的整體而動，其要領同雙持異曲同工，無需分開而論。

習劍的基本功也為站樁，練習的原則皆同前文所述樁法，因是持械，保持三窩放鬆和呼吸平穩相對比徒手就困難一些，尤其是執械進退攻守若保持樁則更為不易，故初學者需

時時注意桩的原則，並從站桩入門。劍桩主要有雙持，金雞
、單持和行走等式，要領和托嬰、金雞等桩皆同（圖259雙手
持劍桩）。（圖260金雞持劍桩）。（圖261單手持劍桩）。（
圖262行走執劍桩）。

圖259　雙手持劍桩

圖260　金雞持劍桩

圖261　單手持劍桩

圖262　行走持劍桩

待劍樁有了基礎，應以試力法作劍法訓練，如刺劍即勾挫試力的要領，其它閃斬，劈拿等法，亦為各試力的執械應用，所以習者開始應緩緩體會。各名稱只是為方便初學者領會而已。各種劍法都是實作時的空間發力形式，如用劍由中線向自身側後橫削旋震為崩，可在守中用中的原則下震飛對手擊來之械，而劍尖同時也掃刺對手，若對手未傷或械未出手，應本能整體前撞，以劍擦滑其械而進。由中線向左外側撞為截；持劍斜劈為斬；整體前撞發力為刺；由下向斜上方封迎為提；橫向發力為抹；橫掃為抽；對方欺進而運劍不及以劍把點擊對手面門為戳。簡言之，所有劍法均應隨機而動，遵循前章中所述各項原則的要求。基本劍法：劈（圖263）、斬（圖264）、提（圖265）、崩（圖266）、刺（圖267）、掄（圖268）、挑（圖269）、截（圖270）、抹（圖271）、推（圖272）、戳（圖273）、抽（圖274）、撩（圖275）。

圖263 劈

圖264 斬

圖265 提

圖266 崩

圖267 刺

圖268 掄

圖269 挑

圖270 截

圖271 抹

圖272 推

圖273 戳

圖274 抽

圖275 撩

習練器械，亦應由約而博，由博返約。待各種劍法熟練後，就應進行萬法歸一的訓練，即以托嬰樁式進行整體搖旋，實作時以此法對敵，應感而發。橫轉為搖，豎轉為旋（圖276劈劍試力）。（圖277搖劍）。（圖278旋劍）。

圖276 劈劍試力

圖277 搖劍

圖278 旋劍

實作時還要嫻熟騰挪要訣。騰挪，一指以身帶械，步法為先，二指接點之法。無論拳械，發生接觸即應本能運用，剎那間接點部位位移旋震，其動簡促異常，遠非定點擦點可比，對手會產生受擊、牽掛、旋擰、受控等各種無法名狀的感覺，尤其會產生脫點的錯覺而又無可奈何，但騰挪只是一瞬間的事，對手稍一愣神，即將其擊出，騰挪的實質是整體渾元力的空靈餘震。

二、槍

薌拳的槍法本源於深州原傳（乃安國張樹德老先生親授於薌齋先生），薌齋先生在長期的實踐中又將其進行了改進和提高，如劈槍之法，其原傳練法即現在世上廣為流傳的所謂十二形套路中的龍形。原傳龍形是劈槍法的基本用法，如以三體式起式變為龍形落式即劈槍練法。實作中如對手執械擊來，可以以身帶槍向自身中線側下方劈砸，若將對手之械震落即可前刺，若對手之械未落可以在起身的同時執械滑對手械身而進，突發橫拳（即執械橫向發力）。以槍身將對手斜擊而出。因傳統拳法重心多低，是以劈刺之法有身略前俯，幾近全蹲的身法，其法是實用的。但如今大多習武者，多能借取拳擊和散打的高立勢，動作相對變快，故薌齋先生已於30年代將劈槍法改進為直接向對手側方突然作弧形運動，就無需俯身了。

槍為長兵器之代表，如能精熟槍法，其它長兵器就會融匯貫通。槍法的練習亦應從站樁入門，其站法要則皆同托嬰樁，由於槍較劍要長，欲保持樁功原則就更為困難，故習者必須重視槍樁的訓練（圖279托槍樁）。

槍的基本練法為搖顫法，類似徒手訓練的單操手，其目

圖279 托槍桩

圖280 搖顫法1

圖281 搖顫法2

圖282 搖顫法3

的在於熟悉槍的性能和變化等。練法前手鬆握槍桿，後手隨身而動，身體大變面，以身帶槍，連貫作滾、壓、抽、擰、鑽、擦、刺的動作，前刺之時，雙手同時搖、旋、顫、抖、槍尖呈大圓弧上下左右轉動和抖顫，以頭領身，以身帶劈，

一氣呵成（圖280、281、282搖顫法）。習練器械亦應由慢而快，並且須有臨敵意識，如抽槍法是初學者應急而用，若與老手對陣時將槍刺空，對手會乘勢欺近，欲換勢來不及，可迅速用後手抽槍，前手正好握住槍桿前端，可代匕首而用（圖283‧抽槍）。其它槍法亦應心存對搏之意，常用基本槍法：（圖284橫崩）。（圖285劈拿）。（圖286截挑）。（圖287滑扎）。（圖288攔提）。（圖289撤封）。（圖290挑刺）。

　　各種槍法的訓練，開始的動作可以大一些，以求舒展，而後逐漸緊湊，熟練之後亦應歸於大動不如小動，不動之動的生生不已的試力練法，若是以前練過器械或基本功夫較深者，則可在站槍樁後直接練習法試力。

　　槍法試力的練法是將托槍樁變為執槍式。薌拳的執槍法與通常所見的各派執槍法有所不同，各家拳派的持槍法多是前手五指皆握槍桿，後把留尺許槍桿，置於腰後側部，原傳的形意槍法也是將執槍的後手置於後腰處的。薌齋先生將其

圖283　抽槍

圖284　橫崩

圖285 劈拿

圖286 截挑

圖287 滑扎

圖288 攔提

圖289 撤封

圖290 挑刺

改進為前手不攥死把，手心朝斜上方，拇指貼住槍身，以防止對手順槍桿滑入時傷手，後把貼於腹側，這樣就會因無槍把鑽的障礙使肩胯更加自如靈活，亦利於整體力的運用（圖291執槍法）。

圖291 執槍法

器械的執法與其它拳派有異，站法也有不同，一般若無特殊情況其站法是不允許盲目亂動的，更不允許有竄躍失重等破體動作。持劍的站法是右腳在前，持槍的站法是左腳在前。雙臂的原則是槍不離身，劍不貼身。

槍法試力和運用初習可舒展一些，槍可稍有離身，但稍有基礎後就應以身帶槍，絕不允許有槍離身動作（後抽之法只為初學者應急而設，功深後根本不會出現對手撞進之可能），其技法都是由脊柱帶肩胯及身體各部而動，槍尖始終不離對手中線，外形比劍更小，內藏劈、崩、鑽、裹、拿、橫等多種試力，如劈槍即波浪試力（圖292、293劈槍試力）。切勿心存招法，更不許有架、撥等絕對片面之力，整體而動，人槍合一，方謂真正掌握了器械。

平時對練，需相視如敵，不可虛應招架，但需把器械鋒刃處包上或去掉，無法去掉可以用膠皮製成器械形狀代替。條件許可，可佩帶刺殺護具。保護性措施亦非舶來之品，我國武林久已使用防護用具，如《水滸傳》中的楊志和周謹的比武即是，所不同的是不能限制本能，尤其不能束縛雙手。

在基本功法熟練後，應繼續深入，其練法形簡而意繁，

圖292　劈槍試力　　　　　　　圖293　劈槍試力

以少而精為原則。無論習練何種器械，均應以螺旋力為主，人械合一作弧形運動，械端應在指中入中的原則下不停畫圈，其圈有橫圈、豎圈、斜圈等。初為大圈，漸改為小圈，後為無形和無規則之圈。功成後，於實作攻守則可隨機而動（圖294人槍合一）。

圖294　人槍合一

其它器械練用之法皆同劍、槍的原則，亦應因勢而發，因個人習慣而動，望萬勿教條而誤成招法。茲將常用器械主要用法簡述如下：

（1）刀：雙手持刀，右手在前，左手在後，以圈步繞上，直

劈、斜劈、反劈、平劈、撩劈。

（2）槍：圈步而上，左手在前，右手在後，左手半把掐槍，滑刺、直刺，力貫槍尖。

蛇步行而上，槍畫螺旋而刺胸部挑腹。

（3）匕首：匕首為百兵之暗器，為防身和遇敵之備。一、反圈步上，反挑刺、直刺、平刺。二、用蛇形步上，捯刺、平刺、直刺。唯有匕首術能配合穿襠腳。

（4）劍：一、圈步而上，右手在前，左手在後，右手反握，劈頭、反抽、撩腕、刺喉。二、蛇形步而上，劍尖旋轉，刺喉，撩腕、反抽、直劈。

第十一章　健　舞　入　門

　　武學乃高深之藝術，藝術必然有表演和欣賞之價值，公孫大娘的劍舞及祖逖的聞雞起舞就一直傳為佳話。

　　薌拳表演的特點完全是習拳者個人德藝的自然體現，絕不許造作。人世間最寶貴的事物是自然，園林設計建造得雖然很美，卻無一處能同桂林的自然景色相比。各種扇子在炎夏酷暑之時，都能發揮一定的消暑作用，但是，即使是電扇和空調，其作用也不如樹蔭下刮來的一陣涼風令人感到愜意，薌拳的功法和實用都以自然為宗，表演也是如此。

　　薌拳的功法很豐富，如果以站樁為起式，把各種試力和發力的動作依次連接，把各種單操和步法安排成順序，會編出很多不同風格的套路，可這樣就失去了自然和本能，故學者表演時，可以隨意發揮，一任自然。筆者曾觀看過許多前輩的表演，他們人人各異，遍遍不同，然皆神采奕奕，瀟灑自如，意氣飛揚，連不懂武術的人都為之傾倒，認為是藝術的莫大享受。

　　健舞是習者怡志抒情和用於表演的獨特功法，筆者早年曾有幸瞻觀過薌齋先生在中山公園練此舞蹈，至今心慕神追，嘆為觀止。薌齋先生在指導練舞的詩詞中指出：「身動揮浪舞，意力水面行，游龍白鶴戰，含笑似蛇驚，肌肉含動力，神存骨起棱，風雲吐華月，豪氣貫日虹」。他在另一首詩詞中又指導說：「精貧出豪舉，得聞慷慨聲，大氣倉寰宇，揮浪卷溯風，吳鉤運起吞長虹，發聲喊，海洋谷應。舞龍象，飛似梨花影。賦長歌，整備山河定，七尺軀，任縱橫，渾一

似山崩潮湧，頓開金鎖走蛟龍，打破藩籬舞。」讀者可以從這兩首詩詞中體會到其神韻與豪情，而且在練習時要保持整體而動的原則，使每個動作「肌肉含動力，神存骨起棱」。

健舞乃薌齋先生早年學自於淮南黃慕樵先生，後又對其進行了整理加工，溶進了薌拳中勁力和「大遊走」等功法，使之更加優美和實用。

1984年仲秋，筆者在河北省武協主席南僕先生家中幸遇正文先生，當其論拳談到薌齋先生於1955年在滴水檐向他示範傳授健舞時，便求賜教，正文先生當即演練相授並闡釋其中奧蘊。因其來去匆匆，事務繁忙，至今未能再向其請益，又因自身智識不足，故於此舞之習亦只是入門而已，現將正文先生所授零散回憶如下，以饗讀者。

健舞之入門功法主要有揮浪、游龍、白鶴及驚蛇四種，其練習無需安排順序，均系自然發揮。習時應以意引形，把內在精神氣質表現貫穿於動作之始終。其動須鬆靜自如，筋骨含力，在抒情怡志的同時，萬勿失去拳法原則。習時之意力首要如風中旗、浪中魚，此喻非僅指意境，亦為薌拳中重要之功法。

所謂風中旗，乃指整體隨機隨勢之本能變化，譬如風中之旗，其動其勢皆由風而是應，一任自然。而整體之動，則脊柱如杆，雙臂如旗，旗之動，均為旗杆所帶之。浪中魚須先使身如魚之動，水中之魚，有時視之不動，然若欲捉或以物投之，其必迅速驚游反側而應。而浪中之魚，其動多逆水而上，故動步須如逆行水面。魚之體，前端呈三角形態，乃為破水而進之科學生理狀態，船、艦即仿其形而造，故人之作拳間架，亦需柔韌有力，雙肩、雙肘等部位須相爭前指，

意念中形成兩條直線在前方交叉為一點，同軀幹形成三角之形，雙手之食指也應斜向前指，意念中形成兩條線交叉於一點。各種動作均應保持此狀態，高低縱橫，左右行進，如魚之起伏於水面，晃動游進於逆流之中。

健舞之具體練法實無法以筆墨盡述，只能略談其意境而已。

1.揮浪。月明風清，空曠靜寂之群山環抱之中，有一潭清水，微風徐徐，吹皺水面，碧波粼粼。自身立於水中，凝神定慮，緩緩而行，雙臂輕揮，潭水隨之蕩起陣陣漣漪。山風驟起，潭水浪湧，自身步法加快，追波逐浪，雙臂由輕揮變為逆。

2.游龍。藍天下洶湧澎湃之大海，自身如蛟龍，舞動雙爪，或長吟，或挾電，或升或潛，或出水掀起滔天巨浪，或挾電舞於空中。此舞之騰空與鶴之飛起，萬勿以腿帶身，憋氣而蹦，而是以身帶下肢而騰，真義乃為螺旋力之突發。

3.驚蛇。荒草叢生，野徑蜿蜒，自身如蛇受驚，忽左忽右，曲折而奔，疾行如利箭之離弦，驟停如奔馬之猛勒，疾行有顧閃之勢，閃避存襲敵之心。

4.白鶴。綠草如茵之原野上，一群仙鶴潺潺溪水旁覓食、嬉戲，輕靈而嫻靜，自身如鶴，或飛或落，或立或鬥，或振翅，或斜翔，悠然陶然，其樂融融，其趣濃濃。此舞之振翅，須以身帶臂作出反8字形之螺旋，雙臂亦應呈雲朵形之旋轉。（圖295、296、297、298、299、300、301、302、303揮浪）；（圖304、305、306、307、308、309、310、311、312游龍）。（圖313、314、315、316、317、318、319驚蛇）。（圖、320、321、322、323、324、325、326、327、328、329、330、331、332白鶴）。

圖295 揮浪

圖296 揮浪

圖297 揮浪

圖298 揮浪

圖299 揮浪

圖300 揮浪

圖301 揮浪

圖302 揮浪

圖303 揮浪

圖304 遊龍

圖305 遊龍

圖306 遊龍

圖307 遊龍

圖308 遊龍

圖309 遊龍

圖310 遊龍

圖311 遊龍

圖312 遊龍

圖313 驚蛇

圖314 驚蛇

圖315 驚蛇

圖316 驚蛇

圖317 驚蛇

圖318 驚蛇

圖319 驚蛇

圖320 白鶴

圖321 白鶴

圖322 白鶴

圖323 白鶴

圖324 白鶴

圖325 白鶴

圖326 白鶴

圖327 白鶴

圖328 白鶴

圖329 白鶴

圖330 白鶴

圖331 白鶴

圖332 白鶴

第十二章　拳　學　犀　照

在以上各章節，筆者不揣淺陋，將自己近三十年學習、探討以及實踐應用的基本功法貢獻給了讀者，拙作至此本應畫上句號，但因世之流傳的介紹薌拳之文多對核心功法秘而不宣，或是隔靴搔癢及猜測之語，深恐讀者於此不明而入岐途，所以又增此一章，意在使讀者對津梁之道有更加深入的了解。筆者經多年實踐體認到，習拳如具天賦、恒專的條件後，步入拳道之門的最重要的條件當屬真傳。所謂悟性乃指對歷代前輩的心得的正確體認和真正理解，真傳即津梁之意，若無渡口和橋舟是根本無法過河的，「棄筏」之說也只是夢囈而已。

第一節　整體力形成之步驟

求取渾元力的根本方法是站樁，所以說整體力形成的步驟就是站樁不同階段的目的和要領，茲將其主要進境的原則要領概述如下。

一、獨立守神

此階段為養生樁階段，其目的是在相對靜止的情況下放鬆精神和形體，同時培養正確的基本間架。由於人類的後天行為的局部適應性，就無意識地破壞了先天的樸素平衡（渾元），為了加強從事生活、生產的適應性，人們逐漸養成了後天的習慣動作和習慣用力，其主要為肌肉的局部伸縮和緊張

以及胸部用力（橫膈肌發緊）。若從純生產技能而論，似乎是人類的進步，然而若是從人類根本的利害關係而論，人體加強局部的適應性，熟練掌握各種生產技術、技能，實際是造成了內在體質的不平衡。這在人體機能老化時就逐漸顯示出來，因此各種勞作和體育項目中的憋氣和加強局部肌肉運動能力的方法是有害的。

克服拙力的習慣和恢復整體連通性的根本功法只有站樁。站樁的第一步就是獨立守神。在精神鬆靜集中的狀態下訓練並達到形體的放鬆，同時練習合理的基本間架。這就是「斂神聽微雨」和鬆靜自然等要領的目的。似坐非坐、似尿非尿等意念是為了誘導胸腹部的放鬆，似笑非笑的意念是為了面部的放鬆，其它意念都是為克服拙力和放鬆形體而設。明於此，初學站樁即可以試力，只是要求試力必須全身放鬆和符合基本間架的要求而已。所以說有什麼階段的樁的要求，就有什麼樣的試力要求。

如果一味放鬆就散了架，那還不如去睡覺。所以第一階段的樁功還要求「頭直目正，身正體端」以及身體各部的內在安排必須正確。如此則使學者在掌握及鍛煉樁功時，不斷強化合理的間架結構，可自然而然地收到祛病強身之效。在此階段首要解決的是雙肩和胸部的放鬆及身體各部合理的間架結構，並使之逐漸養成本能。正文先生概括說：「從來作拳遠離身，由此失去整體真，未曾深入先建構，四肢百骸平行尋。」

二、改造生理

此階段是獨立守神的深入，其要旨皆依基本樁為本，在

弄清「僵、鬆、緊、懈」的概念後，就可以進行「緊」的訓練。因為大多數習者極易混淆緊與僵的概念，所以多於此項訓練不利或從未進行過此項訓練，更有人因片面追求鬆而不敢稍微發緊，現在為數不少的習者為使下肢放鬆而使雙腿直立失去鈍三角的原則，使下肢「斷勁兒」。為了使讀者明了其中真義，特附趙道新、姚宗勛二位先生的珍照於此，以便揣摩（圖333．趙道新先生拳照——童子掛畫）（圖334．姚宗勛先生拳照——技擊樁）。

圖333 趙道新先生拳照-童子掛畫

圖334 姚宗勛先生拳照-技擊樁

改造生理主要需解決兩個主要課題——矯正脊柱彎曲及整體的連結放長，即鬆狀態下的緊。

脊柱乃人體之中樞，其重要性是人人皆知的。人的運動主要由脊柱帶動，人體之渾元力亦主要源於此。自然界中的脊椎動物的脊柱都是平直或後繃的，人類之嬰幼兒時期亦是如此。改造生理的重要目的是「返嬰尋天籟」，所以首要解決脊柱返先天的課題，即解決脊柱的S形曲線和使之放長。人類

進化為直立行走的高級動物後，脊柱逐漸隨著年齡增長和勞作而形成S形的曲線狀態，這種狀態已大異於嬰幼兒時期，常年負重者的S形狀態尤重。這種後天狀態利於負重，但是失去了本能，失去了彈性，所以矯正其曲線才能真正達到返先天，返嬰兒之體，才能具備獲得整體力的基本條件。

矯正脊柱彎曲和拉拔脊柱的重要性在前輩中已有覺察和體悟，但其認識是經驗的、模糊的，練功也是低效的，如含胸拔背和頂頭懸、尾閭下沈等拳諺都能產生一定的效果。原傳形意、八卦兩家拳派的要領和目的最為顯見，其中當數李振清的「九訣圖」和肖海波的「中指拔綱十二柔」及郭雲深「身如背鍋嬰孩似」等先夫子之心得最為獨到，解老的「龜背鶴身」之要求亦為至要之論。薌齋先生則更加明確地要求「腰脊骨垂線成」。從而把矯正脊柱S型彎曲的核心功法披露於世。弄清這個問題後，習者就會明白「頭如線牽」、「馬拉車」「爬牆觀物」和「尾閭中正」以及「胸窩含蓄」等意念及要領的目的。

第二個目的是整體的連結放長。脊柱的對拉之勢自然帶動了腰背肌和胸腹肌的同時放長，同時再加上肩撐肘橫，雙膝撐拔等各部要求就會使整體肌肉群連結後向六面放長漲大。習者在明白這兩個目的後也就會明白「頭頂天，腳踩地」和「懷中之球漲大」等各種意念的效果和目的，在站樁時就不會胡思亂想，不斷地用意念返視自身各部，如有的形體部分和意念有誤，就能及時糾正。如此訓練，比單純的放鬆要累的多，所以筆者在教習中常遇到學生發問：「這樣是否會有違舒適得力的原則？」這種疑問帶有普遍性，是因一些介紹站樁的文章不詳造成的。所謂舒適得力亦應正確理解。舒

適不是目的，是為了得力，得力相對來說是困難一些，而欲得力卻不能憋氣身僵，不能違背舒適的原則。如果是在全身皆鬆的狀態下站樁，三窩放鬆還較易掌握，但是要進行整體連結放長的訓練三窩就不容易鬆了，而且極易發僵，術語稱作殘餘拙力。殘餘拙力會產生很大的反作用力，即不舒適也不得力。

舒適得力也是相對舉石鎖、拍樹砸磚、插綠豆及習套路等功法而言，武林中有一些拳也聲稱以樁為基，但多是以拼體力、熬耐力為目的站法。如有的站大馬步樁時還要在腿上、頭上和雙手上放、頂、托盛滿水的碗，此類功法無不皮肉受損，耗神傷元，氣喘吁吁，即不舒適，亦無法練就自然之力。

三、把握陰陽

根據歷史上前輩們的經驗，整體的連結放長是進境中最重要最困難的階段。首先遇到的難題是：在進行此階段訓練時極易憋氣，若一味盲修苦練，會發生注血傷身的惡果。所以只能在心靜氣平的前提下慢慢體會和鍛煉，但是這樣練功又延長了練功的時日。薌齋先生在傳授弟子時，對此階段極為憂慮，即要考慮學者的進度，又要兼顧其健身的目的，所以釋疑明理，不厭其煩，並經常弟子們在自己身上各部位逐一摸著體認。即使如此，因各人的天資不同，進境也不相同，如趙道新先生僅半年的時間就奠定了深厚的拳學基礎，張恩桐、卜恩富、韓星橋、趙逢堯、張長信等先生亦得斯學之妙，姚宗勛先生則僅習拳兩年就代師比武而稱譽武林。但亦有進境較慢者，更有十數年苦習只能養生者。豐富的實踐使

薌齋先生終於總結出了「把握陰陽」的功法，就是以中醫學《素問篇》的理論為依據，把人體分為兩個部分。即整體的一分為二。

人體胸腹為陰，四肢內側也為陰，腰背為陽，四肢外側也為陽，先將人體分為陰陽兩個整面，胸腹和四肢內側為陰面，腰背和四肢外側為陽面。（動物中的刺蝟、青蛙、虎豹等陰陽面之分最為明顯，刺蝟有刺部位為陽面，無刺部位為陰面，虎豹和青蛙白色的部位為陰面，其它部位為陽面）。把握陰陽就是使整體做到陰鬆陽緊。

具體練法是以養生樁為基，先矯正脊柱，身如背鍋，胸腹後靠，如貼在後背上，頭直目正，豎頂，尾閭下沈或如固定在一個位置上。十指撐開，食指前指，肩撐肘橫，收胯斂臀（用手摸臀部能感覺到明顯的收縮緊張）。足趾抓地，足心涵空，雙膝撐拔。此樁內在要求：脊柱形成後繃和上下爭拉之勢，上肢以肘為點，如固定空間，食指前指和身後靠形成對拉之勢，下肢以膝為點，足下踩，後胯後坐形成對拉之勢。此樁要注意的事項主要是三窩和陰面的放鬆，意念中返視自身，想像自己和青蛙一樣，凡是白色部分（陰面）徹底放鬆，而綠色的部分（陽面）連結成一個整面，六面拉伸放長。凡陰面（可先鬆胸腹）一律放鬆，凡陽面一律放長拉緊。上肢撐抱應以肘來找圓。下肢對拉後應將體重偏放於雙足前掌。但後腳跟不許離地。試力等功法亦遵此原則。切切注意，拉長訓練是在放鬆的前提下進行，尤其是三窩的放鬆更是重要。

改造生理的第二個進境是所謂「老牛筋」的功夫訓練。

老牛筋是現在深得真傳者的術語，其實質即原傳功法的

易筋。提到易筋，讀者們會自然地聯想起被人視為正宗心法的形意拳的三層道理和練法功夫，其實此係後人托郭老之名而造，但其畢竟是古拳理中較為貼切之作。遍查古今拳譜無不是抽象設喻之玄談或套路招法之編排，尤其是一些所謂名家的真傳理論，多是依附佛門，照搬道家之言，與拳學風馬牛不相及。托名郭老的三種境界也是受了道家的影響，然易骨易筋易髓之論卻是拳學進境的至要之論。只是易骨易筋的順序誤置，如不易筋則無法易骨，更無法易髓。真傳功法應是先易筋才能進一步易骨。

老牛筋的訓練必須有放鬆和陰鬆陽緊的深厚基礎，如若急功冒進，則有欲速不達和傷身之大患。其練法是在陰鬆陽緊的基礎上加上雙肘尖滾壓的要領把上肢筋腱挑起，軀幹各部筋腱也須挑起，在陽面斂臀的基礎上再加胯根橫開的要領。下肢足指捻地下踩，膝前頂並向內上方提拔。這樣的要求就使陰陽面肌肉都處於對稱的連結拉伸狀態。功深之後，脊柱各椎節和肩，肘，腕，胯，踝以及脖頸各骨關節也產生了爭拉。習此老牛筋功法，最難解決的是三窩的放鬆，隨著功夫的進境，習者就會明白，功夫越深入三窩就愈難放鬆。而且會知道，胸膈肌發僵的根本原因是憋氣。所以解決呼吸的問題是進境中不可回避的重大課題。開始進行易筋的鍛煉，可認真反覆的參悟一下趙道新、姚宗勛二位先生的拳照，這兩幅拳照是當今所有武術照中難得的珍品，是後學的明鏡寶鑒，珍照中的脊柱和身體各部安排無一處不清晰顯示出了祖國真正拳學的奧蘊。當然作為初習連結放長者來說還是應「返過頭來學初步」，從正面樁開始鍛煉則較易掌握。薌齋先生《意拳正軌》一文中明確提出了「筋長力大」的拳理，並昭示

了「合降龍、伏虎、子午」等樁為一樁的心法，筆者珍存著張長信先生的混元樁（完整混元樁）的拳照，為了便於讀者研習，亦附於此（圖335．張長信先生站渾元樁）。

圖335 張長信先生站渾元樁

鬆是拳學中最高級的境界，但非開始入門時的全鬆的狀態。自把握陰陽階段開始，鬆緊的含義就已有重大不同了，把握陰陽需做到陽面全部連結放長實質是緊，越緊拉的量越大，效果就愈佳，但必須使陰面肌肉全部放鬆，只有鬆才能使陽面緊，但緊中必須有鬆，鬆中必須使陽面緊，而常人往往是一鬆俱鬆，一緊皆緊，這就是必須運用站樁這種形式進行鍛煉的主要原因，習套路練招法由於程序的觀念是根本無法做到鬆中求緊，緊中求鬆的。所以那些終日研討套路的人根本不會有什麼渾元力，其說教只能憑空猜測，紙上談兵。即便是練站樁的人若於站樁內在功法未得要領，也只徒具空形。只能想入非非或誤入氣功異途。

在老牛筋鍛煉的階段，最好請真正有體認的老師監督指教，古拳法中有「上口不上手上手不上身」之說，如想真正明理，應該摸一摸老師身體各部位間架安排，再由老師在身旁不斷提示和檢查。我國武林有很多似是而非的掌故，其中之一是把學拳者說成賊，諸如「馬學禮裝啞偷拳」，「楊露禪月下偷拳」等等，若講偷學，只能學些外形，內在的功法必須身授口傳才能有得。拙文至此，筆者自身更有不文之憾，

深恐詞不達意而誤學者，儘管盡了最大努力也仍是只能述其梗概，足以說明偷拳之事純係門外漢之談。

在老牛筋階段，鬆緊的問題更是至關重要，為解決緊中放鬆的難題，薌齋先生和前輩們費盡了苦心。薌齋先生在50年代提出了利用地球引力的作用，後經盧忠仁先生研究而確定為靠鬆功法。要領是在周身筋腱和肌肉（功夫深厚可帶動骨關節）渾元漲縮時，體會地球的吸引力，頸椎和肘部、膝部都存克服磁力之意，與之相爭，原位置不動，而其它各部，（尤其是胸部和肩部）一律接受磁力，（養生樁階段即能感覺到磁力作用），苦練功法之後，在量逐漸增大的同時，周身各部肌肉也逐漸日益鬆垂。基本原理是周身各部相互吸引而又相互排斥中心的力為零，相互吸引和排斥力也為零，撞擊到對方身上卻是一個整體。各階段的訓練哲學上稱為否定之否定。

隨著站樁時鬆緊活動（在靠鬆的同時周身各部可作同時漲大與收縮的鬆緊運動）和動作起伏的進退轉換，陰陽兩面的肌肉群具有強烈之鼓盪，這就是改造生理的生理變化。這是依從磁力的作用在關節定位下肌肉互相屈伸，互相牽引，呼吸和內臟互為因果的整體運動。其運動形式是蠕動脊柱反稱四肢，連接均勻，腰背兩側系統為主的統一放長收縮的整體運動，這才是真正的肌肉若一。

第二節　筋藏力　骨生棱

筋腱挑起後的拉伸訓練可收到陰陽兩個整面的同時漲縮的訓練效果，而筋腱本身亦能產生極大的彈性。在此要指出

的是，在筋腱挑起時的初期，儘管有很強的撐繃彈性，但其剛性是不純的，還需艱苦的火候烘煉，其辦法就是在站樁和試力時不斷進行放長收縮的訓練，才能使其質變為柔中寓剛，剛中寓柔，剛柔相濟的發力條件。具備此功力後，只要保持基本間架，根本無需有意防守，無論對手擊中自身間架的任何部位都會被彈起的，對方的力越大，反彈力越大，這就是無需主觀意識的本能。筋骨、肌肉的拉伸量越大，功力越大，也就愈靈活，而且放鬆的程度越大。放長訓練後的鬆，才是最高境界。

老牛筋訓練功深後，將其功力用於實作的首要條件是連通性，所謂連通是指將全部功力作用於對手。連通性的最大障礙是殘餘拙力，殘餘拙力會起到反作用力（如胸部發緊）和阻礙整體功力的傳遞（如雙肩的發緊）。所以應專門增加一項訓練方法以使連通成為本能，其功法是以任何技擊樁的形式作各種試力和發力，在訓練中返視自身是否三窩發緊的現象。即使輕微的拙力都不許存在。以扶雲樁為例。

扶雲樁站立，內含老牛筋，然後以「十字勾眉」法訓練。所謂十字勾眉，就是意念中有兩條細橡筋分別繫於雙手腕和雙眉之間，以眉領手做左右上下的牽掛運動，動作時開始是左右上下而動，熟練後改為圓運動。但十字勾眉法的最重要之處是另外兩條橡筋的意念活動。這就是其中的一條一端繫於右手腕，另一端繫於左腎部。另外一條一端繫於左手腕，另一端繫於右腎部，雙手隨著腎部的運動而動，也是開始練直向動作，進而練螺旋運動。此連通精熟後，雙腎部的轉動可帶動雙臂畫出許多無規則的圓弧。在動作時，頭、身、上肢統一運動（下肢也要隨之而動），可以在防護頭部和保持

圖336 十字勾眉連通法　　　　圖337 十字勾眉連通法

間架的原則下隨意而動，應感而發。此中關鍵之處是臀部的
動作帶動雙手動，肩關節只是自轉。讀者在實作時應遵趙道
新先生的遺教：「手之動，不是肘帶而動，更非肩動，而是
雙臀部帶動，真傳的八卦拳稱此功為臀裡藏花」。正文先生所
喻更為透徹：「手是電線頭，插銷不要插到肩上，要插到臀
部。肩部只是電線中段部位」。十字勾眉法應貫徹拳法的各階
段，最上乘也是如此。一些人常談什麼「刹車力」和「站樁
試力的順序」或「一觸即發」等問題，皆為技擊片面之法。
一切發力的前提是自身先動起來才能突發，如果汽車原地不
動那還用得著刹車嗎？但動必須是整體合理而動。（圖336、
337、338、339十字勾眉連通法）。

　　在整體連通後，可於實作時隨意而動，所動可大可小，
以微動為妙，只要得勢，即以發力法實施。在描述薌齋先生
實作時的外形狀態文章中，多是一隻手背於身後，另一只手
隨便一伸，對手即仆。實際上他身上連通而動的功夫已達妙

圖338 十字勾眉連通法　　　　圖339 十字勾眉連通法

境，其精神和渾元力早如蓄力待發的炮彈，並且渾身無一處不在微動（視之不動）。只有其弟子杭州竇以鸞先生的敘述最為逼真。竇先生文中寫道：「薌齋先生雙手晃動，如無數隻手在動，我以通臂拳中的格法擊去，觸其臂而起」云云。

通過以上功法的苦練，每一骨關節在任何動作時都能做到兩端位移呈對稱拉伸，從而帶動了陰陽兩面肌肉的漲縮運動，自能通過骨膜，肌膜的運動而進境為易骨，進而易髓。

所謂易骨是功力進境的模糊的經驗體認，其練法只能待老牛筋的訓練精熟後才能進行，其真正含意是「脫骨」，目的是使肌肉同骨骼脫離（即肌肉不隨骨骼而動）。我們可以觀察一下虎豹之動，它們的各種運動都是明顯的骨骼運動，此種運動是最根本的返先天，返生物體返嬰狀態的形式。其鍛煉的要求原則是：保持周身肌肉撐滿，筋腱挑拉的狀態，以骨骼而動。在此僅以金龜出水試力為例：

按照金龜出水的動作運動，上下左右高低起伏旋轉，意

念中慢慢體會周身筋腱肌肉六面拉伸不動，整體骨架作入水、轉身、出水等動作。初習可體會脊柱和肩胛骨，胸骨、肋骨、骨盆以及四肢，起伏轉化中同肌肉產生磨擦，進一步則應使肌肉同骨骼產生分離而運動。開始時可由某一局部體會，如肩胛骨，胸骨等，然後再逐一連結，最後做到整體骨架而動。原傳形意拳中的龍形並非什麼伏地騰空的套路，而是「十二形之意應盡有之」，龍之意是「龍有搜骨之法」，所謂搜骨即功深後骨動肉不動。神龜出水試力外形未變，但內在已同初練有本質不同，此階段訓練稱為「龍探身，蟒脫殼」，解鐵夫先生傳薌齋先生的心意拳老譜為「玉樹掛寶衣」，解老以此功法深入為「渾元力提重心出體」，而薌齋先生訪賢下江南與這位心意巨匠相會之際，雖獨得郭老心法而稱雄江北，但其進境尚屬原傳的「重心下降仍在體內」，所以與解老試藝只能十戰十北，若依中華武學基本原理而論，薌老解決了國術面向世界的問題，向世界昭示了中華民族人體科研的成就，其意義是重大而深遠的，而與解老相會則為成功的重要因素之一。

薌齋先生雖然體型較瘦，但骨骼出鋒，尤其是「筋藏力，骨生棱」的精純武功，在解老之後當屬絕無僅有，其擊人放人之威力均來自周身整體骨架的本能旋轉爭發和出鋒，可惜世上介紹其作拳之文多形容其外形，只有澤井先生在《太氣拳》一書中提到了薌齋先生皮肉鬆垂，外示安祥，內藏機變無窮之機，身具骨堅力巨之功。

返先天乃祖國拳學中最上乘的功法，武林中為其付出終生精力者不知幾許，然因種種原因，至今仍未將其奧妙公諸於世，使許多追求者枉費光陰，有的徒具外形，有的誤入邪

路,有的雖知易筋之法,但亦因偏剛失柔而功增壽損,雖有陰陽兩面之筋挑練得法者,年輕時以樁衝殺威力無比,以強筋制敵,再能依仗自身連通兩臂關節失重,關節以空間作為支點則愈驍勇,終因未合理脫骨鬆柔,晚年亦威力頓減。歷史證明,薌齋先生的巨大貢獻在於人體內在鍛煉功法的繼承、革新和進步。1955年,薌老復召張恩彤先生進京,當張先生向他講述和胡耀貞試藝之時,薌老脫下上衣,讓其在自身逐一摸索體會,並授以縮筋大法,張先生返津苦練,僅兩個月就使頸、肩、鎖下和兩肋原已挑起各筋下陷貼骨,功臻大成。隨即遵師命又將此功法轉傳其他先生共同研討進益,均使技藝大勝於昔年。為了使讀者能觀察體悟「骨動肉不動」

圖340 探掌蛇行手試力中的易骨體態　　圖28 神龜出水試力中的易骨體態

的體態表露,故下面兩圖的示範者特意脫掉上衣。(圖340、341.探掌蛇行手試力和神龜出水試力中的易骨體態)。

第三節　力的概念和運用

讀者在了解和鍛煉了前文中的基本功法後,發力亦應有所補充和完善,首先應是動中發力,發力雖稱在腰,但腰有兩腎,進而言之就應「突腎」,即左側發左腎前突,右發則右突,手的外形更小,但發力的整體要求則更嚴,不能片面強調勁力來源於腰或後足,道新先生指出:「只要任何一點相對薄弱,那整體力就是這個最薄弱處所能流過的動量。」故力來源於身體各部的協調配合,腰和足只是整體之一部分,渾元力是全身齊動的發力,動員參與發力的筋腱和肌肉群越多,發力的效果愈佳。下面把基本發力和其它幾種主要發力形式簡述一下。

一、基本發力

基本發力是在「體重加慣性」基礎上的深入,是具備了把握陰陽和肌肉若一階段訓練後的發力。此種功夫條件下的發力,應是陽面筋腱肌肉全部拉伸擴漲,脊柱也是拉伸狀態,其實質是以質點為中心(腰腹中心——即舊時的模糊概念丹田)向頭、尾、手、足的極輻射式地擴張。陰面的筋腱肌肉是在互相牽引的狀態下由六極向腹部中心集中,(不是肌肉收縮用力,而是肌肉長度不變的發生張力),這種蓄力狀態若無陰鬆陽緊和肌肉若一的訓練根本不會形成。其蓄力時陰面是柔中有剛,陽面則是剛中有柔,即鬆緊適度,一鬆即發

狀態，這是真正的「對立統一」狀態。這才是周身一陰陽，陰中有陽，陽中有陰的真正含義。此種整體動轉自轉，以蓄力狀態即可封住對手三面來拳來力，並將發力之對手彈起，如一觸則即發，發力的要求是體重加慣性的前撞，但撞擊不是渾元力爆發，渾元力爆發是爭拉後繃的脊柱突然壓縮彈射（注意，脊柱彈射如拉滿弓的箭。脊柱如弓弦，一鬆即前彈，形狀由後繃略返後天的S形，但萬萬不可因推送彈射而使胸部發緊），陰面筋肌之力同時向腹部「質點」收縮，（可配試聲），但陽面筋腱肌肉則是由拉伸漲大突然變為一鬆。鬆靜自然，速度極快。這就是「不管對方中不中，只管自己正不正」的要訣真義，渾元力的突發絕對不許有搆人的欲望，當然還需精神的真切和其它功法的配合。另外，在發力之時，需加變面（變面要領見前文）；在變面時，臀部自然隨脊柱彈射朝向發力的方向，並且腹部會在發力時感覺突然一緊，這就是「陰中含陽，陽中含陰，鬆中有緊，緊中有鬆」的道理，只是在蓄力時腹部需要鬆靜。渾元力之發實際上是連結放長後的脊柱運動和陽面肌肉的鬆緊交替。僅就肌肉筋腱而言，蓄發則是「陰陽的開合轉換」。

薌齋先生對力之運用論述如下：「力之運用陰陽虛實，開合剛柔，橫豎等變化無窮。陰中藏陽，陽中含陰，陰陽有制複之變。動為靜，靜為動，動靜有變通之妙，虛為實用，實為虛體，虛實有真幻之巧。不開怎合，不合怎開，開合有噬嗑之理。剛中寓柔，柔中寓剛，剛柔有相濟之妙。橫不離豎，豎不離橫，橫豎有相輔之功。」

其它各種力均為渾元力之變化而已，一切發力均應以基本功為原則，僅以下幾種簡述：

二、開合力

開合力是在上面所述蓄力時的狀態下突然爭發。其實質是周身無處不爭，但最主要的是雙肩同雙胯互爭（意念中雙肩雙胯部位似乎有兩隻手同時向相反方向突然拉開，同時脊柱，胯與肩，肘與肩與手、膝與胯與足等處無一不爭。至於兩手之間的相爭只是整體相爭中的一個局部表現。而所謂雙手與頸椎間意念中同時拉緊橡筋的意念也是局部爭拉，如無變面和「天地相爭」等意念配合，其效是低微的。另外必須是前手前出，後手打人。所謂後手打人就不能將後手後拉，而是爭，在爭的同時必須使後肩、後肘和右手有前指的意念，與前手形成一個三角形衝擊形狀。（圖342盧三路先生變面

圖342 盧三路先生變面爭發照　　圖343 圈錘合力

爭發照）。由爭拉狀態突然鬆回至基本發力狀態為合。無論何種拳法，單手而攻為開，必爭，無非前後，左右、上下爭發而已。雙手齊出為抱必合，如虎撲、馬形、栽錘等（圖343圈錘合力）。

爭力的運用還可直接作為蓄力。以此爭拉之勢不停運動進攻，若對手遇自身間架必被彈起失去重心，再突然發重拳即可使對手戰鬥力喪失。

三、斜面力

斜面力指自身間架沒有平面積，都是鈍形三角的間架。對敵發力也是斜面的變化，另外指以自身間架的突然傾斜發力也為斜面力，如栽錘等發力。但斜面力的主要形式是薌齋先生所闡明的「以偏擊正，機靈異常，易於進攻」。其實質是「正面微轉即側面，側面迎擊正可摧」。其發力形式為「假轉體」。所謂假轉體就是突然改變「面」的方向，再迅速復歸於預備式，或再以「面」變化發力。假轉體是以足為基礎，肩胯這個平行四邊形在頭部的帶動下突然變面，其動可直接以正側面動，亦可旋轉扭動，還可前撞下壓等多種形式，其威力是在化力的同時突然發力於對方。其變面角度和其它原則前文已述，不再重覆。

在此要提及的是授拳能力，由於樁功的作用，一般習練者都能產生抗擊打能力，但原則上是不允許白白挨打的，受拳能力的核心是發力，是壓點、堵點、化點三點的合一運動，如對方拳擊我胸部，我可含胸前撞，側身三個動作合一，其手腕必傷，絕對不許雙手分開由對方亂擊，即使能抗擊，但對方打面部怎麼辦？抗擊打最有效的手段是發斜面力，如

對方拳擊我腹部，我突然由六十度變為十五度，這本身就是發力，同時還可因側身閃化對方一部分來力。當然最重要的還是基本發力必須主導斜面發力的運用。另外在作半圓變面轉動時，應突然加速，效果愈佳，變面實際是力的滾動突發，故也有稱為滾豆力和扭滾力的。

四、螺旋力

螺旋力的基礎是渾元力，是將自身的功力作用於對手而產生的一個離心力的效果，使對手力量落空和失去平衡而落敗。螺旋力的產生必須是由逐一練習各關節的自轉再使之齊轉的訓練。其練法不能只是搖臂或晃腰，而應該是各關節的同時旋轉。其練法是在保持樁的原則下逐一對肩、胯、肘、膝、踝、腕、脊柱、頸部進行自轉訓練。待各部轉動熟練後再連通為齊轉。

螺旋力的運用主要有兩種：一種以蓄力狀態自轉攻防，可使對手的來力落空而失重，其力如打在飛轉的車輪上。第二種是發力於對手，其力如旋轉著鑽入岩石的鑽頭。

螺旋力最高級的運用是脫骨訓練後的蓄發。其橫轉如搖旗撼樹，其豎轉如車輪切削。這種螺旋力的運用應注意兩點。一是其運動要領是在總重心自轉的同時，由脊柱帶動骨架的各關節一齊轉動。二是運動軌跡不能僅僅是橫轉，還應練習豎轉、斜轉、正轉、反轉等多種形式之轉，如波浪試力就不應再只是變面和雙臂豎轉。而應是總重心和脊柱、肩、胯等各關節都要豎轉。同時需注意，發力需以脊柱去切削對手中心，萬不可只去用手轉其間架。豎轉為劈拳，反轉為削掌，橫轉為圈拳，斜轉為斬手。簡言之，一切單操形式都要取

圖344 正文先生拳照　　　圖345 正文先生拳照

消，其發力只是渾元力和螺旋力的合成，劈崩炮等單操只是無意識的空間形式而已。

　　由於渾元力的變化和應用均為內在運動，外形較小，其神意和運動軌跡很難用文字及圖示表達詳明，所以只能述其概要而已，還望讀者刻苦研悟，反覆體認，以求明其理，求其功，更應不斷學習現代科技文化知識，用以更新和指導練功並闡釋拳理，使之不斷科學化、現代化和大眾化。為了便於讀者了解和揣摩拳中的奧妙，特附上正文先生的兩張拳照（圖344、345正文先生拳照）。

　　現將薌齋先生關於力的運用的遺教敬錄如下，希讀者認真研讀體會：

　　「敵我兩力相接，即分強弱，運力之妙見矣。兩力相接之時，應知有所謂點力者存乎其間，點力者何？即全身氣力

出露體外與敵方相接部分之稍端力量也。其力根源於周身之氣力，彼此克化各求其中，妙在一轉，彼力經我一轉，即化為烏有也。手、腕、腰、臂、頭等處之轉皆然，渾身所覺鬆緊矛盾回旋者是也，有時現於形，有時藏於膚中，一點轉動，全身一致，各處動則俱應。對於點力之應用為足力之作用，其實非各處俱應，乃同時俱動也。更有無轉動之形變，而其默化之妙用，須細心體會。俗謂某式為拳打，某式為肘打者，實未明運力之妙也，皆為部分推進或轉動，豈得謂是耶。」

第四節　奪　勢

薌拳是精神和形體，功力和技術的高度統一，奪勢則是薌拳功法中最為重要的技法。

奪勢是古代的兵法之一，並且廣泛應用於棋類等競技運動項目，實作時的奪勢是指強攻硬搏，處處主動，奪取發力的有利時機、位置及合適的角度。奪勢成功，即能造成敵背我順的發力時機，倘若失勢，即使有拔山舉鼎的功力也將無法發揮而必敗無疑。有些人功力雖然雄厚，但在實作時卻經常被動挨打，或者交手時雖能勇猛搏擊，卻追的對手亂跑而不能重創對手，其主要的原因就是不諳奪勢或奪勢不利所致。

在實作中，雙方得手的機會是相等的，只有精於奪勢，才能處處主動，得心應手而克敵制勝。奪勢包括心理奪勢和技術奪勢，心理奪勢指敢打必勝的決心及壓倒敵人的大無畏英雄氣慨，因在前面章節中已經談及，故不贅述，在此只簡

述技術奪勢。技術奪勢包括奪位、奪身、奪步、奪手及奪腿等技法。此奪勢又分為訓練奪勢和格鬥奪勢，二者要領皆同，其區別僅有一點：即訓練奪勢時只要奪勢成功即可，雖然可以發放對手，但不許重擊；格鬥奪勢在奪勢成功後則必須及時施發重拳，給對手以重創。

當實作訓練初具基礎後，就應摘掉拳套和去掉護具，因為配戴拳套和護具不僅影響本能的發揮，而且習者會因此而疏忽防護，更容易形成拳來腿往的局部攻防動作。為了提高真正的格鬥水平，應該進行徒手互搏的訓練，如果欲避免傷害事故，可進行相互攻防中掄點、定點等半搭半斷訓練，在具有深厚的基本功之後，奪勢就成為最重要的訓練手段。

雙方練習奪勢，應全力發揮，只要一方奪勢成功，就要拉開距離再戰，因為一旦奪勢成功即勝負已分，無需施以重拳，術語云：「打人容易管人難，重拳易發得勢難。」功力在身，發拳即透敵身，但對手並非草木和沙袋，有重拳也不易施發，然若得勢，則發拳立效，如果已將拳、掌放在對手的要害部位或立於對手的身後，那大勢已定，何需在訓練中重傷同伴和武友？若奪勢成功，可發放對手，以免成「假」的弊病。

由於奪勢的技法較為豐富，在實作時雙方的攻防動作也變化極快，故無法制定固定的教條，學者應該在實踐中不斷體認和提高奪勢的原則要領。下面是根據實作訓練時搶拍的幾組照片試談之文，只是簡述奪勢技法的梗概而已，望讀者體認其原則，萬勿按圖索驥和刻舟求劍。

1.攻防中，乙突然進步發拳擊甲面門，甲在閃讓拳鋒的同時進步，以前臂肘部接乙腕部，觸點的瞬間，甲以點處擰

旋，乙即成身後側對甲，雙
手無法攻守的險勢，甲奪勢
成功，此稱搶點奪臂，又稱
外接手奪勢。當乙發拳時，
如果甲後退，雖然能躲過來
拳，但不能得機得勢，若以
臂截擋則形成招架，雙方仍
勢均力敵，然而當乙拳擊甲
肘，甲攻防合一，閃身而進

圖346 外接手奪勢

，以肘接乙腕部，就搶占了優勢，因為甲是以中節對乙梢節
，「其節短，其勢險」，觸點，只需落前臂就能擊中乙的面門

圖347 外接手奪勢

圖348 外接手奪勢

，而且甲的後手置於前手肘下，乙根本沒有從甲肘下撞進的
可能，甲緊接借乙前衝之力擰旋，形成一臂制乙雙臂，處於
立在乙的側後位置，自然就隨心所欲了（圖346、347、348
外接手奪勢）。

　　2.攻防中乙發拳擊甲面門或前胸，甲閃頭探臂，乙亦躲
頭，形成雙方前臂內側擦觸，此種常見的形勢雙方的奪勢功

夫尤其重要，如果互相後撤，仍需伺機再戰，若此時發拳則易形成糾纏。當雙臂相觸時，甲突然橫步讓身，同時以臂猝然牽帶，乙失重心前仆，甲緊接向乙後背發力，奪勢成功。此稱迎閃發力，又稱內接手奪勢，格鬥時

圖349　內接手奪勢

圖350　內接手奪勢

圖351　內接手奪勢

圖352　奪步

圖353　奪步

牽帶奪勢後，應以掌擊對手脖子或後腦。（圖349、350、351內接手奪勢）。

圖354 奪身

圖355 奪身

3.甲乙互搏，甲發拳擊乙面門，同時以三角度斜進，當乙用臂護頭時，甲前臂順勢落在乙臂上，同時以圈步疾進，後手置於乙的後頸，前手配合旋轉發力，形成控制乙背後之勢。此奪勢必須步法精熟，整體齊動才能成功，此稱奪步（圖352、353奪步）。

4.雙方蓄勢互搏，甲突然以虎撲撞進，雙掌直撲乙的面門，乙本能招架，甲雙臂順勢撲下，控制住乙的雙臂，同時抖起乙的雙足，緊接渾元發力，將乙放出。虎撲是實作中奪身的奇位技法，如果運用得法，稍具功力就會奪勢成功。虎撲技法的關鍵是整體前撞時不可帶力和發力，而是利用慣性把自身體重鬆放在對手身上或臂上，若用常見的直接發力前撞的虎撲進攻甚難奏功，因為對方稍微橫閃就能避開攻勢，即使是撲住對方也只能使其後退半步而已。讀者可觀察一下貓撲鼠和虎豹捕捉動物之動作，其撲無不是先蓄後鬆，前撲如奪勢，叼咬如發力，從未有未撲住獵物即張口而咬的虎豹和貓，貓之撲鼠，虎豹之獵物體現了中華武學最上乘的功夫。虎撲的奪勢如果用力，即使是撲住對手也形不成奪勢，因力發必蓄，在蓄力的剎那間，對手早已逃脫或反擊。如果以

圖356 奪身

圖357 堵點奪勢

蓄勢撲擊，若對手防護稍慢即可向其面部或胸部突施渾元力，倘若對手招架，可順勢捂其雙臂，或擦點施以栽拳，或以頭撞其胸，或起腿攻其膝踝，均能得手。（圖354、355、356奪身）。

5.雙方互進，乙手足並施，上以掌擊，下起腿踢，甲若後撤，乙必進逼，甲若招架必手忙腳亂。甲不招不架，以托嬰樁式撞步而進，由於樁法上下，前後及意念三個不同的自如運用，甲迎擊前撞的瞬間很自然地上封乙掌，下擊其腿，由於樁功和慣性的作用，乙重心頓失，根本無法發力，甲則奪勢成功，若頭撞身進，乙必倒地無疑，此奪勢乃最重要之技法，名為堵點奪勢，不招不架，強攻直取。（圖357堵點奪勢）。

6.雙方逼近，乙搶定間架，嚴密防守，甲突然向右甩頭，造成以正取斜假象，身形卻快速向左閃晃疾進，前手同時直撲乙的面門，乙被迫招架，重心已失，甲步法連進，雙臂輪番控制乙的右臂，強占了乙的身後位置，奪勢成功，格鬥時可重擊對手後腦，此奪勢稱為奪位，又稱搶位奪勢（圖358搶位奪勢）。

圖358 搶位奪勢

圖359 身法奪勢

圖360 身法奪勢

圖361 隨動奪勢

圖362 隨動奪勢

圖363 隨動奪勢

7.雙方伺機進攻，乙拳腳連連虛擊，甲以平行步弧線而進，至臨界時，突然身形一晃，前手直撲乙中線，同時以身帶步，甲至乙的身後，乙則完全喪失招架能力，此奪勢是以平行步曲折而形成S形的蛇行路線，使對手措不及防，是身形奪勢的一種。（圖359、360身法奪勢）。

8.互搏時，乙以拳虛點甲的面門，復突然起腿掃踢甲，甲與乙同動如影隨形，以身帶步提膝護襠而進，在閃顧的同時將乙撞起，緊接發力，把乙發出。此奪勢是與對手同時而動，閃進合一，顧打合一，稱為隨動奪勢（圖361、362、363隨動奪勢）。

奪勢的技法很多，以上只是舉例而已，在奪勢時應遵守三個基本原則：

1.必須以身法為先，一動周身齊動，所謂身法是指脊柱帶動肩胯這個平行四邊形及四肢的整體配合的變化和運動。

2.必須同對手一齊運動，敵動我動，後發先至。

3.奪勢的運用必須蓄力而動，無論主動奪勢或被動奪勢，都不能招架，更不許著力和發力，用力是怯敵的表現。國術的上乘功夫是一觸即發，而不是出手即發或互觸已發。

上述奪勢熟諳後，仍需在實搏中繼入提高，力求掌握瞬擊奪勢。在勢均力敵的格鬥之際，無主動或被動，在瞬間給對手以心理及生理重創，則是最重要的奪勢。

第十三章　精神境界初探

薌齋先生在《拳道中樞》中開篇名義，指出了精神境界修煉的重要性。這是薌拳同世界上其它搏擊術的又一重大區別。

薌拳精神境界的思想根源和基礎來源於中華民族數千年的文化遺產精華，處處體現了中華民族的傳統美德，限於筆者水平只能做一淺探。

第一節　修身健身　涵養道德

健壯的體魄是各項事業大廈之基，技擊能力是養生效果的本能反映，氣勢則是精神因素砥礪修養的體現和究竟，所以薌齋先生說：「不健康絕無充足之精神，精神不足，永無可歌可泣之事跡。」

薌齋先生深通醫道，終生探索我國各派養生之長，以《內經・素問篇》中的上古天真論為理論依據，深鑽精研養生祛病之法，頗有心得。站桩功法就是他對祖國醫療事業的重大貢獻。

薌齋先生認為：人體致病之因很多，但主要為七情和六淫的影響和侵襲所致。故患者和初學者在站養生桩時，應自覺、經常地摒除七情干擾，練功時應注意；平時行、住、坐、臥亦應保持情緒的穩定，精神愉快，和暢於中，喜形於外，不使自己有憤怒之氣，悲思抑鬱之情。在日常生活當中，應該心胸坦然，才能保持氣機之通暢。否則，心胸狹窄，患

得患失，整日戚戚然，氣機就會停滯，氣血受阻，經絡不通，還何談養生，焉能祛病？明於此，練功者就應該在精神境界方面注意修養，修養的內容以涵養道德和砥礪品行為主。

道德的基本含義是指人在社會之中，處理人與人，人與物之間的關係準則。雖不如法律的約束性強，但對維持社會穩定，利於人類個物種生存，並使之不斷向高級階段發展，一直起著巨大的作用。武術界的道德稱為武德，薌拳的武德還包括醫德和其它的中華民族傳統美德。只有砥礪品行，使自己的行為符合道德要求，才能入拳學之門，收神明體健之效。因此，練功者必須注意克服利己之私和驕矜之氣，常懷愛國仁民之心，處處為他人著想，廉潔奉公，務使自己光明磊落，如是則中和之氣在身，不僅身心安泰，益壽延年，而且成為高尚的，脫離低級趣味的人。其次要順應自然之性，承受順從自然界的規律。

練拳的要求和目的是「返先天，返生物體，返嬰兒狀態。」就是薌齋先生的明訓：「返嬰尋天籟。」這不僅指的是人的身體素質機能而言，還包括了道德上的修養，此即古人所說的「常懷赤子之心。」當然薌拳還要求練功者自覺主觀地把兒童時期天真無邪的自在，螺旋上升為誠實、質樸、直率等自覺的行為。這樣，就能使精神境界與精、氣、神融為一體，收事半功倍之效，尤其那些病情較重的人，平時須思想開朗，胸襟廣闊，志趣樂觀，大海無物不容，故曰海涵，天高無物不覆，故曰遼闊，唯其能容能包，故能永存。薌拳要求人的情操如天空大海，但是，人在人際，孰能無情。情緒萬千，不越其七，七情之發，心動於中，動而過激，心傷其性，性傷則病，情病難醫。故站桩修身，必須要善養其性

，情發而不過激，中節而已，此雖難能，非不可能。習拳者只有明於此理，才能收祛病強身之效，才能在涵養道德的過程中提高自己的精神境界。

薌齋先生的拳學實踐充分體現了他高尚的道德。由於他的模範作用和教誨，門下的弟子也多品德高尚之士。讀者可以從拙作中深刻地了解到薌齋先生以及他的弟子們的高尚美德。尤其是捍衛國家和民族的利益，維護廣大人民群眾的利益這一基本道德體現的最為突出。在社會秩序動亂，惡霸橫行，善良的民眾深受其害而又叫天不應的40年代末期。姚宗勛先生率領孔慶海、寶士明等師兄弟，置性命於不顧，匡扶正義，屢懲流氓團伙，經過多次激烈交鋒，終於在西單商場將兩百多名黑社會團伙打的一敗塗地（詳見後文），目睹這場正義與邪惡血戰的北京西四常明祥等老人至今仍然健在。每當人們談起當前的社會風氣，老人們便深情地懷念起姚先生等人，頌揚並盼望再現這種見義勇為的道德和精神。

第二節　尊師重道　務實求真

尊敬師長是人類的美德之一，我國此古風尤盛，至今仍廣傳著「張良納履」和「程門立雪」等動人的佳話。此美德隨著時代的變遷逐漸形成了師徒制這一美好的形式。可惜後來又上逐漸失去了孔夫子的本意。歷史上雖多「德昭為表」和「藝高為師」的感情真摯師徒之情，但也不乏利用師徒制欲達到不可告人之目的者，如歷史上楊國忠、秦檜、嚴嵩等人當權時，一些人士欲拜入他們的門下，其目的無非是攀附高枝以求榜上提名、榮華富貴，而楊、秦等奸臣廣收門徒的

目的則是為了結黨營私，擴大勢力。武林中的師徒也隨著江湖惡習而蛻變，並由師承而成派別，更由派別之分歧造成手足鬩牆，同胞反目，互相敵視，甚至世代結仇等混亂的局面。所以薌齋先生憤怒的指出：「然往往極美滿之事，行之於我國則流弊叢生，醜態百出，而拳界尤勝焉。」

傳統的師徒制大多要求學生絕對盲從，而為師者卻可以各種藉口自秘保守。同時一些拳師還往往利用師徒制拉幫結伙，形成一股以門派師徒為名的勢力。而有的學生只圖名氣，追求形式，千方百計拜名人為師，其目的並非為了求學德藝，而是為了圖名，以便背靠大樹好乘涼。薌齋先生對舊的師徒制所造成的弊端深惡痛絕，所以大力提倡廢除師徒制，並倡導「學術為公有之師」。提倡學生大力問難，並對為師者提出了「有來則教，教必盡力，有問則告，告必盡心」的要求，這種改革後的新型師生關係是重道。重道則「尚情義，重感情，不在形式之稱謂。」師生關係需建立在務實求真，繼承、捍衛和發揚祖國寶貴文化遺產的基礎之上，而不是只重磕頭遞貼的形式。自薌齋先生倡議解除舊的師徒制之後，其門下弟子大多沒有舉行過正式的入門儀式，但是，弟子的藝業造詣和同先生的感情以及師生兄弟之間的情義足以證明他尊師重道的倡導是成功的。

薌齋先生以身作則，弟子們相繼效仿，這就是薌拳得以很快發展成熟的原因之一。他的倡導曾在社會上引起極大震動，一些保守自秘或只以師徒制誤人子弟以及只圖名不務實的人對此頗多微詞，時至今日，竟還有個別人中傷薌齋先生，說他解除師徒制是欺師滅祖。「德高則謗興」，此言不謬也。

　　薌齋先生不僅對郭老敬之如父，對解老等前輩也是情真意篤，其事跡早已廣為傳頌。倘若其品行不端或不尊師重道，慧眼識珠的郭雲深老先生也不會盡授其真傳，寄發展弘揚祖國拳學大任於一個十幾歲的少年。當時郭老功成名就，衣食無憂，本可以輕閑自在，頤養天年，根本無需再去傾畢生心血去培養薌齋先生。但是郭老所憂所念根本不是自己的名利，而念念不忘的是「道」，是拳道的真正發揚光大。事實證明，薌齋先生無愧於恩師的厚望，堪稱尊師重道的一代典範。

　　郭老英名一世，弟子如雲，有錢有勢者大有人在。然在其作古後竟久久沒有人為其樹碑表墓，直到1932年才由薌齋先生為他掃墓建碑，同時薌齋先生在武林後學者心中也建立了一座尊師重道的豐碑。

　　遍觀中華大地的所有墓碑，除泰山頂上漢武帝立了一塊無字碑以外，還沒有不刻下立碑者姓名的墓碑。若非少數知情者透露，可能今人根本不知道此碑是薌齋先生所立。此碑充分體現薌齋先生尊師重道精神境界。碑的正面概述了郭老的籍貫、生平和拳藝。立碑者卻是「眾門下及諸同仁。」短短幾個字，這在歷史上是絕無僅有的屬名。為恩師和為對祖國，對世界文明與進步作出貢獻的前賢樹碑立傳是後人們表達崇敬感懷和學習的一種方式，碑上鑴刻立碑者的名字也是天經地義的事，但不能否認，少數人在為某名人立碑之時，爭著搶著要刻上自己的大名，以求同名人共不朽，與其說為名人立傳，倒不如說為自己揚名。薌齋先生一生只追求祖國拳道的事業，根本從未想到過自己的名利，如果當時有能人奇士振臂倡導真正拳道，他定會附尾而佐之。同樣，他為郭

老立碑也是為了向後人昭示恩師的嘉德懿行，以求恩師的精神千古不朽，才未刻自己的名字。

經過筆者多方考證得知，此碑係尤澎熙先生捐資。尤先生不僅醫術精良，拳藝高超，深得拳學中的空靈之力（空勁不是隔空打人），而且豪爽慷慨，曾多次資助薌齋先生的拳學事業。薌拳的創立和發展有尤先生極大的貢獻，雖然在碑上也沒有刻下自己的名字。但是他和恩師尊師重道的精神同樣應受到後人的敬仰。

在此還要言明的是此碑文是中華武史有關郭老的唯一真實史證。遍查所有文章書籍無一不說郭老是馬庄人，郭老之子名郭深，因墜馬而死後郭老才教的薌齋先生云云。據筆者四去深縣考證得知：郭老是東安庄人，根本無子，只有一女郭彩鴿（63年才去世），至於薌齋先生家中有深州蜜桃並嫁接等說法，均係誤信傳聞所致。魏家林1957年才種植蜜桃，由此可知當今武史失誤之處太多，讀者不可輕信一些掌故傳聞。此碑文還能證實其它很多重大歷史疑難是非，特錄於下：

拳師雲深郭公，深縣東安庄屯人，生平尚義俠，喜拳棒，尋師訪友，交遊幾遍燕南，嗣得岳武穆六合意拳拳譜，簡練揣摩，深得意拳秘奧。四方之聞名而至者，一經比試，莫不甘拜下風，咸歸門牆。當日之得於鱗晰一翼皆能躍能飛，高出少林萬萬，以提倡乏人，至今意拳靈爽垂翅趙溪，不獲奮翼灑池際，茲否泰交關如，蒙各界偉人分外提倡，於體操舊套中添設武林意拳一科，國家無事，則為學校健男，有事即疆場硬旅。強國基礎，其在茲者（圖364‧郭雲深先生墓碑）。務實求真是古來賢哲們的美德，相傳鄭燮年輕時，一次隨師郊遊，遇到一群人正在圍觀一位剛被從河中搶救上岸的姑

圖364 郭雲深先生墓碑

娘，老師當即吟詩一首：「二八女多嬌，風吹落小橋，若非少年救，芳體泛波濤。」鄭纓當即問道：「先生怎知此女十六歲？是因風吹落水？又怎知是少年所救？」老師瞠然問道：「依你之見，此詩該如何更改？」鄭纓略一沉思，吟道：「誰家女多嬌，何故落小橋？若非有人救，魂魄隨波濤。」老師連連點頭。其實此詩並非佳作，但鄭纓務實和敢於向老師提問的勇氣實在可敬。在武林界，更是缺乏這種勇氣和精神。凡為弟子者，對老師所授功法，只是一味的模仿，從不想問也不敢問為何有此一動？即使有人敢問，老師也只答以：「你師爺這樣教我，我也這樣教你。」如果有人斗膽曰：「為何不能使用」之類問題，那將被認為是欺師滅祖的事，輕則答以：「你師爺就能用，你的功夫不到家。」重則會被清理出門戶。而薌齋先生則是把求真務實貫穿於拳學生涯的始終，在他初從師學藝時，郭老所授也是一些套路，在郭老教他五行對練時，薌齋先生竟問郭老：「您說五行相生相克，為什麼您的半步崩拳打遍黃河兩岸，沒人用劈拳破了您的崩拳？」郭老當時語塞，對薌齋先生頓起厚愛之心，後授以全部藝業。薌齋先生的大多數弟子也從不信什麼「名師」，只尊敬「明師」，他們都是帶藝尋師。如王玉祥先生原是露翁親傳的太極名家，卜恩富先生是拳擊和跤壇的名將，韓其昌先生是梅花桩的傳人，而王斌魁先生則精熟一百四

十多種套路，如果不改習薌拳，他們都是某派的正宗和大師
，足可立足武林。但是他們在同薌齋先生比武失敗後從善如
流，重學站樁。在薌拳瀕臨滅絕的逆境中，也僅有兩名弟子
重新以放棄多年的套路功法隨波逐流。而所有弟子仍然堅持
研悟薌拳和傳授樁功，這充分證明了他們務實求真的高貴品
質。

　　追問老師究竟，當仁不讓及同老師比武，這在傳統武林
中是被認為大逆不道的，而薌拳卻認為這是最基本的武德，
如若誤投庸師依樣葫蘆，豈不問路於盲？

　　追求真理的又一體現是勇於實踐。薌齋先生只求學術進
益，從不計較勝負，更無門派的觀念，故在獨得郭老真傳後
又遍訪良師益友，在實作中取長補短，又得解老指教，拳藝
更精。習武者交手試藝，本屬很平常的事，在國外被認為是
勇敢高尚。但在我國武林界卻被認為好勇鬥狠，武德低下，
人們往往對拒絕比武，怕傷對方（其實不知誰怕受傷）的人
贊以武德高尚，殊不知如果人人都效法這樣的所謂武德，武
術得不到檢驗提高，其結果只能導致武術的實用性消亡。

　　文以載道，最貴真實。晉史官董狐父子就用生命捍衛了
歷史的真實，以「鬼神泣壯烈」的冰雪情操留下了千古遺表
。我們研讀薌齋先生的傳世之文，就會看到他尊重歷史，對
讀者後世負責的可貴精神。當然，薌齋先生亦有不足和失誤
之處。這是歷史和體認階段造成的，但他從不文過飾非，勇
於正視和糾正。人非聖賢，孰能無過，連大劇作家王實甫在
名揚中外的《西廂記》中也有這樣的春秋之筆「綠依依牆角
柳半遮，靜悄悄門掛清秋夜，疏刺刺林梢落葉風，昏慘慘雲
際穿窗月。」遮牆綠柳竟出現在清秋落葉之時，季節大錯，

留下警示。看來為文者難，更難的是知錯能改的文風和精神。

薌齋先生20年代發表了《意拳正軌》一文，流傳很廣，隨著閱歷，拳藝的提高豐富，發覺此文中有不妥之處，在40年代寫《拳道中樞》時就進行了糾正，在60年代《意拳正軌》被翻印欲刊時，姚宗勛先生又代師寫序，再次指出不妥之處。如：練氣一章，係根據傳統養氣，練氣更參以釋道之論而成，三十年代先生已批判之，棄之而弗談。這種對歷史和後學負責的情操何等感人，其治學態度在今天更屬罕見。現在一些人為名利不擇手段，為文亦任意杜撰編造，喜惡取捨，全由已意，自造招法，假名薌拳，發文編書，刊出欺世，甚至把雜誌上的一些文章，連同繪圖原封照抄，偽稱薌拳絕技，造成極壞影響。在我國武術史上，但以至誠求技者以威名喻世，兼以武德者以芳名醒世，挾技行惡和多行不義者以醜名警世。是毀是譽，白紙黑字，鐵證如山，歷史自能還你個公道。

第三節　意匠和把式匠

薌齋先生生前告訴弟子們：「習拳應成為意匠，絕不能成為把式匠。」古語云：文武一理，書畫同源。此是薌齋先生把精深的繪畫意境藉以說明拳學的境界。

詩聖杜甫在他的《丹青引》中評論當時傑出畫家曹霸時留下一句詩『意匠慘談經營中』，不僅總結了唐以前畫家的經驗，亦被唐以後的畫家們奉為至理名言。

在我國，意匠二字在文學、書畫、音樂、雕刻、建築和

拳學領域一直被廣泛的應用著。習武者如果只單純、機械地摹仿拳術外形，不深求內在奧蘊，就無法窺拳學之門。那怕是能熟練百套，嫻拆千手，也不能謂之懂拳，只能稱為「把式匠」。

意匠之含義，薌齋先生曾用蘇東坡的名詩「作畫以形似，見與兒童鄰，作詩必此詩，定知非詩人」來闡述。習拳練功應如作畫的要求，即不能以表面的形似為追求的目標。有造詣的畫家認為形似只是餘事，只有有能力用自己的意境和功夫同客觀物象拉大距離時，他的作品才能成為精神領域之發現和再創造。我國畫家歷來主張『捨形取意』，『言忘意得』。這個意即包含了客觀物象之神，也有畫家之情。畫家們正是在創作的過程中將主觀的情懷和物象的神髓相遇，在這主、客觀互相滲透和交融的過程中才能產生特有的意境，而臨摹的風格卻造成了歷史上無數畫家的失敗。武術界的教訓更為嚴重，其惡果不但使眾多的習武者陷於摹仿，重覆和記憶繁多功法外形的苦練中妄廢光陰，而且使祖國的大好學術失真日甚。時至今日，仍然有一些人以會幾多套，會拆幾多手為能。其中雖不乏立志窮究拳學真義者，惜其習拳未有意匠之求，於拳學境界毫無所知，故仍是緣木求魚，最多是把拳套動作的順序革新的順達連貫一些，動作修改的驚險高難一些。還有的人把戲劇、舞蹈和雜技中的造型摻入武術套路之中，使本來已經失去技擊含義的套路更加體操化，花樣化。其實這大可不必，因為我國的各種套路外形早已燦若繁星，豐富多彩了，足夠一個願意當把式匠的人苦練終身了。

拳學所重『在精神，在意感，在自然力之修煉。』希望有志於尋求拳學真諦的朋友們，要在精神和意境方面下功夫

。要銘記薌齋先生的名訓：「見性明理後，反向身外尋，莫被理法拘，更勿終學人。」我們還要引用一下板橋先生的名句：「四十年來畫竹枝，畫到生時顯熟時。」鄭燮堪稱畫竹巨匠，弱冠之年即以善畫竹而聞名，但他在苦心研討了四十多年後，才突然明白自已所畫皆為竹之外形，乃『眼中之竹』，於是他便削盡了冗繁而得到竹的清瘦高節的神髓，開始畫「胸中之竹」。我們難道不能從板橋先生的畫竹經歷中悟出拳學之要嗎？

薌齋先生在同國畫大師李苦禪先生品畫談拳時，曾留下二十餘副高雅的對聯，這在書畫界，武林界一直傳為佳話。當時薌齋先生在品評畫中意境時曾說：「畫家之作可分為逸品、妙品、神品、能品和俗品。遠超於物象之外，意趣超邁，出神入化之作稱為逸品，有獨特意境，可以論神韻，不可以求形器之作稱為妙品，神品是指那些風格新穎，技法獨到之作，至於能品與俗品之作只能以外形酷似為能事，而不能謂之意匠。」薌齋先生當時就根據畫中意境告誡在場眾弟子：「習拳應只求神意足，莫求形骸似，要努力在意境方面求索，應成拳學意匠。」

這過眼默識玄機，匠心獨運的境界就需習拳者平時須在拳學意境上下一番功夫，乃至竭盡全部精力，對祖國的寶貴文化遺產沒有竭盡忠心至殉道精神是不易達到意匠境界的。當然，有了這樣純淨高遠的精神境界不但『萬物靜觀皆自得』，能專心體會操存拳法之妙，而且再不會感到煩累難支和枯燥無味，站樁過程也不再會成為負擔，反而會覺得是一種淨化心靈，陶冶情操的莫大享受。

第四節　神韻與詩情

我們偉大的祖國，為文明禮義之邦，曾為世界文明作出過重大貢獻。科技成果，珠玉串串，藝術人才，繁星燦燦。而各門藝術又是相互滲透和補益的，早在宋代，詩人畫家和書法家就多是三位一體了。至元、明以後，藝術家們又多將詩、書、畫印熔為一爐，使作品的意境追求脫離了諸如線條色彩的繁文縟節和純客觀複製的桎梏而走向直抒胸臆，緣物寄情的比共詩途的雅境。作為一代武學宗師的薌齋先生不僅融匯貫通了各家拳派之長，而且從醫、道、儒學等傳統思想和傳統的藝術文化中吸取、借鑒了許多精華之處。正如他在《拳道》中所說：「若從跡象比，老莊與佛釋，大李王維畫，玄妙頗相似，班馬古文章，右軍鍾張字，造詣何能爾，善養吾浩氣，總之盡抽象，精神須切實。」

薌齋先生對弟子們的風度和儀表要求是「舉止應恭謹，如同會大賓。」這正符合儒家所提倡的「抱衝寡營，君子晏如」和「溫而厲，威而不猛，恭而安，怨而不怒」的美德，而臨戰時的氣度又是道家《逍遙遊》中物我一如，博大無垠精神境界的昇華。習拳者如達於此境，自然正氣浩然，天人合一，使身心獲得最大的放鬆和解放。將拳技發揮的淋漓盡至，自然會無往不勝。拳法動作也會輕靈超脫，瀟灑自如而富有詩情畫意。

書法家用筆主張用心於大自然中萬象變化，靜聽它們由速度、輕重、剛柔、粗細、濃淡……，等等因素構成的宇宙交響樂，是形也是聲，而這一切溶入書法之中就真正純淨化

、單一化了，但這卻能引起人們對形象和音響的聯想，具有造型之美和音樂之美。張旭觀公孫大娘舞劍，書道大進，懷素夜聞嘉陵水聲，草書益佳。薌齋先生深諳書法之妙，把書法中的音律節奏之美和「輕如蟬翼，重若崩雲，導之則泉注，頓之則山安」的法則溶入拳法之中，使試力鬆緊互為、體查身體各部細胞、筋絡、肌健高低、遠近及冷彈驚抖等使敵莫測端倪之妙。這就使拳學中的精神境界達到了詩情畫意，律動神韻之更深的境域。我們可以從薌齋先生的詩作中體會一下他的博大胸懷和氣壯山河，豪氣如虹的氣慨和薌拳的詩情神韻：「拳法別開面目新，筋藏勁力骨存神，靜如霧豹橫空立，動似蛟騰挾浪奔，氣似長虹猶貫日，欲將大地腹中吞，風雲叱吒龍蛇變，電掣雷轟天外聞，吐納靈源倉宇宙，胸溶萬物轉乾坤，不知吾道千年後，參透禪關有幾人？」

　　薌拳的精神境界，不僅包括著高尚的情操，海闊天空般的胸懷和正氣浩然的氣勢，還包含著深邃高遠的意境，雋永的詩情及風清骨竣的神秉，如果認真長期的苦練薌拳，自覺地在提高精神境界方面用心磨礪，可以把習者改造成為純淨化、善良化、寂靜化的高尚之人。

　　薌齋先生晚年，常即興操拳，使旁觀者無不神動情搖，悠哉陶然。現在被日本拳術界公認為武聖的澤井健一曾有幸親睹薌齋先生瀟灑美妙，飄飄欲仙的神采。至今澤井先生在回憶當時的情景時還由衷感嘆道：「觀看老師的拳姿，不禁為之感染陶醉，深深感動，這無疑是感情上純淨化，意境上聖潔化的崇高享受。」

第五節　刻苦自勵　勤奮求索

　　在我國，各藝術領域的作品都是一面鏡子，拳學亦是如此。每個人的拳學造詣都會無情地反映他的品德、情操、學問、閱歷和精神境界的深度。由於人品和學識及對自然界的感受不盡相同，而反映的精神境界也必更異。習拳者要達到高遠的拳學境界是件極不容易的事，正如弘一法師書贈薌齋先生的詩句所云：「痛感世事灑血淚，深受楷模動魂靈；迭患滄桑心方覺，萬卷書破理漸通。」

　　弘一法師是我國近代德邁古今的佛學大師和藝術家，他不僅精通文字、書畫藝術，而且對戲劇和音樂亦有很高的造詣，他飾演黃天霸的英姿，至今為梨園樂道，他創作的《送別》，「長亭外，古道邊，芳草碧連天，晚風拂柳笛聲殘，夕陽山外山……」至今還廣為傳唱。薌齋先生在遊歷江南時專程去西子湖的虎跑寺拜望他，在佛學和書畫方面得到了極大的教益，二人相交甚厚。從某種意義上講，二人大徹大悟的靈犀是相同的，只是大法師是在參透禪關後才遁入空門，而薌齋先生則是在花開佛現後毅然留在了「苦海」。先哲們曾言：「人最苦的事莫過於苦於身上背著一種未來的責任」。薌齋先生就是因為祖國和真理的不可抗拒的召喚而使他一生躬身奉獻，竭誠盡智，甘之如飴。

　　當他在創立新拳學後又去探望弘一法師時，大法師有感他「窮苦艱危獨自撐，」和「萬言謗誹衣帶寬，妙悟禪關集大成」的鬆筠節操，當即揮毫題詩相贈，希望滿懷熱情嚮往和習練拳學的同道，能從大法師的詩中領悟到事業的艱辛和成功的「密笈」。習拳除苦練拳學功法外，還應在文化知識和道德修養上有一個刻苦自勵，勇猛精進的過程，必須品行端正，質樸為人。讀萬卷書，走萬里路，必須把所學的知識融

匯貫通，有如源頭活水，清澈見底。我們武術界，不讀書的現象十分嚴重，尤其在商品經濟意識極強的今天，全社會都為金錢而奔忙，這本身無可非議，但君子愛財，應取之有道，金錢是手段而不是目的，更不能忽視科技文化的作用，不然有了錢也不會用。君不見，一些萬元戶最多的村鎮，幾乎家家都有轎車（高級的），可街道卻坑窪累累，而無人出錢修路。還有的人揮金如土，一頓飯數千元，買隻狗上萬元，卻不肯出一分錢去修復一下快要倒塌的教室。著名學者李政道博士提醒道：「國家的富強，不只是物質的豐富，金錢的堆積，更重要的是人自身素質的提高。」希望廣大武林同道，應謹記李先生的警世忠言，在提高身體素質的同時，努力學習文化知識，加強道德的修養，不斷提高自己的精神境界。薌拳後生靜磨劍有感於此，在《體育報》上發表了很有見地的見解：「沒有錢是萬萬不能的，但金錢不是萬能的，人應該站在錢上面，而不應該掉在錢眼裡。」

我國清末民初有位偉大的考古和歷史學家，這就是使薌齋先生在文學方面頗多受益的國學大師王國維。二人相識於1922年，當時王國維在北大任通訊導師，二人互相仰慕已久，結交後經常徹夜長談。一次薌齋先生談起了拳學意境，王國維當即把他在《人間詞話》中對成大事業、大學者的追求所提出的三個境界書成條幅，請人裝裱後贈給薌齋生先。薌齋先生認真品味後頻頻頷首，將條幅懸於正屋壁上，並時常向弟子們講解其中含義，可見他對王國維的提法是贊同的。

王國維提出的三個意境是他寓以新意的三位宋代詞人的名句：

第一境界：「昨夜西風凋碧樹，獨上高樓，望盡天涯路

。」（晏殊・蝶戀花）其大意是：一個人如欲在事業上、學術上取得成就，必須登高望遠，排除各種干擾，以堅韌不拔之毅力和持之以恒之決心去深求苦索，目的單純而專注，百折不撓，毫不猶豫而目標明確，這樣才能使生命之樹常青而不凋零，才有成功的希望。

第二境界：「衣帶漸寬終不悔，為伊消得人憔悴。」（柳永・鳳棲梧）大意是：追求的目標即定，就應如同愛上了一位天生秀麗，才貌雙全的麗人，就應對她傾注全部的生命和情愛，為了她傾家蕩產，飢寒交迫而不計，嘔心瀝血，形消骨立而不悔。

第三境界：「眾裏尋他千百度，驀然回首，那人卻在、燈火闌珊處。」（辛棄疾・青玉案）此意是指追求者在探索的道路上披荊斬棘，排除千難萬險，刻苦求索後而產生量變到質變的飛躍，自然會如夢初醒，大徹大悟，達到成功的彼岸。

第三種境界是廣大習武者夢寐以求的嚮往目標，但是這種頓悟是無法限以時日，指日可待的。在此，我願寄語初練薌拳的朋友們，拳學是我國歷代人民勤勞智慧，汗水鮮血以至生命的寶貴結晶。無數拳學先輩和薌齋先生為她的創立曾付出了畢生的心血和精力，非一般健身術、技擊術可比。雖然學練薌拳老少皆益，收效極快，但如欲達到上乘之境界絕非朝夕之事。故學練薌拳決不可稍有所得，便自視已足，更不可求速成。古往今來，追求拳學真諦者多如牛毛，但成功者卻如鳳毛麟角，究其原因雖多，但主要是意志不堅，恒心不足，境界不高所至，或見異而思遷，或始勤而終惰，雖偶有所得，不過鐵中錚錚，庸中佼佼而已。

　　大自然的一切高貴生命，童年時期都是很長的，一株小草，一束鮮花，春風吹過就會立長綻放，但葉不逾秋，花難耐寒。而蒼松翠柏經過幾十年，甚至千百年的風雨霜雪的錘煉。高尚的藝術，上乘的拳學，奧妙的追求只能如宋代大儒朱熹所云：「向來枉費推移力，此日中流自在行。」而薌拳高深的精神境界的飛躍也只能長期瞑思苦想，朝夕磨礪的追求後「不期然而然，莫知至而至。」

第六節　與時代同步

　　「大江東去，浪淘盡，千古風流人物。」任何事物，任何藝術和任何風雲人物的精神境界也應隨歷史不斷更新，才能永保旺盛的生命力。不然，就會被歷史的潮流所淘汰。我們不妨思索一下前面提到的王國維、弘一法師和薌齋先生的生平，從中悟出更深刻的哲理。

　　王國維是近代偉大的學者，國學大師，他多年矢志不渝的埋頭研究商、周歷史、地理、邊疆少數民族史，古代碑刻、音樂、音韻、文字、古籍考證，以及有關經學，取得了劃時代的成就，尤其是殷的歷史時，孔子曾經發出了三代文獻不足的感嘆，晚於孔子四百多年的偉大史學家司馬遷在選寫商殷的歷史時也因文獻不足出現了可以理解的一些差錯，這些差錯卻被兩千年後的王國維糾正了，所以郭沫若先生說：「殷墟的發現是新史學的開端，王國維的業績是新史學的開始。」

　　王國維的重要著作《觀堂集林》在他死後的第二年被正在日本從事歷史學研究的郭沫若先生發現了。郭老認真閱讀

後，為王國維的淵博知識和執著精神所震驚，表示十分敬佩，郭老贊嘆說：「《觀堂集林》和它的作者在史學上的劃時代成就使我震驚了。」

王國維的事業和成就的確經歷了他自己所提出的三個境界。不幸的是，自辛亥革命爆發後，在舉國歡慶封建王朝覆滅的歷史重大轉折之際。他的思想卻日趨保守，隨著歷史的前進，他一步步開始墮落，1923年，在我國已經進入新民主主義革命時期，他卻逆歷史潮流而動，應已被全國人民唾棄的清廷徵召，去給廢帝溥儀當老師。當時他曾請薌齋先生給溥儀當護衛總教練，遭到了薌齋先生的嚴厲拒絕，最後，王國維感到復辟清廷的幻想已經破滅，竟於1927年6月24日在自身和時代潮流的極端矛盾中跳入頤和園昆明湖自殺了，年方五十歲。

李叔同先生，皈依三寶後參透玄機，轉迷成悟，離苦得樂，以青燈古佛為伴，終日埋頭修佛學，功德昭著，法號弘一。他在佛教界享有極高威望。他的繪畫藝術開一代風氣之先，他在凝神寂聽之際排除一切干擾，處於氣靜神閑的全神貫注之中，做到了目不見絹素，手不知筆墨，物我兩志，一氣呵成。並細微地根據毛筆獸毛的剛柔，長短不同和水墨含墨量的不同，使自身千變萬化，而且他以運筆的速度與畫紙摩擦的輕重不同使畫面變化莫測，境界高遠，書法淳樸典雅，祥和純靜。大法師極為厭惡那些整天忙於應酬和周旋於官場追名逐利之徒，鄙棄此輩沒有風骨，不知美為何物，他本人對世事變化持禪心永在，閑雲野鶴的態度，拒絕和任何達官貴人的來往。李宗仁先生懇請他赴宴，他亦不屑一顧而拒絕，並讓人給李帶去了如下詩作：「山僧野性好林泉，每向

岩阿依石眠。不解栽松伴玉勒，惟能引水種金蓮。白雲不可束青嶂，明月難教下碧天。城市不能飛錫去，恐驚鸞啼翠樓前。」從此詩中可以看出弘一法師的四大皆空，任萬千風物過眼，完全歸然無動於心的處世態度和精神境界。

但當日寇大舉侵華時，他卻在廈門石岩寺的門上貼了題名「殉教堂」的橫幅，堅決地說：「如廈門失陷，我願以身殉之。」大法師視塵世的一切皆為無可留意的過眼煙雲，但他作為炎黃子孫，面對狼煙四起，同胞塗炭的現狀卻痛苦地跪在佛像前，急切地誦著經文，深願菩薩的悲憫加被中華這塊焦土和苦難的眾生。1942年9月4日，大法師留下了「悲欣交集」四字圓寂，無人可知其悲何？欣何？給世人留下了一個永恒的謎。

薌齋先生自幼聰慧過人，七、八歲即以「神童」之名遠聞深州城鄉。郭老在未見到他時，就聽說他在同塾師談論一直被文壇推崇備至的王勃名作《騰王閣序》時，竟指出「落霞與孤鶩齊飛，秋水共長天一色。」兩句是仿照庾信《馬射賦》中「落花與芝蓋齊飛，楊柳共春旗一色」而成。當時郭老就對年僅八歲的薌齋先生產生了極大的興趣和好感。只因薌齋先生體弱多病，才開始習武健身。但他在習武的同時，一直未荒廢學業。

由此可知，薌齋先生本來可以成為一個大文學家或大詩人的，如按傳統觀念來說，他的體質和文靜的性格也不適合練武。但是國憂外患，天悲日黯，朝政腐敗，人民塗炭的現狀。堅定了他尚武安邦的志向，歷史上無數民族英雄的壯烈事跡，激勵他走上了終生繼承，弘揚武學的坎坷風雨之途。

1933年10月20日，舊中國第五次全運會在南京舉行。薌

齋先生攜弟子參加了武術項目比賽，開幕式上，走在最後的是只有四名來自東三省的代表隊員，人數雖少，卻代表著關外幾千萬中華兒女，且意味著東北永遠是祖國大家庭的成員。當代表隊走來時，薌齋先生和弟子趙道新、張長信等熱淚滿面，緊握雙拳。「九一八」的國恥，日本帝國主義的鐵蹄，同胞的苦難……立即使場內變得一片沉寂，張長信突然振臂高呼：「打倒日本帝國主義！收復東北，還我河山！」全場內一片怒吼，口號聲響成一片，隨後，就有很多同胞抽泣、痛哭。連坐在主席台上的國府要員馮玉祥、于右任、張治中等也用手帕擦著眼淚……。會後，薌齋先生把王國維贈送的三個境界的條幅換成了岳飛的畫像和文天祥的《正氣歌》。時隔不久，薌齋先生先後戰勝了來華挑戰的日本搏擊家日野、八田一郎、澤井健一和意大利籍西歐冠軍詹姆士。當八田以重金請薌齋先生到日本授拳時，薌齋先生以老病堅拒，誓不出國門一步。薌齋先生可歌可泣的行動和絕技，迎接了第二次世界各國搏擊家的挑戰，大大振奮了我國固有的民族精神，表明了中國人民誓死反抗侵略的堅強意志。

　　武林中不乏苦練之人，但因缺乏精神境界的培養和砥礪，致使他們冬練三九，夏練三伏的目的無非是不被人欺或揚名立萬，更有一些敗類，見大義而惜身，遇小利則亡命，甚至自甘墮落，使自己或教唆從學者成為仗勢欺人的街頭惡霸或冷面殺手，曾獲全國散打冠軍的喬立夫等人就是此類人物，1998年全國第一家武館因魚肉鄉里，稱霸一方而被公安部門查抄亦是例證。而薌齋先生則是把愛國主義精神作為拳學境界基石的，他闡明拳道的使命是「使學者神明體健，利國利群」。薌拳訓練首先要使習拳者成為學者或愛國志士，成為

大仁大義、大志大勇之人。讀者朋友在翻閱後文《對敵》和《王薌齋與柏鄉牡丹》後，會對此有更深刻的了解。

解放後，薌齋先生將全部身心獻給人民群眾，每日不辭勞苦奔波於各個站樁輔導站，嘔心瀝血，全心全意為患者服務。1953年社會主義國家體育邀請賽上，已經是六十六歲高齡的老人又奮伏櫪之志，迎戰匈牙利拳擊冠軍，雄心不減，虎威猶存，使中華拳法再展神威。

薌齋先生一生盡瘁拳道，至晚年仍刻意奮發，任重致遠。由於當時的國情，他便對祖國拳學的養生功法及原理進行了更高層次的研究。但是自50年代末，形勢巨變，使他的研究困難重重。薌齋先生深感歷史責任未盡，最後懷著深深的遺憾離開了他深切熱愛的祖國拳學事業，他留下了沉重。也給自己和弟子們及其後人留下了反思。使人們明白了他的另一個方面，明白了他臨終前的心靈為什麼會默默靜寂，靜寂之後的心靈為什麼常常捲起波瀾。實際上他的心靈永遠不會靜寂，因為他真實，他時刻都在沉思，因為他深刻。他的追求絕不是一種熱情，而是一種信念。熱情不過是雨後的彩虹，那是靠陽光的反照，轉瞬即逝，信念是一生的目標，是崇高的精神境界在心靈深處閃閃發光。薌齋先生教導過的學生和後學以及受到過他精神境界強烈薰陶過的人們，繼承了他的學業。也繼承了他一生身體力行的精神。

文通武備的老大學生姚宗勛先生默默地擎起了薌拳的旗幟，忍辱負重，百折不撓，在三十多年沒有工作，衣食無著的情況下繼續發揚實戰拳法，即使在強制勞動的逆境中乃矢志不渝。

1987年，河北辛集市的大街上，五個流氓正在調戲一名

女教師，圍觀者已經司空見慣，麻木不仁，沒有人阻攔，也沒有人報警。突然，一位手拄拐杖的老人擠至近前怒斥歹徒，經過一場激戰，歹徒被老人打得連滾帶爬，此人正是八十五歲高齡的馬驥良先生。事後，有關領導大力予以表彰，並且贈錦旗一面上書：「武萃南山，德高育人」（圖365辛集市體委贈馬驥良先生的錦旗）。

圖365 辛集市體委贈馬驥良先生的錦旗

　　張恩桐先生是薌齋先生最得意的弟子之一，曾以絕技折服蛟壇泰斗大老九——張魁元先生，並輕取內家拳名手胡耀貞，早已威名赫赫。但在50年代初得恩師復授新功法後，又刻意研精，即使在文革中被打折腿致殘，仍堅持坐著練功並指導後學。

　　趙道新先生，這位曾以雙掌震撼過搏壇的格鬥專家，數十年間無人知其下落，但在人生盡頭最後的幾年中將自己的心得整理了出來，拒絕了國外重金的誘惑，把它獻給了祖國，獻給了後學，獻出了一顆對中華拳道的赤熱之心。

　　趙先生認為：「拳術哲理的框架，積累了中國古文化中支離破碎的論點和論例，以及散亂的諺語和寓言。」為此，他和張恩桐先生一起輔助正文先生進行了新的歷史性的艱苦工作，並任活體武術試驗和技術指導，為完成中華武學基本原理的研究做出了最後的奉獻。

　　正文和趙、張等先生的研究，填補了人類科學史上關於人體研究的空白，證實了真傳拳法是人體科學的正確體現，

並解決了中華武術第三次面臨世界的功法和打法。其成果上報國家十餘年後,英國學者,劍橋大學的動物病理學教授,當代科學方法專家貝里奇才發現了「所有兒童、幼年脊椎動物都發現了萬有引力」這個現象。趙、張二位先生將最後的餘熱貢獻給了中華武學科技事業,正文先生也付出了重大代價,其長子也因此而成終身殘廢。

薌齋先生等人在各種困境危難中捍衛著祖國拳學的真諦,發揚著其博大的精神,渴望著祖國的富強,渴望著百花園中萬紫千紅、爭奇鬥艷的春天,渴望著後學者正直無羈的人生走在日常的每天每天。他們希望過一次又一次,也失望過一次又一次,儘管失望是如此殘酷,眼睜睜把痛苦留給自己,但精神境界使理想之樹仍然生長著繁茂蔥蘢的誘惑。

日月經天,江河行地,鸞翔鳳逸,代代孕育出熱血赤子和才俊,但是歷史卻未使他們發揮出全部才智。二戰結束時,盟軍攻克了柏林,前蘇軍把大批德國的機械運回本國,美軍卻把大批德國高級科學工作者和工程技術人員作為戰俘運到美國,高薪錄用,提出原子彈科研計劃的愛因斯坦、費米等十位教授中,就有九位是外國人。古今中外的史實證明,世界上最寶貴的是人才。而我國的大批人才卻由於歷史的原因,而未盡其用,薌齋先生等武學人才也於50年代末就芝沒蓬蒿,甚至備受壓抑和苦難⋯⋯

當前,我國正發生著巨大的變化,華夏大地一派改革之風,中華武學和其精神境界的影響也日益擴大,劫後幸存的韓星橋、卜恩富諸位先生又肩負起了歷史的重任⋯⋯久經風雨的天空,在經過烏雲蔽日之後,呈現出一片晴朗,顯得那麼蔚藍和純淨,深邃而透明。

　　歷史在發展，時代在前進，我們習武者應自覺投入到偉大的變革之中，使精神境界同友好、科學、諒解、文明的奧林匹克精神相結合，使國術儘快走出國門，發展為相互理解和信任，友好交流，共同提高的人體科研項目而造福人類。

附1　薌翁遺著

薌翁論拳之作頗多，尤以《拳道中樞》為其代表，斯作論崇議微，淵奧典雅，煥然拳儒之筆也。

余嘗嘆武者不文，無復能如岳武穆，獨薌翁此作，深遠精微，其成法班如可誦也，成規森如可尋也。蓋其悲拳道之不明，戚國人精神之不振，論拳以明其義，雖名大成拳論，然非論一家一派之拳也，其旨乃中華武學之經也，其義則論，其又則不欲以經自居者也。

《拳道中樞》，武學之經典也。拳道真諦，開合詳盡；功法竅要，幾無餘蘊。凡陋習偽技狂瞽之談，痛斥殆盡。使誦其說者如出乎其時，求其指教者如即乎其人，滌盡胸中愚頑。其文簡，其意博，其理奧，其趣深，其義切，其情真。真偽必分，至理不繁，易於學者也。

此著竣於1940年，由薌翁弟子張正中先生楷書謄請，今存薌翁三女王玉白先生處。今世之流傳者，多為傳抄之作，或改篡原文，或拋荒正義，脫文斷字者亦復不少。余曾拜讀多種抄本，唯覺馬驥良、楊紹庚二先生所抄盡同，且文字端莊，皆符薌翁繩墨，故今將諸本異同，一遵馬、楊。

至若世人之詮釋，雖不乏體貼入妙，融洽分明者，然多枉費曲說，隔靴搔癢之論。且多於文難體會處，強行就我，余因不文，豈敢妄為穿鑿，而別立論？其文中之少有疑似字句，未嘗考正，亦依馬、楊二先生之抄本，乃後學尊經之意也。是故業是者，性必夙授，質必靈明，誦其言而不泥其言，尋其法而悟其所以法。諺云：「開卷了然，臨陣茫然。」深望後學同仁，精讀原著，更需切實體認，方能天機迅發，

妙識玄通焉。」

拳道中樞（大成拳論）
自　志

　　拳道之大，實為民族精神之需要，學術之國本，人生哲學之基礎，社會教育之命脈。其使命要在修正人心，抒發感情，改造生理，發揮良能，使學者神明體健，利國利群，故不專重技擊一端也。若能完成其使命，則可謂之拳，否則是異端耳。習異拳如飲鴆毒，其害不可勝言也。余素以己利人為懷，觸目痛心，不忍坐視，本四十餘年習拳經驗，探其真義之所在，參以學理，證以體認，袪其弊，發其秘，捨短取長，去偽存真，融會貫通，以發揚而光大之，今成一種特殊拳學，而友人多試之甜蜜，習之愉快，因命以大成二字名吾拳，欲卻之而無從也，隨聽之而已。今夫本拳之所重者，在精神、在意感，在自然力之修練。總而言之，使人身與大氣相應合；分而言之，以宇宙之原則原理為本，養成神圓力方，形曲意直，虛實無定，鍛煉成觸覺活力之本能。以言其體，則無力不具，以言其用，則有感即應。以視彼一般拳學家，尚形式，重方法，講蠻力者，故不可相提並論也。誠以一般拳學家多因注重形式與方法，而演成各種繁冗畸形怪狀之拳套，更因講求蠻力之增進，而操各項激烈運動，誤傳誤授，自尚以為得意者，殊不知盡是戕生運動，其神經、肢體、氣管、筋肉，已受其摧殘而至頹廢，安能望其完成拳道之使命乎。余雖不敢謂本拳為至上之學，若以現代及過去而論，信他所無，而我獨有也。學術理應代高一代，否則錯誤、當無存在之必要矣！余深信拳學適於神經、肢體之鍛煉，方因而益智，尤適於筋肉溫養、血液之滋榮，更使呼吸舒暢，肺

量增強，而本能之力亦隨之漸長，以實現一觸即發之功能。至於致力之要，用功之法，統於篇內述之，茲不贅述。但此篇原為同志習拳較易而設，非問世之文者比也。蓋因余年已老，大家迫求，只得以留警鴻爪影於泥雪中尋之，僅將平日所學，拉雜記載留作參考。將來人手一篇，領會較易。但余素以求知為職志，果有海內賢達，對本拳予以指正，或進而教之，則尤感焉，以一得之愚，得藉他山之攻，而益有進益。日後望徒學諸生，虛心博訪，一方面盡量問難，一方面盡力發揮，倘有心得，希隨時共同研究，以求博得精奧，而期福利群人，提高國民體育之水準，實為盼甚，否則毫無價值也。如此提高而不果，是吾輩精神之不篤，或智力未符故耳。夫學術本為人類所共有，余亦何人，而敢自秘？所以不揣簡陋努力簡陋努力而成是篇。余不文，對本拳之精微，不能闡發淨盡。所寫者，僅不過回錄而已，實難形容其底蘊，以詳吾胸中之事矣，一隅三反，是在學者。余因愛道之誠，情緒之熱，雖不免言論之激，失之狂放，知我罪我，笑罵由人。

河北博陵　瓻齋王尼寶志
於太液萬字廊

習拳述要

　　近世操拳者，多以筋肉之暴露，堅硬誇示人前，以為運動家之表現。殊不知此畸形發達之現象，既礙衛生，更無他用，最為生理家禁忌，毫無運動價值也。近年以來，余於報端，曾一再指摘其非。雖有一般明理之士，咸表同情，而大都仍是庸俗愚昧，忍心害理，尤其信口詆人，此真不齒，故

終不免諸多銜怨者。大凡從來獨抱絕學為人類謀福利者,與極忠誠之士和聰明絕頂者,社會從來鮮有諒解,水準之低,概可想見。余為拳道之永久計,實在不敢顧其私,希海內賢達其諒鑒之。

按拳道之由來,原係採禽獸搏鬥之長,相其形會其意,逐漸演進,合精神假借一切法則,始匯成斯技,奈近代拳家形都不似,更何有益於精神與意感乎。然亦有云,用力則滯,用意則靈之說,尋其所以,則又瞠然莫辨。用力則筋肉滯,而百骸不靈,且不衛生,此故然矣。然在技擊方面言之,用力則是力窮,用法即是術罄,凡有方法便是局部,便是後天之人造,非本能之學也。而且精神便不能統一,用力亦不篤,更不能假以宇宙力之呼應,其神經已受其範圍之所限,動作似裹足而不前矣。且用力乃是抵抗之變象。抵抗是由畏敵擊出而起,如此豈非接受對方之擊,則又安得不為人擊中乎?用力之害,誠大矣哉。要知用力用意乃同出於一氣之源,互根為之,用意即是用力,意即力也。然非筋肉凝緊注血之力謂之力,若非用意支配全體筋肉鬆和,永不能得伸縮自如,遒放致用之活力也。既不能有自然之活力,其養生與應用,吾不知其由何可以得。要知意自神生,力隨意轉,意為力之帥,力為意之軍,所謂意緊力鬆,筋肉空靈,毛髮飛漲,力生鋒棱,非此不能得意中力之自然天趣。本拳在二十年前曾有一度稱為「意拳」之名,舉「意」字以概精神,蓋即本拳重意感與精神之義也。原期喚醒同人,使之顧名思義,覺悟其非,而正鵠是趨。孰知一般拳家各懷私見,積重難返。多不肯平心靜氣,捨短取長,研討是非之所在,情甘抱殘守闕,奈何!奈何!遂致余願無由得償,吁可慨也。余之智

力所及絕不甘隨波逐流，使我拳道真義永墮沉淪，且猶不時大聲疾呼，冀以振其麻痹而發猛醒，此又區區之誠，不能自己者也。

論信條與規守

拳學一道，不儘鍛煉身體，尚有重要深意存焉，就傳統而言，首重德性，其應遵守之信條，如尊親、敬長、重師、尚友、信義、仁愛等皆是也。此外更須有俠骨佛心之熱誠，舍己從人之蓄志，苟不具備則不得謂拳家之上選。至於渾厚深沉之氣概，堅忍果決之精神，抒發人類之情感，敏捷英勇之資質，尤為學者所必備之根本條件，否則恐難得傳，既是傳之，則亦難能得其神髓矣。故先輩每於傳人之際，必再三審慎行之者，蓋因人材難得，不肯輕錄門牆。至其傳授之程序，率皆先以四容五要為本。如：頭直、目正、神莊、聲靜、再以恭、慎、意、切、和五字訣示之。茲將五字訣歌解列後以示其意：習拳既入門，首要尊師親，尚友須重義，武德更謹遵，動則如龍虎，靜猶古佛心，舉止宜恭慎，如同會大賓。恭則神不散，慎如深淵臨，假借無窮意，精滿混元身。虛無求實切，不失中和均，力感如透電，所學與日深。運聲由內轉，音韻似龍吟，恭慎意切和，五字秘訣分。見性明理後，反向身外尋，莫被法理拘，更勿終學人。

論單雙重與不著象

以拳道之原則原理論，勿論平時練習，抑在技擊之中，須保持全身之均整，使之毫不偏倚。凡有些微不平衡，即為形著象，力亦破體也。蓋神形力意，皆不許有著象，一著象

便是片面，既不衛生，且易為人所乘，學者宜謹記之。夫均衡非呆板也。稍板，則易犯雙重之病，然尤不許過靈，過靈則易趨於華而不實也。須要具體舒放。屈折含蓄，如發力時亦不許斷續，所謂力不亡者也。蓋雙重非專指兩足部位而言。頭手身足、肩、肘、膝、胯，以及大小關節，即一點細微之力，都有單雙鬆緊，虛實輕重之別。今之拳家，大都由片面之單重，走向絕對之雙重，更由絕對之雙重，而趨於僵死之途。甚矣單雙重之學，愈久而愈湮之。就以今之各家拳譜論，亦都根本失當，況其作者，盡是露形犯規，而大破其體者。所有姿勢，誠荒天下之唐，麻世人之肉矣，愈習之則愈去拳道之門徑而遠甚。不著象而成死板，一著象散亂無章，縱然身遇單重之妙，因無能領略，此亦無異於雙重也。非弄到不舒服，不自然，百骸失靈而為止，是以不得不走入刻板方法之途徑，永無隨機而動，變化無方，更無發揮良能之日矣。噫！亦誠可憐之甚也。至於神與意之不著象。乃非應用觸覺良能之活力不足以證明之。比如雙方決鬥，利害當前，間不容緩，已接未觸之時，尚不知應用者為何，解決之後，復不知適間所用者為何，所謂不期然而然，莫之至而至，又謂極中致和，本能之自動良能者也。

抽象虛實有無體認

習拳入手之法，非只一端，而其結晶之妙，則全在於神形意力之運用，互為一致。此種運用，都視之無形，聽之無聽，無形亦無象。就以有形而論，其勢如空中之旗，飄擺無定，唯風力是應，即所謂與大氣之應合，又如浪中之魚，起伏無方，縱橫往還，以聽其觸。只有一氣相機而動，應感而

發，和虛靈守默之含蓄精神。要在以虛無而度其有，亦以有處而揣其無，誠與老莊佛釋，無為而有為，萬法皆空，即為實象。一切學理多稱謹似，又如倪黃作畫，各以峭逸之筆，孤行天壤堪並論也。其機其趣，完全在於無形神似之間，度其意，可以求之，所以習時有對鏡操作之戒者，恐一求形似，則內虛而神敗矣。

習時須假定三尺以外七尺之內，四周如有大刀闊斧之巨敵，或毒蛇猛獸蜿蜒而來，其共爭生存之情景，須當以大無畏之精神而應付之，以求虛中之實也。如一旦大敵林立，在我如入無人之境以周旋之，則為實中求虛，要在平日操存體認，涵蓄修養，總之都是從抽象中得來，所謂但求神意足，不求形骸似，更不許存有對象，而解脫一切者是也。

切記，習時要慢，而神宜速，手不空出，意不空回，即些微細小之點力動作，則須具體無微而不應，內外相連，虛實相需，而為一貫。須要無時無處無不含有應敵技擊之本能，倘一求速，則一切經過之路徑滑然而過，再由何而得其體認之作用乎？是故初學時，須要以站桩為基礎，漸漸體會而後行之。總之，須要神形意力成為一貫，亦須四心（頂心、本心、手心、足心）相合，四肢百骸悉在其中，不執著，不停斷，再與大氣之呼應，各點力之鬆緊互以為用，庶乎可矣。

離開己身，無物可求，執著己身，永無是處。旨哉斯言，細心體會，自不難窺拳道之堂奧矣。

總　　綱

拳本服膺，推名大成，平易近人，理趣叢生。一法不立

，無法不容。拳本無法，有法也空。存理變質，陶冶性靈。信義仁勇，悉在其中。力任自然，矯健猶龍。吐吶靈源，體會功能。不即不離，禮讓謙恭。力合宇宙，發揮良能。持環得樞，機變無形。收斂聽內，鍛鍊神經。動如怒虎，靜似蟄龍。神猶霧豹，力若犀行。蓄靈守默，應感無窮。

歌　訣

古人多以歌訣之法，以為教授工具，謹作此意，略加變更，特編歌訣列後，以餉學者。

拳道極細微，勿以小道視，開闢首重武，學術始於此，當代多失傳，荒唐無邊際，本拳基服膺，無長不匯集。切志倡拳學，欲復古元始，銘心究理性，技擊乃其次。要知拳真髓，首由站桩起，意在宇宙間，體認學試力，百骸稱均衡，曲折有面積，彷彿起雲端，呼吸靜長細，舒適更悠揚，形象若瘋痴，絕緣摒雜念，斂神聽微雨，滿身空靈意，不容黏毫羽，有形似流水，無形如大氣，綿綿猶如醉，悠悠水中浴，默對向天空，虛靈須定意，洪爐大冶身，陶熔物不計，神機自內變，調息靜聽虛，守靜如處女，動似蟄龍舉，力鬆意須緊，毛髮勢如戟，筋肉迢欲放，支點力滾絲，螺旋力無形，遍體彈簧似。關節若機輪，揣摩意中力，筋肉似驚蛇，履步風卷席，縱橫起巨波，若鯨游旋勢，頂上力空靈，身如繩吊繫，兩目神光斂，兩耳聽靜極，小腹應常圓，胸間微含蓄，指端力透電，骨節鋒棱起，神態似猿捷，足踏如貓距，一觸即爆發，炸力無斷續，學者莫好奇，平易生天趣，返嬰尋天籟，軀柔似童浴，勿忘勿助長，升堂漸入室。如若論應敵，拳道微末技，首先力均整，樞紐不偏倚，動靜互為根，精神

多暗示，路線踏重心，鬆緊不滑滯，旋轉緊穩準，鈎錯互為
宜。利鈍智或愚，切審對方意，隨曲忽就伸，虛實自轉移，
蓄力如弓滿，著敵似電急，鷹瞻虎視威，足腕如兜泥，鵲落
與龍潛，混身盡爭力，蓄意肯忍狠，膽大心更細，劈纏鑽裏
橫，接觸揣時機，習之若恒久，不期自然至，變化應無形，
周旋意無意，叱吒走風雲，包羅小天地。若從跡象比，老莊
與佛釋，班馬古文章，右軍鍾張字，大李王維畫，玄妙頗相
似，造詣何能爾，善養吾浩氣，總之盡抽象，精神須切實。

練習步驟

本拳之基礎練習，即為站桩。其效用在能鍛煉神經，調
整呼吸，通暢血液，舒和筋肉，誠養生強身益智之學也，亦
為優生運動。其次為試力、試聲、體認與大氣之呼應，和力
波之鬆緊，良能之察覺，虛實互根之切要各法則，再次為自
衛，茲將各階段逐述於後。

站　　桩

站桩，即為立穩平均之站立也，初習為基本桩。習時須
首先將全體之間架配備。安排妥當，內清虛而外脫換，鬆和
自然，頭直、目正、身端、頂豎、神莊、力均、氣靜、息平
、意思遠望，髮挺腰鬆，具體關節似有微曲之意，掃除萬慮
，默對長空，內念不外遊，外緣不內侵，以神光朗照頂巔，
虛靈獨存，渾身毛髮有長伸直豎之勢，周身內外舒適挺拔，
覺如雲端寶樹，上有繩吊繫，下有木支撐，其悠揚相依之神
情，喻曰空氣游泳，殊相近似也。然後再體會肌肉細胞動盪
之情態，鍛煉有得，自然為正常活動。夫所謂正常者，即改

造生理之要道，能使貧血者可以增高，血壓高者使其下降，而達正常。蓋因其勿論如何運動永使心臟之搏動不失常態，平衡發達，正常工作。然在精神方面，須視此身如大治洪爐，無物不在陶熔體認中。但須察覺各種細胞，為自然之同時工作，不得有絲毫勉強，更不許有幻想。如依上述之鍛煉，則身體之筋肉，不鍛而自鍛，神經不養而自養，周身舒暢，氣質亦隨之而逐漸變化，其本能自然之力，由內而外，自不難漸漸發達。但切記身心不可用力，否則稍有注血，便失鬆和。不鬆則氣滯而力板，意停而神斷，全體皆非矣。總之無論站樁與試力，或技擊，只要呼吸一失常，或橫隔膜一發緊，便是錯誤。願學者宜慎行之。萬勿忽視。

試　　力

以上的基本練習，即有相當基礎後，則一切良能之發展，當日益增強，則應繼續學試力工作，體認各項力量之精神，以期真實效用。此項練習，為拳中之最重要，最困難之一部分工作。蓋試力為得力之由，力由試而得知，更由知而得所以用。習時須使身體均整，筋肉空靈，思全體毛孔無不有穿堂風往還之感。然骨骼毛髮都要支撐，迺放爭斂互為。動愈微，而神愈全。慢優於快，緩勝於急，欲行而又止，欲止而又行，更有行乎不得不止，止乎不得不行之意，以體認全體之意力圓滿否，其意力能不能隨時隨地應感而出否，全身能與宇宙之力應合否，假借之力果能成為事實否欲與宇宙力應合，須先與大氣發生感應，感應之後漸漸呼應，再試氣波之鬆緊，與地心爭力作用。習時須體會空氣之阻力何似，即我用與阻力相等之力量與之應合，於是所用之力自然無過亦

無不及。初試以手行之。逐漸以全體行之，能認識此種力，良能漸發，操之有恒，自有不可思議之妙，而各項力量，亦不難入手而得。至於意不使斷，靈不使散，渾噩一致，動微處牽全身，上下左右，前後不忘不失，非達到舒適得力，奇趣橫生之境地，不足曰得拳之妙也。所試各力名稱甚繁：如蓄力、彈力、驚力、開合力以及重速、定中、纏綿、撐抱、惰性、三角、螺旋、槓桿、輪軸、滑車、斜面等各種力量，亦自然由試而知得。蓋全體關節無微不含屈勢、同時亦無節不含放縱與開展，所謂遒放互為。固無節不成鈍形三角，且無平面積，尤無固定之三角形（不過與器械之名同而法異），蓋拳中之力，都是精神方面，體認而得知。形則微矣，表面觀之形似不動，而三角之螺旋，實在轉輪不定，錯綜不已。要知有形則力散，無形則力聚，非自身領略之後，不能知也。蓋螺旋力以余之體認觀之，非由三角力不得產生必也。而所有一切力量，都筋肉動盪，與精神假想而互為，皆有密切連帶之關係，若分而言之，則又走入方法之門，成為片面耳，所以非口傳心授未易有得，更非毫端所能形容，故不必詳述也。

總之一切力量，都是精神之集結緊密，內外含蓄，一致而為用。若單獨而論，則成為有形破體機械之拳道，非精神意義之拳也。余據四十餘年體會操存之經驗，倍感各項力量，都由渾元闊大，空洞無我產生而來，然渾元空洞亦都由細微之棱角漸漸體會，方能有得，是以吾又感天地間之一切學術，無一不感矛盾，同時亦感無一不是圓融。統一矛盾，始能融會貫通，方可利用其分工合作，否則不易明理。至於用力之法，渾噩之要，絕不在形式之好壞，尤不在姿勢之繁簡

，要在神經支配之大意和意義之領導，與全體內外之工作如何。動作時，形式方面不論單出雙回，齊出獨進，橫走豎撞，正斜互爭，渾身之節點、面、線一切法則，無微不有先後、輕重，鬆緊之別。但須形不外露，力不出尖，亦無斷續，更不許有輕重方向之感。不論試力或發力，須保持全體鬆和，含蓄而有聽力，以待其觸，神宜內斂，骨宜藏棱，要在體外三尺以內似有一層羅網包護之，而包羅之內，盡如刀叉勾錯並蓄有萬箭待發之勢，然都在毛髮筋肉伸縮撥轉，全身內外無微不有滾珠起棱之感，他如虛無假借種種之力無窮，言之太繁，姑不具論，學者神而明之。

以上各力，果身得之後，切莫以為習拳之道已畢，此不過僅得些資本而已，而始有學拳之可能性，若動則即能鬆緊緊鬆勿過正，虛實實虛得中平之中樞訣要，則又非久經大敵，實作通家，不易得也。然則須絕頂天資，過人氣度，尤須功力篤純，方可逐漸不加思考，不煩擬意不期然而然，莫知為而為，本能觸角之活力也。具體極細微之點力亦須切忌無的放矢之動作，然又非作到全體無的放矢而不可，否則難得其妙。

試　聲

試聲為補足試力之不及，其效力在運用聲波鼓盪全體細胞之工作，其原意不在威嚇，而聞之者則起猝然驚恐之感，實因其聲力並發，與徒作喊聲意在威嚇者不同。試聲口內之氣不得外吐，乃運用聲由內轉工夫，初試求有聲，漸以有聲而變無聲，蓋人之聲各異，唯試聲之聲，世人皆同，其聲如幽谷撞鐘之聲似。老輩云：試聲如黃鐘大呂之本，非筆墨毫

端可形容，須使學者觀其神，度其理，聞其聲，揣其意，然後以試其聲力之情態，方能有得。

自　衛

　　自衛，即技擊之謂也。須知大動不如小動，小動不如不動。要知不動則才是生生不已之動。比如機械之輪，或兒童之捻轉，快到極處，似乎不動。如觀之已動，則是將不動，是無力之表現也。所謂不動之動速於動，極速之動猶不動，一動一靜互根為用，其運用之妙，多在於精神之支配，意念領導與呼吸之彈力，樞紐之穩固，路線之轉移，重心之變換，以上諸法，若能用之得機適當，則技擊之基礎備矣。亦須在平日養成隨時隨地一舉手一抬足，皆含有應機而發之準備，要在虛靈含蓄中意感無窮方是貴也。然在學者於打法一道，雖無足深究，亦似有須要必經久過程，如對方呆板緊滯，且時刻表現其重心，路線部位之所在，則無足論。倘動作迅速，身無定位，而活若猿捷，更不必曰各項力之具備者，就以其運動之速，則亦非一般所能應付，故平日對於打法，亦應加以研究。習時首先鍛煉下腹充實，臀部力穩，頭手肩肘膝胯足，各有打法。至於提打、鈎打、疊打、錯打、裏打、踐打、截打、堵打、摧打、撥打、滾力打、支力打、滑力打、粘力打、圈步打、引步打、進步打、退步打、順步打、橫步打、整步打、半步打、斜面打、正面打、整體之片面打、局部之整體打、上下拳打、左右領打、內外領打、前後旋打、力斷意不斷、意斷神猶連。動靜已發未發之時機和一切暗示打法，雖係局部，若非實地練習，亦不易得。始終是下乘工夫，如聰明智慧者，則無須習此。

技擊樁法

技擊樁與基本樁神形稍異，然仍依原則以為本，步如八字形，亦名丁八步，又為半丁半八之弓箭步也。兩腳重量，前三後七，兩臂撐抱之力，內七外三，何時發力力始平均，平衡之後仍須還原。如槍炮之彈簧，伸縮不斷之意也。而手足應變之距離，長不過尺，短不逾寸，前後左右互換無窮，操之愈熟愈感其妙。至於鬆緊沉實之利用，柔靜驚彈之揣摩，路徑之遠近，間架之配備，發力之虛實，宇宙之力波，以及利用時間之機會，然後逐漸研討。拳學之整個問題，在平時須假定虎豹當前，蓄勢對搏，力爭生存之境況，此技擊入手之初，不二法門，亦為最初之法則。茲再申述神、意、力三者之運用於後。

神意之應用

技擊之站樁，要在身體空靈，均整，精神飽滿，神如霧豹，意若靈犀，具有烈馬奔放，神龍嘶噬之勢，頭頂、項豎、頂心暗縮，周身鼓舞，四外牽連，足趾抓地，雙膝撐拔，力向上提，足根微起，有如巨風卷樹，思有拔地欲飛，撐擺橫搖之勢，而身體則有撐裹、豎漲、毛髮如戟之力，上下樞紐曲折百繞，垂線自乘，其伸拔之力，要與天地相爭，肩撐肘橫，裹卷回還，拔旋無已，上兜下墜，推抱互為，永不失平衡均整之力，指端斜插左右鈎撐，外翻內裹，有推動山岳地球之感，筋肉含力，骨節生棱，身體收斂，要知思動，含

蓄吞吐，運力縱橫，兩肩開合，撐裹直前，有橫滾推錯兜卷之力，毛髮森立，背豎腰直，小腹常圓，胸部微收，動則如怒虎出林，搜山欲捕之狀，全體若靈蛇驚變之態，亦似火燒身之急，更有螫龍振電直飛之神氣。尤感筋肉激盪，力如火藥，手如彈，神機微動雀難逃，頗似有神助之勇焉。故凡遇之物則神意一交，如網天羅無物能逃，如雷霆鼓舞鱗甲，雪霜之肅草木，且其發動之神速更無物可以喻之，是以余將此種神意運動而命名之曰超速運動，言其速度之快，超出一切速度之上也。以上所言多係抽象，而精神方面須切實為之，以免流入虛幻。

力之運用

神意之外，力之運用更為切要，且係良能之力非片面力也。唯大部分，須試力上求之。習時須先由節段，面積之偏倚，而求力量之均整，繼由點力之均整，揣摩虛實之偏倚，復由偏倚之鬆緊，以試發力之適當，更由適當之發力利用神光之離合旋繞，與波浪彈力之鋒棱，再以渾身毛髮有出尋問路之狀，而期一觸即發之功能。且時時準備技擊之攻守，亦時刻運用和大敵之周旋，尤須注意發力所擊之要點，萬不可無的放矢。見虛不擊擊實處，要知實處正是虛，虛實轉移樞紐處，若非久歷永不知，混擊蠻打亦有益，須看對方他是誰，正面微轉即斜面，斜面迎擊正可摧，勤習勿懈力搜求，恭、慎、意、切、靜揣思。

技擊在性命相搏，一方面而言，則為決鬥，決鬥則無道義，更須抱定肯、忍、恨、謹、穩、準之六要訣，且與對方抱有同死決心，若擊之不中，自不能擊，動則便能致其死方

可擊之，其決心如此，自無不勝，此指勢均力敵者而言。如技能遜不妨讓之，若在同道相訪較試身手方面言之，則為較量，較量為友誼研討性質，與決鬥不同，須首重道義，尤須觀察對方之能力何以，倘相去遠，則須完全讓之，使其畏威懷德為切要。較量之先須以禮當前，言詞應和藹，舉動要有禮度，萬不可驕橫、狂燥、有傷和雅，夫而後武德可以漸復，古道可以常存，實我拳道無尚光榮，則余有後望焉。

論拳套與方法

拳之深邃本無窮盡，縱學者穎悟絕世，更具有篤信力行之精神，終身習行亦難究其極。而拳套與方法，所謂人造拳架子是也。自滿清三百年來，為一般門外漢擋差表演而用，即拳混子謀生之工具，果欲研拳者，則又何暇而習此？非但毫無用途，且與神經、肢體、腦力，諸多妨礙，戕害身體一切良能，故習此者，鮮有智識，而於應用，尤不適合，且害處極多，筆難盡罄，對於拳之使命，衛生原則，相距太遠，則根本不談。對於較技，設不用方法拳套，而蠻幹混擊或不致敗，倘或用之則必敗無疑，至謂五行生克之論則尤妄甚，在決鬥勝負一瞬之間，何暇思考，若以目之所見，一再思察，然後出手以應敵，鮮有不敗者。生克之論，吾恐三尺幼童亦難盡信，夫誰信之，可詢之於決賽過者，自知吾言非謬也。見漢書洪範五行志，乃指政治、人民需要開發金木水火土，應用而言，後一般不學無識之輩，濫加採用，妄為偽造，致演為世之所謂五行生克之論。此不過為江湖之流，信口云云而已，豈學者亦可以讀此乎，蓋拳套一項，大都知係人偽造，然招式方法，又何嘗不是人作偽，皆非拳之原則發揮本

能之學也，縱有純篤之功夫，信專之堅忍，恒心毅力而為，然亦終歸是捨精華而就糟粕者也，要知拳學根本無法，亦可云無微不法，一有方法精神便不一致，力亦不篤，動作散慢不果速，一切不能統一，更有背於良能，所謂法者，乃原理原則之法，非枝節片面之刻板方法而為法，習枝節之法，猶之於庸醫也。所學者，都是備妥藥方以待患者，而患者須可方患病，否則無可施其技矣。凡以拳套方法而為拳，是不啻蛇神牛鬼之說而亂大道，皆拳道之罪人也。觀今之學者，縱有精研之志，苦無入徑之門，故余不顧一切，誓必道破其非，夫拳道方法，既屬毫無用途，而且有害，何傳者、習者尚不乏人者，何也？概因此中人大都智識薄弱，故多好奇熱異，即告之以真，彼亦難悟，悟亦難行，蓋習之者，更以拳套方法能欺人，且尤藉此以消磨時間，而便於謀生。況根本不識拳為何物者，故相率以已誤遺誤，永無止境，誠可憐可哭亦復可氣也。噫，豈僅拳之一道，吾感一切學術，大都亦是畸形發展，余不忍目睹同類走入迷途之浩劫而不救，故不惜本我多年的體認之經驗，所得所知反覆申論，以正其妄，而期喚醒同胞勿復執迷不悟也。大凡天地間之高深學術，皆形簡意繁，而形成複雜者絕少精義，固不僅拳道然也。願同志三思之。

論拳與器械之關係

古云：「拳成兵器就，莫專習刀槍」。若能獲得拳中之真理，與復對各項力之功能，與節段面積之曲折，長短斜正之虛實，三段九節之功用，路線高低之方向，和接觸時間之火候，果能意領神會，則無論刀槍棍種種兵器，稍加指點，俱

無不精，即偶遇從無見聞之兵器，且執於使用該兵器專家之手，彼亦不敵。何則？比如工程師比小爐匠，醫博士比護士，根本無比例之可擬也。

論點穴

點穴之說，世人都以為奇，有云點穴道者，有云時間者，其種種紛論不已，聞之令人生厭而欲嘔，所論皆非也。蓋雙方較技，勢均力敵，不必曰固定之穴不易擊中，即不論何處擊中亦很難，如僅以某穴可以點，再加以時間之核對，則早為對方所擊破矣。總之若無拳術之根本能力，縱使其任意戳點，亦無所施其技，即幸而點中亦無效果。若已得拳中之真實功力，則無論兩肋前胸之某一部位，一被擊中，立能致死。非有意點穴，而所至之處，則無不非穴，若僅學某處是穴，某時可點，其道不愈疏遠乎。

天賦與學術之別

世人常云：「某甲身高八尺，力逾千斤，其勇不可擋。」要知身八尺，力逾千斤，只可謂得天獨厚，不得以代表拳學也。又云：「某一拳擊斷巨磨石，單拳劈碎八塊磚，及前縱一丈，後躍八尺，果能如此，僅不過愚人局部工夫耳，則必然走入廢人途徑，此且不談，然都不得以拳道而目之。」如上所談，世人都以為特殊奇士，若與通家遇，則毫無能力，至論飛簷走壁劍俠之說，此皆小說家夢想假造，只可付之一笑，如開石頭過刀槍乃江湖中所謂吃托之流，此下而又下不值不道。

解除神秘

每有天資低而學識淺者，其為人忠誠，然已承師教，且有深造獨專，絕大純篤之功夫，雖係局部，但人多不及，聽其言論之玄妙，觀其效用之功能，識別淺者即以為人莫能此，便以為神秘視之，殊不知神秘之說，根本荒謬，概由智識薄弱，鑒別力淺及體認未精而起，即或偶而僥倖得到拳中真義，奈無能領略，而莫然放過，所以每以理趣較深者，輒起一種神秘思想，若習之深見聞廣，理有所遇，自然豁然洞悉，而不疑有他，凡事皆然，豈獨拳學哉。

知行解釋

學術一道，要在知而能行，行亦能知，否則終不免欺人自欺，妄語叢叢，言之多無邊際。知行二字名雖簡易，實則繁難，世云：有謂知難而行易，與知行合一及事之本無難易者，以上所談各具有理，然究屬籠統且多片面。為使人徹底明了，余以為凡對一門學問，有深刻之功力，亦有相當效果，而因智識有限，不能道其所以然者，皆可云知難行易；如識鑒富功力深知雖易，而行亦不難；若有識別而無功則可謂知易行難，倘無功又乏智識，則知行二字兩不可。學術本無止境，共有若干知，或有若干行，行到如何地步，知道怎樣程度，方為真知真行，則余實不敢妄加論定，然應以能知者亦能行，能行者即能知，始可謂知行一致，非由真知永無真行之一日，亦非由真行弗克有真知之時也。誠以相需而不相成，不二真理，學術皆然武道尤甚。蓋因此道中須時刻兌現，雙方相遇無暇思考，更不容老生常談，夫學術一道首要明理，更須切實用功，若不首先明理，不知用功切要之所在，

易於走入歧途，功夫愈深戕害愈烈。不論讀書寫字，任何藝術，往往在幼時多以為可造，豈知年長功深，名滿天下者，反而不堪造就矣。此比比皆是，概因師法不良，用功不細心，追求表面，人學我學，人云亦云，所謂盲從者是也。若習而不果，則亦永無體認之可言，茫然一生毫無實際，且易起神秘思想，終不可得望見門牆，由是而馨其所學，以致終生無體認也，哀哉！須知，巧者不過習者之門，文曰：子孫雖愚，讀書不可免，亦要明理，更要實踐，表裡內外，互相佐之，否則終難入軌。

拳道喪失之原因

習拳之要，有三原則：一健身，二自衛，三利群。利群為吾人天職，亦其基本要領。然一切之一切，則須完全由於身心健康中得來。不健康絕無充足之精神，精神不足永無可歌可泣之事跡。且不必曰殺身成仁，捨生取義，吾恐其見人溺水或自縊，亦將畏縮而不前也，況路見不平拔刀相助哉。不但此也，凡自身弱者，多氣量小而情緒惡，容物怡情亦非身體健康不可也。健身為人生之本，習拳為健身之基，一切事業悉須賴之，其關係即如是之大，豈能任其以偽亂真，欺天下萬世而不辨乎？按拳道之起初最簡，而後便趨繁雜，夫拳道為改善生理之工具，發揮良能之要訣，由簡入繁，則似可也。由繁而違背生理之原則則不可，形意拳當初有三拳，且三拳為一動作。所謂踐鑽裹，若馬奔連環一氣演成三種力之合一作用也。至於五行十二形亦包括在內，蓋五行原為代五種力之名詞，如十二形，乃謂十二種禽獸各有特長，應博取之，非單獨有十二形及各種雜類之拳套也。八卦拳亦如是

也，初只有單雙換掌，後因識淺者流，未悉此中真義，竟妄為偽造，至演有六十四掌，及七十二腿等偽式，非徒無益而猶為害矣。太極拳流弊尤深，唯其害不烈於生理方面，尚不十分背謬，但一切姿態，亦毫不可取，如以該拳譜論文字較雅，惜精義少而繁雜多，且大多有籠統之病。總之按近代所有拳術根本談不到養生與技擊當否，亦無一法合生理要求者，余四十年足跡大江南北，所謂拳家有萬千，從無見有一氏而能得其均衡者，況精奧乎？夫拳本形簡而意繁，且有終身習行而不能明其要義者，至達於至善之境地，則尤屬於鳳毛鱗角，又況於此道根本不是者，此非拳道之原理難明，實因一般人缺乏平易思想與堅強意志。降及今世，門戶疊出，招式方法多至不可名狀。詢其所以。曰博美觀，以備表演耳。習拳者若其以悅人為目的則何如捨習拳而演戲劇乎？且戲劇中尚有不少有本之處，較之一般拳家誠高一籌。每聞今之習拳者常與人曰，能會若干套與幾多手，而自鳴得意，殊不知識者早竊笑於旁，更為可嘆息不置也矣。然則拳道之喪失，豈非拳套方法為之，歷經三百年來相習即已成風，積重難返，下焉者流，推波助瀾致演為四象五行之說，九宮八卦之論以及河洛之學說者，凡荒唐玄奇之詞儘量採用而附會，使習者不明其象惑於邪說而趨之若鶩，拳道之原理，焉得不日就漸滅哉。此外尚有學得幾套刀槍拳棍欲假此而謀生，幸爾機遇巧合。其計獲售。而因謀生之不遂者，認為有機可乘，爭相效法布滿社會，此等徑行不唯拳道之真義背棄無餘，而尚義俠骨之風亦相與隨之而廢。然其間不免有持達之士，能窺拳中之奧蘊者，惜又為積習成見所囿，不肯將所得精華逕以示人，豈知汪洋之水，何患人掏，是何因所見之不廣其小之

若是耶。

夫學術本為人類所共有，苟有所得理應公諸社會，焉可以私付密授，使之湮沒不彰乎。邇來更聞有依傍佛門，說神說鬼，妄言如何修道，如何遇仙，其荒誕不經，又如神邪怪道之尤甚者，良可慨也。夫今為科學昌明之時代，竟敢作此野狐之謬說，傳之人口布諸報端，此種庸愚昏憒之徒，真不知人間尚有羞恥之事矣。佛如有靈，不知對此流傳謬種之事，作何相思歟？世間求名謀生之道不只一端也，何必利用社會弱點自欺欺人。余言及此，不禁為拳道悲，更為世道人心嘆也。拳道之凌替，固應罪及康雍二帝，以其時倡之不以其道也。然亦歸咎於同志智識不足，根性不良，以致為其所愚，迄今以誤傳誤，而於此道都莫能識別。即間或有覺悟者，又因保守門戶之成見而晨人，遂愈趨更愈下也。拳之一道，學之不當，能使品德、神經、肢體、性情都致失常，且影響生命，因而誤及終身。謂余不信，請看過去拳術名家多因筋肉失和，而落癱瘓下痿者，比比皆是，習拳原為養生，反而戕生。結果殊可憐也。世人多呼拳道為國粹，如此國粹豈非製造廢人之工具乎。民國十五年後，各地設有國術館，以示其它各術皆不配稱國字也，然則此丟人喪氣毫無價值之國術，亦僅我國可見，但未悉其中尚有如此高明之奇士，能賜其偉大之命名。余不知其大膽，若輩又作何想也。至論提倡運動的一般大人先生們，終日振臂高呼為天下倡，豈知非是運動健將，都是提前領導死亡者，何以盲從之若是耶。唯願世人靜夜慎思須明辨之。人生最寶貴者，莫過於身體，豈能任一般盲人之支配信意摧殘乎？甚矣！投師、學技不可不慎也。余之學拳，只知有是非分明，願將平生所得所知交待後任

，更願社會群眾無不知之，故有來則教，向視人類為骨肉，從不喜有師徒之稱，以期逐漸掃除門派之觀念，則拳道或可光大乎，是所願也。

解除師徒制之權商

師徒之制，譽為美德，然往往極美德之事，行之於我國則流弊叢生，醜態百出，而拳界尤為甚焉，故社會多以為不齒學之者，若不拜師，難得其密，教之者亦以不拜師不足以表現其親，更不肯授之以要訣，尤而效之，習為固然。噫，誠陋矣哉，姑不論膚淺者流，根本無技之可密，即或有之，則彼密勢必至將拳道真義密之於烏何有之鄉矣。甚至門牆之內，亦自有其密，而不傳者，余實不解其故，此真下而極下者也。拳道之不彰有故也，夫降至今日，異拳瞽說遍天下，變本加厲，可勝嘆哉。蓋拳道之真義，可云與人生大道同其凡常，亦可云與天地精微同樣深奧，不明其道而習之，終身求道不可得，果以其道而習之，終身習行不能盡，又有何暇密之乎。凡屬人類，都應以胞與為懷，以飢溺自視，果如此而天下定，否則縱使世界人類死光，只餘你一家存在，可謂自私之望已極，則又將如之何？吾恐人類之幸福永絕矣。國民積弱，事事多不如人，病亦在於此也，而況學術為千古人類所共有之物，根本不應有界域之分，更不必曰一國之內，同族之中，不當有異視，即於他國別族，亦須皆抱大同，而學術更不當為國界所限也，熙熙然皆生於光天化日之下，有何可密之有，其作用鄙卑，真不值一文也。是以余傳授拳學一事，從本來者不拒之旨，凡屬同好，有來則教，教必盡力，有問則告，告必盡義，惶惶然唯恐人之不能得或無以使人

得也。故每於傳授之際，有聽而不悟，或悟而不見諸實行者，輒起憮然自恨，唯一見其知而能行，行而有得者，則又色然有喜，區區此心，一以慰人為慰，固未嘗以師自居也。蓋以人之相與，尚精神、重感情，不在形式之稱謂。果有真實學術授人，我雖不以師居，而獲其益者，誰不懷德，附義而師事之。是師之名亡而實存也，又何損焉？若以異拳瞽說以欺世，縱令拜門稱弟，而明達者，一旦覺其妄，且將痛惡之不置，此又何師之有？師名雖存而實亡也。師徒之名份一定，而尊卑觀念以起，徒對師說即覺有不當，常恐有犯師之尊嚴而不敢背，即背之而師自保尊嚴計亦痛加駁斥，而不自反，此尚何學術道義而言，師徒制無補拳道，可概見矣。又何況門派之爭，常以師徒制之流行而益烈，入主出奴，紛紜擾攘，由師承而成門戶，由門戶而成派別，更由派別之分歧而至學理之龐雜，如此則拳道永無昌明之日矣。其患不亦更甚乎？且學之有得始乃有師，若叩頭三千，呼師八萬，而於學術根本茫然，是究不知其師之所在也。要知學術才是宇宙神聖，是公有師尊，此吾所以力主師徒制之解除也，雖然此為余個人之見，而師徒制在拳界積習已久，如一時不遽除，為慎重計，則亦須俟雙方學識品德，互有真切認識而後行之，藉免盲從憾格之弊，似較為妥善也。

結　　論

習拳不盡在年限之遠近與功之深淺和身體及年齡之高下，更不在方法之多寡，動作之快慢，輩份之高低。要在於學術原則原理通與不通故耳，尤須在天賦之精神，有無真實力量，再度其才志之何似，始定其造詣之深淺，將來之成就，

至何境地也。習拳最貴明理和精神有力，換言之，即有無獸性之篤力也。果能如是之力篤，再加以修養鍛成神志清逸之大勇，自不難深入法海，博得道要至通家而超神化之堂奧也矣。夫所謂通家者，不僅精於一門，而於諸般學術聞其言便知其程度何似，是否正軌，有無實際，觀其作法，一望而知其底蘊，或具體或局部或具體而微，至用何法補救自能一語道破，所謂得其環中以應無窮。夫為教授者，能語人以規矩。不能示人巧更不得為人工，是在學者精心摹仿體會操存，然後觀察其功夫與精神合作之巧妙如何耳。以上所談為拳道乃拳拳服膺謂之拳，亦即心領神會體認操存之義，非世之所見一般為之拳也。

附2　武林俊賢

　　中華武林，藏龍棲鳳，鸞翔鵬展，豪傑輩出。有一代之功業，有千秋之勳猷，望重國家，功在民族，抗敵禦侮，捐軀沙場，匡扶正義，扶危濟困，宣國術之神威，馳丹青之良譽。無何折戟沉沙，古墓為田，松柏成蔭，豐碑已斷。大江東去，嘆滾滾英雄何在？

　　清末迄今，名家鉅子亦爍如星列，劉奇蘭、車永宏、郭雲深、宋世榮、董海川、肖海波、丁發祥、王子斌、程庭華、周明泰、耿繼善、李旭洲、尚雲祥等前哲傳奇紛呈，或挺身赴國難，血薦軒轅；或勇挫洋拳家，揚威於世。皆智含淵藪，潔比圭璋，抗懷千古之拳界脊梁者也。而集其大成者，尤首推薌翁。薌夫子騰正軌於前，名高北斗，德為世重；趙姚等繼英聲於後，卓然不群，軒昂磊落。然世之論武之文，言拳之書雖汗牛充棟，而車、薌諸前賢之生平卻極鮮見，即使偶有道及者亦多不實。念滄桑之巨變，嘆陵谷之遷移，其間宏才遠略，豐功烈績，生而實顯，沒而泯滅者不知幾何？

　　武史之失實，莫過於人物之生平也。是故，無所考而不得書，有所避而不欲書，而更甚者，當筆之士或有私好惡焉，則有考避而不書，即書，則無當也。武史求之於野史乎？然而野史之弊者三：曰挾郤而多誣；曰輕信而多舛；曰好奇而多誕也。若以其為據，必謬極矣。或皆源於僧道，或盡出於仙授，或為掌門而手足鬩墻，或因奪寶而同門反目。其傳頌者亦皆忠君衛官之鷹犬，踏雪無痕之奇俠。則不惟負前賢之精神業績，且其高風懿行亦難乎日在人口、稱道不衰矣。

　　余欲正其亥豕久矣，而逡巡未敢任此者，實以文拙筆劣

、聞見猥淺之故耳。況年湮代遠，遠綜先典而錄字無存，已多不能披其軼事矣。即使近代，亦多失之詳確而考證甚難。如解鐵夫、方怡中二公，本於國術貢獻殊巨者也，余曾赴湘訪閩，二考衡陽，然當地人皆云：「未聞有此人物。」是以無任翹企知之者教而正之，待日後考而確鑿，復與周松山、賣士明等公專而傳之。此以下凡十人皆余知之者，俱非大俠，亦非名人，然實乃脊梁者也，且先為之傳，以俟博洽者考焉。

蕭翁傳

冀之深州，沃壤也。有村曰魏家林，居民農業，熙熙然安於畎畝。清光緒十二年，蕭翁生焉。翁幼名政和，字宇僧，別字尼寶，號蕭齋，晚年自號矛盾老人，後學尊之曰蕭翁。

翁家貧，世隸耕。其自幼聰穎，性度沉靜。六歲入塾，農閑則奮於學業，忙則帶書而農，躬自稼穡，行牧且蕘。迨八歲，塾師命題作詩，眾學子皆苦思，而翁立就。塾師閱罷甚詫，傳一秀才觀之，其文理皆有可觀者，秀才環閱於邑人，眾奇之。是以塾師誨之益勤，翁學業大進，「神童王宇僧」名傳鄉里。郭老雲深亦聞之矣。蓋其與塾師乃莫契，常往來，而翁不知也。又半年，郭老復至，偶問焉，曰：「已泯然。」問其因，曰：「屢病輟學矣。」深為憾焉。

翁患先天哮喘諸疾，瘦而弱，雖勤然負勞較同齡輩少，學業尤不堪載。父母憂之，故使其棄文習武，意在強身耳。初，翁學於表叔馬耀南先生，馬乃斯道高手，曾爭擂於濟南，威震齊魯。翁雖弱，習拳頗苦之，間或病犯，亦弗之怠。

馬甚憐愛，其與郭老亦舊契，遂欲薦之郭老。

郭老暮年，患腿疾，行不便。一日，獨省馬，會翁及三童負薪歸，翁性善，見其步艱，誤為腿傷之田叟也，趨前扶之行。郭老呼之曰：「汝非神童王宇僧否？」翁羞垂首，遂同行，遇一渠橫路，翁先躍之，置薪於地，去履站水中喚曰：「老伯可扶吾肩而過之！」郭老微愕，乃從其言渠之。翁著履負薪復欲扶郭老行，三童喚曰：「速行，將誤習拳耶！」郭老聞言問曰：「汝等亦習拳乎？」翁曰：「然。」郭老欣然曰：「爾等先行，老朽自行可也。」翁堅同，郭老允之曰：「吾雖步艱，然善奔，爾等敢一試乎？」翁等相視而笑，請其先。郭老驟然身形一晃，頭頂項豎，雙足捻地，整體如束，似脫兔疾奔。翁等皆驚，急追之。郭老如箭發電閃，曲折蛇行，斯須，駐足回觀，大笑，氣靜息平。待其追至。皆氣喘吁吁，翁則氣急聲吞。及至馬庄，翁方知田叟乃朝夕仰慕之郭老也，其疾奔乃馬奔之踐步也。

始而，翁得列郭老門牆，其穎敏絕世，頗耐勞苦，長耽其間若啖蔗蝕。暮從師馬庄，深夜獨歸，手自筆錄師授，默思體認，天寒，硯冰堅，指不能屈伸，亦必錄畢方寐。雞鳴即起，苦習之。旬餘，翁冒雪赴馬庄，嚴冬烈風，大雪盈尺，是膚皴裂而不知，至舍，肢僵不能動。郭老女，名彩鴿，急待湯沃灌，以衾擁履，久而乃和。郭老甚感動，命其長住，朝夕相伴。郭老無子，只彩鴿一女，賢淑端莊，長翁二十許，疼愛備至，勝如親子胞弟，於拳學亦多教誨。

郭老德隆望尊，門人弟子盈其室，未嘗稍降辭色，翁常站樁左右，援疑質理，俯身傾耳以請，或遇其叱咄，色愈慕，禮愈至，不敢出一言以復，俟其忻悅，則又請焉，尋幽探

微，不畏險艱。郭老威厲秋霜，翁則惠站春霖也。郭老授徒，多為五形、十二形、諸套路，惟授翁以椿功，且批郤導竅，剖微悉義，翁漸探其秘奧。後郭老病，寢衽。翁朝夕侍其側，延醫煎藥，自昏達曙，目不交睫，郭老感甚。居無何，漸癒。乃授以平生心得。一日，有一胖大僧人至，見郭老瘞，安被臥之，不言而去。蓋郭老昔年曾助知府錢錫彩辦案，除一血債累累之惡霸名竇憲均者，竇之黨羽作鳥獸散，間有二匪拒捕遁去，聲稱金盆洗手，出家向善，一隱觀，一蟄寺，暗中窺查，伺機復竇仇。然懼郭老神勇，弗敢為也。及郭老齒衰，乃蠢蠢欲動，後聞其疴沉，以為天賜良機，遂結伴而尋仇。僧直往郭老居，探虛實也。及親見郭老，知傳虛非也。不言而去，謀於道者也。僧欲同道突闖郭老居，刃之後遠走。道者曰：「今乃東山再起之時也，郭病無勇，其弟子多居外地，可當眾辱之，彼不敢應，則吾等顯名於世，若較之，則廣眾下敗殺之，仇可報，事可圖也。」僧諾，遂於深州城中設場賣藝，糾合地痞無賴欲復為庶之害矣。數日後，有弟子方奎者稟於郭老曰：「有一僧一道於城中炫技，大言以武會友，辱及恩師。」郭老怒，欲親往。翁曰：「師父病，若親較，尚安事徒？吾願代之！」奎止曰：「不可，常聞人言，凡僧道，尼姑上陣者必有奇能，與其論武，宜慎之。」郭老叱曰：「奎之言，皆劍俠演義之謬傳也，事不親見，僅耳聞，而孰斷其有無，可乎？」翁、奎皆唯唯。翁私議於奎曰：「師父病，吾當代之，豈能臨陣瑟縮如轅下駒耶！」奎然之，乃同往。須臾，復有人至，語於郭老僧、道之詳，郭老乃知為竇之餘黨，厲聲曰：「今定除惡盡，吾打死禿驢牛鼻必矣！」遂喚翁，弗應，知其已往，隻身趨之，老夫人阻

，弗聽，竟去。老夫人急差彩鴿召弟子追之。

翁偕奎至城中，適逢道者炫技，觀者摩肩疊背。道者傲然吼曰：「久聞深州大名，為高手薈萃之所，又所謂把式窩也，然本道爺來此樓鶴二日，所遇皆泛泛，徒具虛名耳，劉奇蘭雖死，郭雲深尚在，竟懼若烏龜弗敢出頭耶！」僧以杖觸地，地磚裂，亦吼曰：「果有能者，敢同衲一試否？」言未畢，翁擠前拱手曰：「余不自量，敢請奉陪！」道微睨之，叱曰：「咄爾少年，乳臭未乾，敢捋虎鬚耶！」抬足疾踢翁之襠。翁疾閃，道足空，微愕，復指戳翁之目，翁閃而進，崩拳擊其腹。道負病仰於地，觀者彩聲頓起。僧怒急，杖擊翁，郭老已至，挺身而前，喝曰：「禿驢，休撒野，郭某在此！」僧復杖擊郭老首，郭老雷鳴虎吼，崩拳中僧肋，僧慘叫，騰空跌於眾外，口湧血，魂升三界矣。觀者彩聲雷動。郭老亦額滲冷汗，身微顫。翁、奎前扶之。翁竊喜能目見恩師絕藝，心慕神隨。凡親睹者爭相傳誦，皆云郭老雖老病而虎威猶存，憶昔英年，半步崩拳雄秀武林，誠曠代絕學也。翁亦自始名顯。

及歸，眾師兄盛譽恩師神技，又贊翁之勇，翁憾曰：「師父擊僧如紙鶯，然吾僅擊仆耳，實別於霄壤也。」郭老旬日癒，傾囊授翁，終徹其蘊，深入三摩地矣。越明年，郭老病危，翁惶懼，迨疴沉昏睡，翁悲失聲，郭老目不能開，辨其聲曰：「吾無礙，汝出拳之。」翁止悲，仍不忍離，郭老奮臂以肘支軀，怒叱曰：「庸徒，何為吾賤軀誤功，國事日非，拳道亦微，汝復念吾而忘大義，拳學事可支拄乎？不速練，吾今即重責汝！」因摸手杖作擊勢，老夫人及彩鴿勸阻之，翁噤不敢言，乃出，郭老始臥。翁淚習之，東曦未停，

彩鴿勸其稍歇，翁曰：「吾上恐負炎黃，下恐愧恩師也。」後翁常流涕述此事於弟子，曰：「吾師肝膽，誠武人之千古遺範也。」旬日後，郭老作古，翁淚盡聲啞，跪抱其軀而嗚咽。郭老無嗣，為之喪服，扶棺大慟，鄉人拳友皆感動涕下。及葬，奉時祀也，訂其禮文而敬泣之。事母以郭老夫人也，時其節而瞻養之。而與孤女彩鴿，猶事勝胞姊，孝如慈母。復為郭老樹碑表墓，以誌其千古流芳。

　　翁品端尚義，惜老憐貧，尤好趨人之急，甚於己私。弱冠時，聞本村為一井與馬庄爭，召人會鬥，急往和解，至井處，雙方各持械，勢洶洶，正擬交鬥，翁立場中，高聲告眾曰：「彼此近鄰，一向融洽睦善，而今鬩牆，豈不聞『千里捎書為堵牆，讓出三尺又何妨』之事乎？如鬥，非死即傷，某今特勸和息爭，有不從者，可先毆吾！」眾敬而懼之，咸唯唯聽命，事遂解，鄉里甚德之。

　　郭老歿，匪患漸滋，路劫綁票，夜聚明散，民皆憂懼。一日午夜，翁功罷，欲寢，因天溽暑，納涼院中竹塌，時有匪搶劫其鄰，破扉而入，搶物索金，翁聞犬吠，警起持臘杆赴救，直入鄰舍，連斃三盜，匪知不敵，逾牆而遁。後匪偵之，意嫌尋機復者屢。迨翁與其父商綏遠，遂聚眾潛隨，將伺機刃之。俟翁歸，途經松林，匪蔽林間窺之，時日已銜山，翁視形險，遂防範。正行，一匪樹後暴出，出刀劈翁首，翁閃刀揮拳，擊盜飛起撞於樹，首裂。眾匪揮刀掄棍環而進，翁奮拳左右擊，其父亦搏，喊聲遠近皆聞，須臾，父傷，而匪亦亡傷十餘許，翁趁隙遽撿一匪刀，往來揮舞，如怒鵲橫空，匪大駭，相率鼠竄，後遠遁，不敢復為惡。是役也，斃匪十有六、七，而律無罪，翁威名遠震，鄉人皆贊曰：「

復為郭公矣！」

翁素懷參究中華武學之志，嘗曰：「方輿之內，山阪海滋，定有藏龍棲鳳。」郭老歿未久，即治裝出遊，餐風露宿，飽經風霜，足遍諸越朔漠，所遇名家甚多。翁其敬師誠友之行，實乎天質。言必信，行必果，諾必成，以德報怨，厚施而薄望。然其非友不友，非其道不道。每於友談，則直陳述道，無所顧忌。與人交，一以恭慎為去就，故友多謂其為直諒多聞之益友也。江南第一妙手解鐵夫，董公同門師弟八卦掌全藝人肖海波和同門師兄李存義、張兆東、錢研堂、許占鰲、周明泰、劉衛祥及董氏八卦名家程庭華、馬貴、劉鳳春諸老宿，皆其忘年之良師益友，尚雲祥、方怡中、吳翼翬、金紹峰、黃慕樵、劉丕顯及劉文華、佟忠義、馬玉清、楊少侯等名家亦其莫逆。翁與眾師友情深意篤，精良互見，取長補短，受益良深，之所以日後倡意拳，譽大成矣。初，其參學於黃河兩岸，曾於京應募為卒，充廚役，擔水為炊，偶與人戰，顯其絕藝，為管代吳封君識，與其女吳素貞締結良緣，於詩文、書畫甚得賢助。

鼎革後，翁名已傳華北，軍政界要員靳雲鵬、齊振林及徐樹錚等慕之，請其任武技教練所主任，京之拳界名家爭與交。時有李瑞東者，與人言之郭老時頗多微詞，翁聞之慍，徐樹錚為二人和之，李恃年德，翁為師譽，終不睦，徐乃約二人當眾較藝，皆諾。

李公者，武清人也，因其鼻大於常人而端扁平，江湖人多以鼻子李稱之（非誤傳之缺鼻也），性忠厚，尚義氣，軀頗健，精摔跤，嗜技擊。曾先後師於楊露禪及御教師王蘭亭，功深名威，家資甚厚，尤好布施，有小孟嘗之稱。民二，任

袁拱衛軍教練官。徐設宴官邸，請京之軍政界及拳界顯赫者陪。翁先至，遙見李至，即迎於廳外，長揖以禮，李抱以拳。二人同行，至廳互讓之先，把臂相交，貌似禮讓，實則各展實學。翁身微抖，李雙足起，暗驚，急以後手助前臂，後足蹬，腰發力，巨猛之纏絲繃勁按於翁胸，翁接點處未動，捻肩攬胯，身斜步撤，李力空，遂前仆，翁急相扶，然李腿已曲地矣。勝負即分，京城遂傳焉。

　　未幾，齊魯名家周松山自臨清來較。周公字子岩，家之富，甲臨清，幼好武，專求用，鄙浮華，屢聘名師於家以師，若聞此道高手，定不遠千里而試學，又因豪俠樂施，家產漸盡。周精螳螂，彈腿諸藝，亦習少林撼樹之功。其每次拳畢，繼抱屋側一槐樹搖之，至少須百次，復以手足觸樹，則青腫，頗苦之，亦不稍斷。初則樹茂盛，搖之枝幹回伸，因其日日搖踢之，久而樹枯，是以四肢堅糙有力，每與人較，手足並施，如疾風暴雨，齊魯拳家多下之。其授徒嚴苛，慕名求教者雖眾，然多不堪其苦，則瞋之，使之去。後聞薌翁名，思人才未易得，欲敗翁為徒而授其技。及見，大失所望。翁請賜教，周憾曰：「偉軀壯漢，吾見多矣，中吾拳腳者尚斷臂折骨，況汝瘦弱之軀乎？」翁復請曰：「無妨，壯士盡可一展身手！」二人遂於段祺瑞府邸較，人爭觀之。周雙臂如輪，拳如雨，傾瀉於翁，孰知拳方至翁身，翁整體混元力突發，接點前臂處略一滾動，周即騰空，由庭前飛入正室，落於八仙桌後之中室畫端。觀者彩聲大作，段亦稱奇。周起茫然，未語竟去，明年復來，又敗，三敗後乃嘆曰：「吾五體投地，甘為學生矣！」遂投拜於地，懇請翁允列門牆，翁許之。周僅小翁五歲，然深羨其德藝，欣為開門弟子焉。

　　旬月，翁復接津門張兆東師兄札，言李景林督直隸，建武館，聘薛顛任教，其技精深，津門震動，不能敵。生計為之困窘云云，翁應約津，輕取顛，聲名頓著。

　　翁剛嚴介物，執身以正，用心虛明，恃藝厭食事，終生追求真理，唯拳學是務。初，名聞京師，宣統累招其充宮廷護衛。弗應，後袁世凱復請其任教練官，固辭不受。段祺瑞亦曾聘其為侍衛長，一時顯達名流，多折節下之，禮之為師者，權貴近百人，然其僅收齊執度兄弟三人。後苦於酬接，辭疾請歸。復恒專於拳道。時武技所因政局變動而停辦，翁遂南遊，再訪斯道高手。乃渡黃河，登嵩山，抵武當，出洞庭，達衡陽，返上海。鐵履踏破，精益求精。翁先訪少林寺，始知傳聞皆謬，寺內本無七十二神殿，亦無離寺須打出山門之規，僧人武功皆平平。惟行林禪師，精心意六合拳，頗得金剛三味，除誦貝葉外，乃以緊那羅王之行為事，是以功力深厚，粗豪不類比丘。試藝後，行林甚驚翁之藝精，遂留寺居，談拳論藝月餘，復為翁薦江南具真才實學者。翁謹記離寺南行。終遇解鐵夫於衡陽矣。

　　解老，衡陽人氏。容貌偉岸，長髯飄胸，性岸介孤標，恃能厭事，難伸志，落魄好大言，人皆視為狂。翁往謁焉。凡數返不與接，已而求見愈篤。解老始見，曰：「汝非華北巨匠王薌齋先生乎？肯賜教否？」翁遜謝不敢，曰：「特求教耳。」遂交手，解盡去龍鍾之態，忽顯超俗之表，示冷眼觀潮之度，其作拳如輪扁斫輪，得心應手，似庖丁揮刃，目無全牛。縱橫探伸，風弛電掣。翁盡平生所學以應。孰知解之動，若輕若重，若伏若驚，浮萍驟雨，乍虛乍實，如張旭之顛，度越縱舍，卒與法會，可觀而不可及，似顧愷之寫神

，得心應手，超然物外，觀者無以查其機。其力之用，形似碧潭之秋水，微波緩盪，實則激流洶湧，如湍若奔。翁與其力戰，方接手，即跌仆丈外，復試，竟十戰十敗。始知不負奔波，幸遇斯道之泰山北斗也。遂再拜求教，解亦嘆曰：「老夫縱橫武林四十餘載，遇赫赫名家眾矣，試之皆如三尺幼童，任吾戲於掌中，惟薌齋學深而行正，大道中興，盡當此人矣。」及於翁談，咸訝其溫良恭儉，虛懷若谷，更相引重，乃淒然曰：「老夫之學，可望不絕也，然日後解氏門中有求於汝者，望勿忘今日！」翁拜曰：「謹奉教。」自是，翁居此，日則授練拳藝，夜則抵足而眠。解老存精於獨識，薌翁垂妙乃博綜。年餘，翁泣別，解老送之千里，至湘鄂界之別。後南京國術館之精英相議天下斯技之最者，館長張之江曰：「全國名家掌門繁如星列，正宗高手之譽亦眾矣，然能名副其實者僅二，乃江南大俠解鐵夫，江北大俠王薌齋也。」眾雜然相許，南北大俠之譽遂盛。而解、薌二翁最惡「拳王」「大俠」之俗謂，堅拒之。由是，二老藝絕當世而未俠，中華武林卻出千百俠焉。

　　翁參學萬里，拜識名家逾千，必禪厘定，窮極各派，革故鼎新，返樸歸真，始倡意拳於滬，其法削盡繁蕪，大異流行之形意及各派功法，泥陳者見其學，而笑且排。翁則曰：「今拘學或抱咫尺之論，久避於世，閉門稱雄，豈若擇善而學，而取名副其實哉！」獨錢研堂先生體認後盛贊曰：「夫子之牆高萬仞，君今入室且登堂。」李存義、張兆東二先生亦贊曰：「高於前代矣！」翁以意拳授業，名家論道，諸人莫能持難，及交手，始心服口譽，是以從學者甚眾，傲而不足數者。

　　京之老宿張璧、齊振林深慕翁藝，累請之，翁往，居於涵靜園，與洪連順先生為鄰。洪身高體健，拳械亦精，尤天生神力，切磚斷石如兒戲。一日，賣藝於天橋，有潑皮搶其賣藝資，洪舉手一揮之，皆倒地，復雙手各提一潑皮，使之首互，餘者駭然。由是，「金剛大力洪」之名不徑而走。聞翁自滬來京，登門較之，翁談笑間將其抖飛者三，洪大驚服，投拜於地，求列門牆，翁曰：「不敢，結為金蘭可耳。」洪返居，集弟子議之曰：「今有王薌齋先生者，曠代之武聖也，吾敗而入門，亦不負吾等，爾等願隨吾乎？」弟子竇士明、李永宗等聞而雀躍，皆喜之。獨姚宗勛默然思之曰：「師暮矣，吾願復試之！」果復較於翁居，又三敗，遂心悅誠服焉。後因張、齊二公目見翁屢敗各派高手之絕技，復體驗而大受益，盛譽之，謂翁已達大成至聖境，遂議贈大成名拳，翁拒之，曰：「學術本無止境，何來大成之說？」後因此名廣傳，翁卻之無從，聽之而已，以故意拳又名大成拳，並存至今，實則一也。

　　翁寓滬時，有世界拳王英格揚威中華，因其敗傷吾國拳術家多人，乃大言中華武功皆花拳繡腿，不堪一擊也。吾國之拳家，即欲雪東亞病夫之誚，又羞蒙技劣之羞，目擊國格阽危，憤激不已，遂議請翁與之一較。翁屢聞西洋拳擊家挾技逞威，辱中華事，慨然諾。將較，一拳友鄧某夜訪，力止翁，言英格於世界搏壇驍勇無敵，世謂之「轟炸機」，恐不敵也，翁堅必決。鄧復曰：「窮高則危，大滿則虧，日盈則缺，日中則移，自然之數也，自古明者，功成身退，全身養壽，無怵迫之憂。王先生威名正盛，應隱身而保名，如與之鬥，輕者身敗名裂，重者非死即傷，大不智也。」翁憤然，曰

：「吾乃黃炎子孫，載乾履坤，義之所趨，豈知性命，況虛名乎？今祖國蒙辱，吾定雪之！」鄧大慚。

至期，翁直赴青年會，錢研堂先生等隨之，相聲大師馬三立先生亦從助之威。及晤，英格謂翻譯曰：「此侏儒，竟與吾鬥，實厭世者也，吾碎其如布娃娃也，僅需一拳耳！」翁抱拳以禮，凜然十霄。英格傲然昂首，垂一臂，僅一手擊翁。翁微閃，其拳空，二人目遇，翁雙目陡放寒光射英格目，英格大驚懼，身顫色撓，身退數步，雙拳護首，足急跳躍，翁則緩逼之，將接未觸，英格虛一擊，輒跳離，動且速，復發勾拳，又為虛點也，翁左臂護面，逼之。英格忽健進，欲拼死擊翁，右直拳突發，翁似不及應，觀者懼驚，錢研堂促莫之救，頓足失色，旋見英格拳至翁面，翁打閃紉針間混元力爆發，身首俱顫，英格如車撞電擊，飛起空中，復重跌下，昏於地。全場彩聲如暴風驟雨。旬日後，英格傷癒，懇請晤翁，復試拳，大驚服。斯時也，翁懾服英格事，而滬之文樾，京之條告，及歐美各報皆譽載流布。美、法、英、日等滬之領事館亦飛電縱橫，翁之美名遂傳遍世界。英格謂各國記者曰：「莫謂支那人皆懦弱，王薌齋先生乃一布衣耳，能於世界赫赫拳王抗，始知支那人不可欺也。」並載文於《泰晤士報》盛贊翁之神技及對中華武功達到水平，深感震驚云云。

翁錚骨丹丹，赤誠愛國，素懷先天下之志，事變後，倭寇侵華，翁目睹神州倒懸，民族塗炭之慘狀，捶胸泣血飲恨終夕也。其訪方怡中先生時，攜弟子周子岩，張恩桐登輪海上，有一衣冠楚楚者視翁儉樸，行李索然，頗輕之，以多翁數倍金欲包頭艙，翁讓之。及翁於甲板上授周、張二公技，

仍不覺。時有一日本空手道專家內山謙三見翁等練，乃袒衣露腹，於近前震足揮拳，吼叫連聲，以示其威。翁不屑一顧，內山則向乘向大肆吹噓大和魂武士道稱霸世界云云，翁及周，張皆憤憤然，周、張欲前較。有識翁者謂內山曰：「汝果無敵，敢於彼一較乎？」內山冷視翁曰：「此病夫也，吾略施技，即使其餵鱉於海也！」翁怒斥其挾泰山以超北海，遂鬥。內山矮身蹲襠，猙獰撲上，掌擊翁胸，翁舉手接之，內山身後仰，翁黏掛又使其前撲，內山急欲穩軀，翁順勢牽掛纏繞，冷彈驚抖，內山臂終不能脫。翁冷然喝曰：「吾若將汝水之，恐污中華之領海也！」乃以精純觸覺之活力控之，使其東倒西歪，前栽後仰，如醉漢般踉蹌而隨，觀者無不稱奇。翁猝然沉聲：「汝爬伏於此耶！」言罷，身抖步撤，周身已合，內山頓如牆傾，爬伏於甲板，觀者皆撫掌開懷。居頭艙者早已出面觀，亦近前盛贊。內山良久起，揩汗畢，深施一禮於翁曰：「今日方知中華武功之神妙矣！」復請問翁之所練，翁本能屈肘環抱冷然曰：「站樁！」復請翁之姓氏諱，翁弗答而去。自是，內山謙三僅知中華武學有站樁功，而不知其奧蘊，日後著書授徒，皆以站樁為重，然僅外形也。翁之不授時代使然。時居頭艙者謂翁曰：「公定勝英格之王先生也！如不棄，請同艙。」翁允之，同艙長敘。此公乃滬之銀行家也，甚慕翁藝，欲助翁攜弟子環球賽武，以弘國光，及議，翁慨允之，遂率弟子返鄉集訓，惜時局變，願未遂。

　　翁自於《時報》聲明，歡迎中外拳學交流後，登門比武者甚眾，翁未曾一負。有日本1420部六段教官日野者。自恃功夫湛深，約定於辟才巷跨車胡同十四號姚宗勛居與翁搏。

至時，日野提一雄雞至，先刃之，復環院滴之血，從者惑，日野曰：「觀王薌齋一學者耳，何善武？之所以勝，定邪法也，吾今雞血破之，定勝矣。」孰知僅一合，翁已將其抖放而起，落於棗樹枝杈，復跌地休克矣。時白石老人亦在場觀，頓發豪情，齊璜翁賦詩曰：「原說日落天已黃，九洲仍有北斗明，庭院周旋只一剎，布衣群里堪玲瓏，假虎假威非真烈，黃尼包中一庸顗，亡魂幽靈應猶在，萬里彩雲觀長虹。」

自聲明，至光復，翁屢挫來華挑戰之西洋拳擊家，日本柔道家，空手道家及劍道家多人，令澤井健一、八田一郎、吉姆士等皆俯首。今人欲知其詳，則英格之文，澤井之著及《時報》之載，原文俱在，可詳考也。翁之愛國熱忱則永傳千古焉。

翁鑒於拳學失真日甚，弊病橫流，同道多追時尚，趨新奇，無不將拳學改變姿勢，竄縱跳躍，瞪目咬牙，野態蠻勁，早失廬山真面，復怵糟粕陋習之泛濫，慨然立澄清天下武道之志，遂奔走呼號，廣授門徒，以冀斯道昌明，且首倡廢師徒之舊制，授業不以師居，或以來學者，未嘗不以拳理啟其心，凡有關旨趣者，尤誨之諄諄，使人迅感激厲之不暇；苟見枝葉之詞，去本而是務者，輒怒溢顏面，若將浼焉。學子中有違孝悌忠正不軌仁則者，皆屏斥矣，是以門下德序濟濟，藝優班班，名世奇傑，屢間出焉，春蘭秋菊，各競一時之秀。

翁裒其心得，共為一編，名曰《拳道中樞》。詳探密要，博綜各家；門雖異，有驗必取；派雖同，無稽必正；考其同異，擇其去取，鉛翰昭彰，定拳學之宗旨，盡功法之理要，其論震古鑠今，信條規守，法則步驟，皎如明月，拳學要義

，層見疊出，然猶恐後學所未達，復於《時報》公開繩愆糾謬，以仁天下之心諄諄是告，以期倡明拳道之旨，振奮民族固有之精神，尤於禱神佞佛，飛簷走壁，點穴諸偽學及門戶保守，師徒制之陋習痛斥鞭笞之，且為溺於操拍打，專套路招法者痛下針砭，當頭棒喝，非唯在顯宜責，固將居貽遺失，其駁重外形，尚美觀諸多流弊亦多驚心動魄之語，並熱誠歡迎中外拳家比武求真。翁之聲明石破天驚，震耳發聵，中外震動，故群賢竟至，實戰之風大振，是以岩下幽人，明達之士皆彈寇振衣，登門而較，翁盛情以待，戶限為穿。夷之搏擊家亦家亦忿然至，稱服歸。翁明以律己，誠己動人，以期喚起同仁共抵狂瀾。然亦有為私利而生怨者，間有一庸拳者，自封八卦拳王，妄言能抓飛鳥，騰雲駕霧而惑眾，其徒見翁論，竊疑其欺，遂請其示技抓鳥，此人大窘，立恨翁，竟妄稱曾略施小技而敗翁。一犬吠形，十犬吠聲，不肖者亦附合鼓譟。姚宗勛先生聞，當眾請比武以驗，此人駭甚，襟褕淋漓，徒盡去，謠亦止矣。翁一老友聞此勸曰：「吾國武林，陋習頗重，今與公謗議紛云，坐井小天，誠可憾耶，然師者昧心而授，徒者甘受其愚，與公何干，各習其所習可也。」翁曰：「今之華夏，災難深重，拳學真諦，存亡絕續之秋也，泣血錐胸，哀何能已，吾聞農夫去草，嘉穀必豐，忠臣除奸，世道以清，故吾寧負友意，而不負拳道，只求俯仰無愧，不欺暗室，豈況三光乎？」友嘆息曰：「公之語驚天地，泣鬼神，稍有心者，皆應鑒茲耿耿以力助其成耶！」

解放之初，朱德元帥任中華全國體總名譽會長，廖承志任體總武協組長。聘翁任副組長職。翁鳳鳴朝陽，展其抱負，殫精竭慮，勤懇於斯，卓有成效。適社會主義國家運動會

於京舉行，前蘇聯、保加利亞、波蘭、羅馬尼亞運動員角逐於北京體育館，盛況空前。迄閉幕式，朱、廖等領導蒞臨，翁亦參加，會末，為拳擊賽及武術表演。拳擊激烈驚險，匈牙利名將諾爾瓦茨力挫群雄，獲冠軍。至武術表演，觀眾彩聲陣陣，然眾拳擊手皆傲然瞥之，匈冠軍竟議於吾國領導者，欲領教中華武術實用之價值。翁奮伏櫪之志，應戰。及決鬥，匈冠軍被中華六旬老叟抖起空中，重跌地毯而昏迷，新中國初戰揚威，全場起立，掌聲如潮，翁目注五星紅旗亦心潮逐浪也。

未幾，套路漸興，武學日趨舞化，翁堅抵之。仍倡實、演並舉，並使之科學、系統化。眾多排，舞風日盛一日，翁甚太息。一會議間，有一名家因拳擊偶傷一人，力論技擊殘酷，應取消，以表演取而代之。與會者雜然相許。翁立而阻，曰：「夫停食不消，因而致死者多矣，豈可歸罪於五穀？而令天下人絕食耶！」眾無以應者，棄技擊議竟成。翁歸而謂眾老友曰：「天行健，不可以息。然圓鑿而入方枘，吾知其齟齬吾而難入也。苟吾位不足以充吾道，是宜拳授徒醫人而泄神明，其無暇日，與任職同。」已有去職意。經月，會蘇聯軍事代表團訪華表演，體委、武協領導以觀。至演練劈刺術，人多報以掌，翁嘿然良久，曰：「此技無奇也。」聞者皆驚，有人阻之曰：「慎言，此老大哥之術，必佳也。」翁慍曰：「吾以技而論也，此等劣藝，來吾國賣弄，誠不及小日本之劈刺耶！」聞者皆失色。須臾，有言翁有嚴重之政治問題者，欲追查。翁憾同事志道不合，復憂政治若蹈虎尾，如涉春冰，遂去職還保定，彌歲始歸。

翁博學，尤精醫，深諳治未病之道。治未病者何？國醫

精粹也，先於今之世界權威預防醫學之論三千年矣。蓋醫之至要，應防患於未然也。譬如備水防火，若不撲其熒熒，則燎原之勢不可滅，又如備土防水，若不塞以涓涓，則滔天之勢不可遏。其防水火如是，防疾亦然。若已病，亦應早治，以防漸重或引發他病也。歷代前賢良醫皆奉行「上工不治已病治未病」之論。然此達士可以神解，昧者且不能養其形，而況於心乎？

翁獨得此傳，復參博為要，輯簡捨繁，條分理析，辨別疑義。大旨以《內經·素問》上古天真論為宗，因其簡便易行，老少皆宜，且無任何副作用，故名之養生樁。翁以斯術，治病救人，卓有殊功。晚年尤專於此。每日奔波各輔導站，余即於此時，幸一瞻其神采矣。

1959年仲春，時余從張志雨先生習藝，常往中山公園，此處雲集各行練功者，亦有習站樁者也。余初見，不解其意。而張師卻前請輔導者以教。（今知為于永年、陳海亭二公）余甚訝之，蓋知張師為技擊名手，何餒若此。及歸，張師乃告余薌翁事跡之樁功之妙，余聽之而已。迨星期日，張師復攜余往，其復請之，余則旁於一習八極者談，忽然，人相喚爭觀一老者，余亦隨觀之。此老者即翁也，布鞋竹杖，蹩躄園內，三人隨其後（今知為張恩桐、安耀先、龐桂林三公也）。翁貌清瘦祥和，衣冠復潔樸。遊人多矚目問候之。翁輒與之拱手，晨練者皆趨前，或問候，或請釋疑，翁微笑一一答之。後復有人懇請一練，翁遞杖於龐公，雙手遂環抱，觀者漸攏。余因好奇亦觀之。翁始松立危岩，超凡脫俗，乃緩動，時滿場寂然，無敢嘩者。翁初動形之微也，如行水面，因其動微，渺不知其意，（今知乃試力也）然觀其動，似風中

旗，飄擺不定，如浪中魚，起伏無方。動殊而勢接，神逸而
靈通。未幾，翁復似仙鶴，戲於芳草如茵之地，鬥於疏竹眾
林之間，心手雙暢，窮微極妙，（今知為薌拳舞）全場悠然
陶然，無不伸頸默贊，嘆為絕妙。余亦感染陶醉，翹首以觀
，翁之動也；時輕時重，時緩時疾，或高山瀉瀑，或慧星襲
月，急者操弦驟作，猝然以促，緩者揮浪皺水，舒然以和。
烏雲之變幻兮，飛動而不居，春蠶之曳絲兮，運力而弗斷。
矯矯乎，如游龍之舞河漢，翩翩乎，似飄鶴之翔雲表。其蘊
於內，若澄潭之涵秋月，其奮於外，似大澤之起蛟龍。俄而
，翁陡凜然欲搏，雙目如電，聲力並發，如蒼海龍吟，深山
虎嘯，又似雷怒霆激，雲間電發，不及掩耳，呼吁可駭也，
全場無不變色，余兩股抖顫，幾欲奔逃。後而思之，若有人
舉我之言復言於吾，亦必疑其狂。時過境遷，於今忽忽已。
近四十載，仍歷歷在目也。余極嘆其技之妙，然竟未嘗待竭
於前，更未請益，誠為終身之憾焉。

　　翁微言累屬，冰壺冰月，嘔心瀝血，廣收各類患者，屢
起沉痾，醫名遠聞。求治病強身者比肩接踵，翁皆親為設式
，耐心輔導。引請納和，驅泄邪惡，功侔造化。且不因貧富
而厚此薄彼，間有一脫骨疽患者，四處求醫，針藥無功，更
無餘治，醫院欲截肢，生計為之貧。聞翁名，家人扶其至中
山公園。及見，因衣陋無資，心惴惴然。翁見而曰：「汝困
頓且絕，何不求醫？」對曰：「窮無一文，豈再堪辦此？」
翁曰：「正不費一文，但得認真站樁，勿計工程，久當自效
。」其然，翁教。站兩次便覺病處奇癢，不二月，腿伸筋舒
，與未病時等，乃跪拜於地，深謝之。翁使沉痾頓起，名醫
拱手之事不勝舉，其病歷今存於于永年，何鏡平二公處，致

力於此道者可參學焉。今之氣功名家秦重三、胡耀貞、劉貴珍等皆於斯時因病求治於翁，身心俱受益。後復各立派別名，亦有療效。然其或述己之說，而主持大過，遂至膠柱鼓瑟，或以劇烈運動欲為春，利於松柏而不利於蒲柳，或設式繁多，意念龐雜，如張羅布於原野，以求觸免，皆非翁之原意也。

翁至耄耄於拳學猶自相機而興，艱難竭蹶，殷殷以斯道為念，惜其雖懷瑾握瑜，而終未如願。嘗嘆人生浮雲朝露，綆短汲深，纏綿悱惻。後竟為滄海遺珠，悄然無聞。及老友和吳、錢二老夫人復相繼謝世，翁單鶴孤鸞，煢煢孑立，備感殘荷冷月之淒，遂於1963年默默駕鶴矣。

追懷一代民族赤子之生平，僅以「高山仰止，景行行止，雖不能至，而心嚮往之」止筆，不覺臨風而隕涕。

吳翼翬小傳

吳先生，近代拳學之通家也。其一生獻身斯道，求真是務，不尚虛名，是以偶有論及之文頗多訛誤，如云其為滬之人氏，精鶴拳等。為正視聽，僅以趙道新先生紹介為其簡傳。

先生原名養田，字一非，號逸叟，1885年生於原籍遼寧鐵嶺，後寓居北京。1895年隨父遷豫之開封，次年從閻國興、陳鶴紹、陳光弟三夫子習華岳希夷門拳法。先生深討搜窮，勿竭其心，靈有專門，志無二格，僅數年即將該門之韋馱功、六盤十三式及諸般器械苦練精純，遂成一代承前啟後之六合八法拳大師。

六合八法拳，又名水拳，亦稱先天三盤十二式，全名為

心意六合八法三盤十二勢拳。斯拳以心意為主，六合為體，八法為用。剛柔互濟，陰陽互用。何謂六合？乃體合於心，心合於意，意合於氣，氣合於神，神合於動，動合於空也。何謂八法？乃行氣集神，骨勁內斂，象形模仿，圓通策應，頂拔虛空，往來反覆，靜定守虛，隱理藏機也。實內家高深之拳宗。

先生生於滿清官宦之家庭，性沉毅簡重，博學強記，經史百家悉能涉覽，詩詞歌賦皆通，故文才武略稱絕於時，後將歷代前輩之心法融會貫通，整理為實用性極強之六十六式。而其最為獨到者，乃能破除門派之觀念，汲取太極、形意、八卦及蒓拳等拳精華，斥僵滯之招法，倡本能之妙用，從而能於激烈互搏之際隨機而動，變化莫測，一任自然，屢勝各派名手而揚威。

先生於1905年考入保定北洋武備學堂。辛亥後居京，時有一技擊名手陳某聞其盛名，乃登門試技。陳先生乃鷹爪翻子拳名家，精捽跤術，專鷹爪功，其恒專負苦非拳家所能及，每日拳罷，必舉百斤，環院趨奔，繼操鐵臂插沙之功，日常坐臥，必執雙鐵球，各重十五公斤，1986年臨終未釋，故其功力深厚，身法頗靈，極善技擊。其與先生論武，觀者甚眾。及搏，陳身形越縱吞吐，雙掌如輪連環出擊，氣勢磅礴，端的身手非凡；先生則螺旋伸縮，不露棱痕，時而狸貓撲蝶，時而琵琶遮面。突見陳鷹爪疾撲，徑奔先生面門，先生頭側轉閃避，突發閉門推月，陳應聲而倒，然其就勢翻躍而起，復旋風般攻至俄傾，先生又以瓶花落硯中其左肋，陳巨痛色變，乃屈志避銳，愧謝而去。自是，黃河兩岸，多耳其名。徐樹錚等要人亦慕其藝，遂聘其於武技講習所任教。

時薌翁任該所教務主任,所授皆郭老原傳,與世之流行者異,諸名家或發堅白之論,獨先生是之。有一名家言於先生,云薌翁授無套路,破門派乃違武林之規,乃欺師背道。先生則曰:「千百年來,武林門派互爭雄長,非但門戶綦嚴,陳規墨守,抑且保守自秘,套路繁雜,交相演變,不一而足,其真諦已如鳳爪龍麟,難求有緒,然則寓意強國禦侮則殊途同歸。吾國積弱,民智鴻蒙未開,內憂外患交侵,誠吾民族之大不幸。凡我國人,比皆應同舟共濟,自強不息,有識之士,當倡行尚武興邦,習拳圖存,打破門派,共赴國難。薌齋兄能吾輩先,吾等顧智識不及,亦應賞言適道,全力佐之耳,必勿河漢斯言。」聞者皆感奮,甚是之論,先生之襟懷,亦可見一斑。後先生與薌翁終成莫逆而互益焉。

先生1930年蒞滬,初於徐江公學及南洋中學任國文、歷史及體育教師,時薌翁和道新先生亦寓滬,其交愈深,其情益篤。道新先生任教於八仙橋青年會九樓國術組,乃從先生學技。1935年,道新先生薦先生接替其職,任心意六合八法拳總指導。自是時,先生遂以授拳為業。後張之江先生聞其高義,慕其藝絕,遂禮聘其為中央國術館教務處長兼編委會主任,以示備極推崇。後國術館遷滇,先生乃於桂傳藝。

解放後,先生受聘為滬文史館員,工作之暇全力授拳,從學者甚眾。先生仁愛不矜,因材施教,而欲拜門牆者不可屈指數矣。其學生陳亦人後赴港,著《六合八法拳》一書,暢銷港、澳及海外諸地,聲譽遠播。

先生於1958年謝世,卒年七十有三。

趙道新小傳

趙先生（1907—1990）諱恩慶，天津人，生有異稟，身頎長，美風姿，閑靜少言。其始成童，即慨國事維艱，立獻身宗國之志，終生致民族之積弱，報效於祖國，服務於同胞，不二之眷屬。待建績武林，望重人寰，日本拳聖澤井健一亦常嘆弗如，於其名著《中國實戰拳法——太氣拳》譜系中，尊列其為薌翁之首位傳人。

趙先生幼喜運動，凡舉重、游泳、雜技、無不習之。後師於張兆東先生，始知內家之說宏深粹密，遂深求苦索，寒暑不易。張師嘉其志向高遠，詳加教誨，趙先生則奔逸絕塵，而韓慕俠、裘致和等同門學子皆瞠乎其後。後張師乃攜薦其於薌翁，翁已聞其志潔行芳，功臻上乘，趙先生亦久慕青風，及見，南面再拜以謁。張師撫其背諄諄囑曰：「勉哉恩慶，望更精進，庶不負老朽之望矣。」自是，趙先生不吝階前寸尺，朝夕砥礪，如霈化雨，翁亦傾心血，栽之培之，轉瞬二年，已登堂入室，顧能學師而有獲，亦自出奇於無窮。薌翁遂收其為藝業螟蛉，賜名曰：「道新」，意乃「拳道為之一新」也。

趙先生忌撲朔迷離之空談，棄閉門稱雄之積習，唯求實以務，曾同孫祿堂、吳鑒泉、姜容樵等名家見手試藝，備受稱讚。迄杭州武術大賽，張、薌二翁攜其與會，及搏脫穎而出，勇奪一等獎，年僅二十有一。後又於滬之國術大賽登擂，力挫群雄，奪冠。侯全運會，復參賽。此會乃清亡迄今吾國最後一次無級別，無護具，真殺實搏之千古大擂，盛況空前，各地之僧道，豪傑及內外家，南北派之精英磨拳擦掌，齊聚擂台。以是開賽即拳飛足往，險象環生，性命相搏，慘烈異常，俄傾，重傷抬下著五。迨趙先生登擂，其雙掌神出

鬼沒，雷霆萬鈞，斬關奪隘，諸武術家無不目瞠神駭，貼貼
囊服，莫測其所以然，再奪魁首焉。由是，武壯元之名遂廣
傳矣。

有間，趙先生任教滬之青年會，兼武學會指導。乃一改
傳統授法，摒虛棄華，另闢蹊徑，唯實用格鬥不二他求，一
時學者如潮，武友雲集。時滬最大之武館乃精武體育會（精
武館），師資雄厚，學者眾多。間有學員聞趙先生授之異，好
奇往視，青年會曹生接待交談，以趙先生之技與迷蹤拳互比
之。及歸，爾儘告精武館，輒怒，立派名手高某率人至，適
趙先生外出，高某遂於曹生較，高踢曹生仆，復拳狠擊其面
，血流如注。高呼曰：「天下武術，惟迷蹤為最，自謂是與
迷蹤拳等觀者可以試之！」言訖揚長而去。趙先生接電話，
旋將弟子馬金鏞直至精武門，曰：「汝守此，勿使其逃也！」
乃隻身腳踏精武館，適會演練，習者拳來足往，整齊豪邁，
兩側兵器架刀槍林列，數十名教頭叉腰環立，見趙先生進，
眈眈相向，總教頭據座品茶，旁若無人，傲然問曰：「汝欲
較藝乎！鬥拳比械，悉聽尊便。」曰：「然也。」一教頭揮
拳而上，趙先生撐身回斂，掌中其頸筋，倒地昏迷，眾駭極
。繼而群起而攻之，趙先生掌隨意動，意動即至，自成其意
，隨心所欲，雙掌落處，偃仰僵仆者什九。一教頭呼曰：「
此常山趙子龍也！」遂破窗而逃，餘者亦隨之。次日復至之
。眾皆惕，無奈則致歉於報端也。此事廣傳，滬之拳界皆震
驚。

趙先生身懷絕技，志慨山河，教學之始，必以擊楫中流
，雞聞戒旦倡導之，學生皆感奮，練功益勤苦。時有日本空
手道七段高手武男純迷及德國拳擊家漢斯‧帕格恩，尋其挑

戰，其施以透力，二人皆傷，大驚服。未已，宋子文來校視察，其保鏢安德森見有學生練功，攀之，大言吾國拳術皆末流雜技，既不美觀，亦無實用云云。學生憤，有二人與之搏，皆負。時趙先生午寢，聞喧嘩，穿拖鞋至，瞑眊，欲搏，校方附其耳阻曰：「此宋先生保鏢也，勝之災，敗之辱也，不可造次。」趙先生忿然曰：「彼驕橫忒甚，豈有堂堂中國空無人耶，今定折服碧眼黃鬚兒，雪中華之恥也！」宋子文聞聲亦至，允之。安氏者，乃挪威籍拳壇悍將也，高六尺，重百公斤，活若靈猿，身無定位，拳疾且狠，且經驗頗豐。緣宋子文極得用人之道，其不為正宗，名家所愚，皆以格鬥選。安即敗眾應選者而任職者也。是以恃技狂言，不可一世。遂較。趙先生環擎雙掌而出，青龍出水式三面顧定，安則雙拳護頭，竄跳頻頻，突以直拳擊其面，趙先生爆發力突發，安如中電飛起重跌於地，險些落井內。安掙扎起，瞿然呼曰：「魔術！」乃甘拜下風矣。師生目擊趙先生如此瀟灑神勇，喝彩不迭，宋亦嘖嘖。後宋以數倍於安之金聘趙先生替充其職，聞者皆驚且羨，以為不世之榮，先生則拒之，乃竭心力授學生藝，其風節逸群，卓卓如是。

趙先生任俠貞良，見義必為，是修於德而精於藝者也。其嚴懲津門惡霸「鎮海河」及滬之歹徒劉阿秋之事跡至今仍膾炙人口。然其雖才高於世，而無驕矜之心，常以從容淡靜，是以50年代後，名漸不顯。而拳道亦日趨舞化，其遂於潮暗之鬥室默默無聞三十餘載，門衰祚薄，餒之甚也。

初，趙先生且獨全微尚，幽栖自居，遠於塵累。後思大好學術因年遠世湮，族支漸眾。而傳世之文，雖競相祖述，顧其文簡意微，猝難尋求。又為異端邪說亂其真諦，旨趣隔

絕。加以庸師罔識，私智穿鑿，別立異論，枝節橫生，偽謬百出。初學罔知選擇，弱者強其所難，去精守蕪，幾成痼疾。蓋自清末以來，斯道榛蕪極矣。嘆先賢已往，薌翁雲徂，後之拳家誰復廓清舉陷，解拳釋蘊？若以山中紅日漫付高枕，亦豈赤子之懷乎？遂擷英採微，同存利濟，爾集其要，廣其略，參其異，從其宜，將數十年之心得拓展為完善之訓練體系。緣其曾言：「拳學精奧，不能求表得之，必於內在實質有所領會，悟解於心，方能得心應手。」故名之心會掌。余側身其諸弟子之末，習之有年，深以為斯學乃拳學之徑舟也。夫將升泰岳，非徑奚為？欲詣扶桑，無舟安適？復憾國術背妄其重，遺禍無窮，又正之以文。其作頗豐，尤以「論點穴」、「康泰爾效應」、「爆發論」以及對武林現狀之種種卓識遠見最為蘊大精至，一針見血。其獨當時「拳霸」、與妄行不端者見之相目變色，至今見於《武魂》之刊，其私下開讀亦無不相與膽寒。而求真向道者必日抱其作，一誦三嘆而不忍釋手者矣。

　　數十載之格鬥實踐，使趙先生悉知諸拳派雖皆有可取，然如江河之同出岷山而枝別三千，未搏可各立門戶，及格鬥安辨乎？況淺深泛濫，已難以概焉。遂志欲立足中華武學之全局研討之。緣其與正文先生交厚，知其已傾全身心致於此多年，且已之體會亦無一不與原理合，是以親任技術之指導，全力輔之。終拓出荒漠之綠洲，啟人體科研之軌，且證實曰：「拳學之精奧乃人體合理內蘊之體現也。」後文革始，科研迫止，深為太息扼腕之甚也。

　　風乍起，吹皺一池春水。迄趙先生復獲新生，有關領導對其甚表關心，徐才同志亦囑照顧其起居，並挖整心會掌。

其重現武林之訊不徑而走，一時渴拳者輻輳其門。其啟蒙解惑，因材施教。然有言及榮利之事，輒拂袖而起。時拳王阿里訪華，以拳欲擊故宮石獅態留影，且言於導遊者曰：「若龍活，必擊爾龍！」趙先生觀報至此，憤然而起，陡以掌擊阿里照。旋召集門人，將尋之決戰。後聞其已登機離境，急訪正文先生促膝夜談。二公認為：今拳學失真殊甚，道喪功弊。異端突起。而斯道通家已大多謝世，或鬢髮染霜，傳遞實戰之學已如燃眉。遂於1988年4月成立原理研究組於少年宮，正文先生負責理論，趙先生任技術法人，以原理為指導，親授志於斯道者，希冀障百川而東，挽狂瀾於既倒，三年後以格鬥衝出亞洲，迎世界搏壇之挑戰。其間蘇、皖、冀、滬等地屢有以高薪聘其授拳者，皆婉辭之；日、意、英等國亦有以重金請其出國授藝或欲錄相者，則嚴拒之。其赤子丹心，光風霽月，足以激貪而厲俗。

歷觀數十年間，拳道阽危，趙先生起自布衣，乃能志起數代之衰全力以麾之，天下靡然矚目，復存一正，此豈非吾民族數百代仰乎之正氣，浩然獨存者乎？深恨上蒼無情，竟召其赴泉矣。念其孤憤未平，縈行鬱悶，壯志難酬，抱憾幽冥。余慘然慟思，悼曰：「心會細揣摩，劫後心得多苦語；楷模天不負，風範常存勵後人。」

姚宗勛小傳

姚先生（1917－1985），曾任北京武協顧問，意拳研究會會長職。浙之杭縣人，幼因險釁，乃遭閔凶，孤弱零丁，父母皆背，乃依姑母，長於京畿。其性喜運動，就讀於輔仁大學時，習練各項，尤善籃球，傳運封投皆絕，每逢賽，勇

猛快速，常搏掌聲，享譽全能中鋒。然其最嗜搏擊，逮學翁前，拳擊已出類拔萃。後從洪連順先生習拳，因洪與其皆於實作負薌翁，遂同入薌門焉。

姚先生聰強過人，沈靜詳審，自得侍翁杖履，奉教唯謹，進技以道，恒專藝業，而於實戰，尤精研習，深究其奧，藏謀雖屬於天資，入室亦資於明訓。未數年，技大進，青年武術家之名大噪。1940年冬，形意名家武培卿先生於《新民報》端聲明：自詡岳武穆正宗，以為諸拳莫足論者，乃約薌拳決雄雌。蓋武公者，乃車永宏先夫子之再傳弟子也，潛心數十年，深得車老心法，三體如山岳，其拳剛柔相濟，動靜兩賅，拳勢緊湊，勁力威猛。五行拳連環無扣，攻守自如，十二形描摩五禽六獸一條龍，皆取其意義，生氣渾然，各臻一極。尤擅蛇形，甚得盤旋曲折與撥草之精，每與人較，飄忽而至，拳法凌厲，變化無窮，功力顯赫，戰績累累，以故同門請其京，設場火神廟掌門傳藝。京之高手多較之者，皆被其擊出丈外致傷，故門徒眾多，威名赫赫。薌翁觀其聲明，遂派姚先生致禮約期。乃往，禮晤畢，定明年孟春。姚先生歸後，武謂門人：「嘗聞姚乃萬人敵，今觀僅一書生耳！」或曰：「武大師與之較，誠如函牛之鼎而烹小鮮，吾等願代之。」武曰：「獅搏象須全力，獅搏兔亦用全力，況姚雖齒弱，亦非等閑之輩，吾必親與之較也。」

期至，姚先生將行，眾同門皆願從助，止之，曰：「此舉乃以武會友，非好勇鬥狠可類比也，故不可多人，多易使武先生誤疑也。若生意外群鬥，必傷雅而成仇，豈不殆哉！」翁曰：「善。」遂隻身行，僅韓星桓先生暗隨之，至，武居中正坐，應請者兩旁亦坐助興，皆掌門高手名流輩，北平國

術館副館長許笑羽先生應請為公正。武之弟子執械環立演武廳兩廂，耽耽虎視，勢若弩張。姚先生意暇甚，抱拳先環禮以客，復禮以武；武亦禮，遂較。武雙目炯炯先發制人身如卷地旋風，曲折而進，蛇驚魍奔，早貼姚先生身，身起似伏龍登天，拳發如霹靂擊地，鑽拳直奔其下頦，觀著無不驚其迅雷不及掩耳也。姚先生不以目見而神遇之，奄忽身側，左拳已輕點武之面門，繼右拳中其臂，武如遭電擊，雙足離地，飛落於身後弟子之身。全場彩聲頓起，武之弟子亦撫掌。許笑羽先生見勝負即分，欲判。然武突合身虎撲復進，蓋身經大陣眾矣，從無敗績，今當眾挫，輒惱羞成怒，誤思姚僅快耳，必無功力，是以整體疾進，追風趕月，一記黃鷹掐嗉，施於姚喉，觀者皆憤且驚，憤者皆目見姚手下留情，已虛點示意，勝負已分，而武反毒手以報；驚者武猝然捨命突施，姚必猝不及防也。孰知姚先生皆由自然能而動，黍米秒忽間，左手早捂臨咽喉之掌，復身擰拳發，力整形齊，炸力直透其面，武倒地昏厥，四齒落，血湧出。眾拳家始愕，復彩聲一片。姚先生前欲扶武，觀者中突暴起一單香陵者，揮拳以攻其後，韓二先生忽出，雙掌怒發於單背，單軀撞於壁，滑下癱趺。武之弟子見卒起不測，盡皆失措，姚、韓二公以技擊樁待變。勢急矣。眾拳家急起阻止，乃罷鬥。薌翁悉之，謂其曰：「實作本為互證進益也，非斷其炊也，武不應手毒，汝亦由此鑒之，後發拳應知分寸也。」其謹奉教，乃請許禹生出面，宴請武及眾武友於新陸春，姚、武二公終握手言和矣。

　　姚先生胸襟海闊，志量山高，喜雪人間不平事。時社會動亂，民不聊生；流氓、地痞、惡棍結幫成伙，為非作歹。

百姓皆切齒而不敢言。間以「西四三傑」，「九鳥一鳳」，「十三太保」，「十三妹」，「七十二宿」，「鎮西單」等惡名昭彰。強男霸女，欺壓良善。諸惡中，又分東、南、西、北四城派，其首領號稱四霸天，性暴恣，多非法，臧亡匿死，多聚亡命，橫行無忌，尤以李樂英和于振松（解放後皆被鎮壓）為害尤甚，鳶肩豹目，洞精瞠昕，好臂鷹走犬，聘馬鬥雞，專以惡為務，1943年桂月，姚先生街行，會北霸天李樂英率人毆打一婦，急前問故，一觀者附耳曰：「此婦家貧夫病，糶穀換藥資，遇李樂英搶其錢囊，婦跪求索，李竟使手下毆之。」姚先生怒火頓熾，曰：「久聞其欺壓良善，吾欲懲之久矣，今遇，豈能任其猖狂若此！」觀者止曰：「慎弗聲，此北霸天也，汝若出面，誠若以肉投餒虎也。」然其已前扶婦起，怒叱曰：「光天化日，爾等欺一弱婦，天理安存？」李冷然喚呼手下曰：「彼敢太歲頭上動土耶！汝等與吾廢之！」有識者曰：「此姚宗勛也，拳藝精，宜慎之。」李曰：「練拳習跤，不如玩菜刀也！」遂呼手下，當先揮菜刀撲之。姚先生略閃而發拳，勢若奔雷，力發透電，中李胸，李扔刀仆。姚先生足踏其胸喚眾惡曰：「若欲死李，即前鬥！」聲威之儘，溢充遠近。眾惡皆悚然氣盡，以額叩地，稱不敢，求釋之。姚先生足踹李右臂，咔喳聲斷，李慘叫氣閉，其復呼曰：「為害黎庶者視此！」京人相聚觀，歡動一城，方是時，姚先生義聞京城。後其復與眾師兄弟屢懲之。同年菊月，遇西四三傑搶劫，張中先生當先衝上，拳中執刀行凶之一傑腹，飛起撞電桿，餘之二傑魂飛膽喪，皆屈膝。葭月，流氓之首于振松一伙於中南海冰場劫持一少女，欲辱之，少女呼救，姚先生等聞聲疾至，于等皆持刀刺之，孔慶海先生奪

勇前趨，一拳將于打入車棚內，于鼻血如注，自此塌陷，餘者亦被姚先生等擊潰。孟冬，姚先生等繼遇十三太保於西四牌樓砸飯店，即拔拳相助，竇士明先生奮拳擊匪首飛入米店，觀者無不稱快。旬日後，姚先生等遊香山歸，至麟閣路，復遇西霸天。西霸天亦習拳棍，挾技為惡，常侵凌孤弱，暴犯百姓，家人屢戒弗聽，因其姓氏及所為，百姓咸稱其曰「高閻王」。今逆遇之，高見竇士誠先生車後載一女友，即前調戲，蓋其恃技為惡已久，無人敢犯，亦無人能敵，以至飛揚拔扈，然今冤家路窄，亦天之假也。姚等見其非禮，痛斥之，高拔匕首呼手下衝上，姚先生等奮擊之。竇士明先生足踹高腹，復重拳擊之，眾歹徒待作鳥獸散，高亦傷重伏地，姚先生前斥之，曰：「若習拳，不自謹，為害黎庶，以因是怨怒，汝罪當死，今姑貸汝，後不善自改，吾當為民除之。」高求饒悽切，誓改邪歸正。姚先生復訓曰：「望習武為善，勿復惡矣。」高唯唯，乃釋之。後果自勵，今其已為北京某單位高級建築師矣。

北霸天李立英傷癒，暗使人行刺姚先生，然手下皆側目不過其門，亦不敢近其身，且私議曰：「姚乃萬人敵，豈敢犯耶！」李益怒，遂糾四城匪眾，伺機復仇。後偵知姚先生等購物於西單，鳩二百餘眾趕至，困其核心，告手下必盡刃之，遂撲上，姚先生振臂呼曰：「吾等若誠為真正拳者，當為黎庶一奮臂耶！」師兄弟無不激昂以應，遂靡眾手足，抖神威衝鋒陷陣，揮拳者擊，孔慶海，敖碩良，李永琮三公冒刀棍先驅，如狂飆驟起，似虎蕩群犬，李立英率眾亡命以鬥，姚先生等愈戰愈勇，剎那間眾歹徒即頭破身傷，鬼哭狼嚎，折臂斷足，血流殷地。李匪子溷藩以免，餘者皆抱頭鼠竄

。圍觀者漸眾，多有持械以助者。中華武林，懲惡揚善之士代有所聞，然似姚先生等手足挺身而前，蹈死不顧，義薄雲天者鮮矣。而今武者，某也俠，某也義，可良夜深思，其行果磊落乎？較姚先生之行，無汗顏乎？故詳述之，以昭來者。其時：1943年12月26日也；其地：北京西單商場也；其人：姚宗勛、孔慶海、敖碩良、李永琮、竇士明、竇士誠、張中、張孚、楊紹庚、禮立諸先生也。役後，姚先生等芳名遠播，家傳戶誦，而流氓，歹徒潑皮輩輒狐憑鼠伏匿跡消聲。京人皆更相慶。至今優思其之義烈，因概當前風氣，備念之焉。姚先生少負不羈之才。長盛剛正之譽，事師孝，與士信，臨財廉，取與義，慷慨不苟，恭儉下人。常思奮不顧身以赴國家之急。不為利回，不為義疚，薌翁甚厚愛，一日，召其入，使拜夫人，曰：「吾大兒道桩，喜文而不武，次子道楠不肖皆碌碌，他日繼吾志事，定宗勛耳！」遂贈扇題詩曰：「賜名姚生字繼薌，意在拳學種未亡。」以依鉢許之。

姚先生屢代師比武，先後勝中外搏擊高手齋滕、渡邊、李爾利、萬籟聲等八十余許。威名大震，其一生克承師教，勤懇於斯，積數十年之心得，博採中外搏擊之長，參以現代科技，使薌拳得以創近發展，功勛昭著；然時運不濟，命途多舛。晚年艱苦奮嘗，布衣疏食，忍辱負重，迫遷昌平，身之窮困，獨思愁苦，蓬戶甕牖，餐蔬食薯，戮力耕牧，勞苦倦極，酌盜泉而覺爽，處涸轍而彌堅。遠托遺願，翁之所悲，臨風懷想，能不依依？時天沉雲冪，月暗霜白：平居慕與交學者，雖曾以肝膽相示，指天日涕泣，誓生死從之。一旦利害當頭，反目竟若不識，復有落井下石焉者，獨楊德茂，馬驥良等公置身家性命於不顧，盡微薄之力，接濟撫慰，勝

逾骨肉。姚先生亦甘天下之苦辛，不戚戚於貧賤，不汲汲於富貴，竭心盡力，必欲存此一脈不亡也，「士窮節乃見」，信哉，斯言也。時有黔二學子，費盡周折，尋姚先生於荒山，乃於夜潛授之，不意為海淀一舊學者偶見，竟舉報於專政隊，污其「賊心不死，教唆武鬥！」眾口鑠金，積毀銷骨，乃索之審，姚先生咬定二學生乃串聯者，偶遇乃授之拳，皆己之過也。遂受重刑，二學生乃得免泣辭去。自是，其多年不授藝，皆緣恐累及他人也。今孰肯剖璞一試，而追悔和氏之刖足哉？

　　俟武術熱興，其感奮，欲一展懷抱。然流弊亦應運而生。昔因薌翁等有識之士不懈努力，拳界之醜惡，久已敗露，為人所厭聞。而今忽為新奇之論，相率信其誑言，燃其死灰，儼同巫婆神漢，如狂如醉。薌拳亦因樹大而生枯枝，隨波逐流，點穴發氣，隔牆對練等盈箱累篋，而不能盡。或聞一、二武事，乃傲然自負為正宗通學耳。實於文明學術未嘗夢見，是故其肆選拳史，招法，每每有字字皆非，言之盡謬之害，卻依附薌翁秘授，以揚其名，煽亂惑眾，深入骨髓，不可救藥。而初學者知其要義者鮮，蓄力發力，亦甚茫然，以是多講招法，而不知根本，皆犯薌翁所忌。人或詰之，則曰：「薌老之秘授，他人未得知也。」或曰：「初學者應有招法也！」此皆文其過爾。姚先生目見學術阽危，薌拳蒙塵，至於此極，不勝怒，遂憤示天下，曰：「世上從未有隔空打人之技也。欺盲從者可也，欺科學不可也！」復辛勤授藝，以冀真傳；選文報刊，激濁揚清，不厭其煩，義正而詞嚴。致使學者得辨白皂，得識真偽，亦明拳學功法真諦，其澤何至耶！

姚先生冰清玉潔，豪氣干雲，行為俗表，其一生致力於祖國強盛，民族振奮，拳學弘揚，惜方逢時，積勞而成疾矣。未幾，擎天玉柱乃折，宿願終未遂，誰復繼英聲？余燃心香，祭英靈，哀哀挽曰：「嘉言德行，播馨芬，化雨春風曾拂我；三更月冷，鵑猶泣，耳提面命復誰人？」

張恩桐小傳

張先生（1910－1978），天津人。其幼即酷喜武學，初學摔跤及拳擊，繼從張占魁先生之弟子魏長海（字美如，津名正骨家）先生習獨流太祖拳法，逮少年，已自成名，於技擊嶄然露頭角。薌翁蒞津，乃入門恒專薌拳矣。

張先生狀貌魁偉，襟懷宏放，蕙質蓮心，於拳學喜究其所以然，薌翁甚器重，悉以絕學相授，復收為義子。張先生深思壙垠，空明研悟，遂盡得斯道之妙焉。其驍勇善搏，屢經大陣，尤於塘沽元大鹽廠勝日本六段劍道家板垣清，揚中華器械殺法之威而芳名遠播。

40年代末，張先生返津倡揚薌拳，時津門之名手以張魁元先生為最，其精拳擊，尤以跤藝名冠天下，人稱「大老九」。魁元先生雄據跤壇多年，無人可匹敵，其弟子聞張先生名，即相約前較，張先生遵其「不以拳打，倒地者負」之條件，以布蒙面，將試者抖飛倒地者五，餘者皆驚，弗敢試，歸而告魁元先生，中有一試者曰「嫻熟絕招，施之皆空，竟被其揚手而跌，亦不知以如兩人舉而擲之？」魁元先生甚詫，遂往親試。

旋至張先生居，二公互禮甚恭，茶畢遂較，魁元先生攘臂揎腕，欺身而進，張先生驟然驚抖，渾元力突發，魁元先

生應手顛仆尋丈外，頭後仰即將觸壁，觀者皆驚怵，張先生飛步隨之，迅提其臂，得可免傷。復試，皆如前。魁元先生天性俠義豪爽，當即稱服，後由卜恩富先生為之紹介，得列翁之門牆，藝業大進，後全國柔道協會主席，於祖國之摔跤、柔道事業建勳殊巨。

1955年春，張先生進京探師，其間，晉之名家胡耀貞先生設帳授藝於京，其精太極，形意諸拳，亦實作老手。稱翁為師叔，常謁翁問藝。一日，張先生奉翁命探胡，緣未曾相識，故胡誤為求學者，問其姓名，張先生性詼諧，答曰：「名張斌。」胡登記畢乃授以虎撲，張先生莞爾搖首，曰：「此招無用！」胡不悅，瞋曰：「吾以虎撲勝人眾矣，汝竟疑之，可敢接此招乎？」張先生笑允之。胡即離座，凝神聚氣，舉雙掌迎頭撲擊，勢殊驚人，甫見張先生雙臂繃迎，魁梧之軀狸貓般閃化潛轉，褔幾欲擦地而起，螺旋力驟發。胡猝驚其潛之速，然掌已撲空，落於其臂、頓感如巨簧反彈，雙足已離地，急欲撤身，然身已飛起撞後壁而倒，聲震屋瓦，視者皆愕，復歡呼。張先生急前扶。胡如夢驚醒，呼曰：「久聞恩桐兄神龜出水試力最為精深，今幸識之，汝必恩桐兄也！」二先生遂互挽，落座歡敘焉。

張先生志矢廉貞，業習武剛，事多儒雅，見者幾忘其有奇才異能也。尤愛惜後學，因才施教，誨之諄諄。余初學薌拳，曾得手錄之《拳道中樞》，高山仰止，欲以文究求，緣體識淺薄，竟多不解，遂乃博搜箋注，查字翻典，縱觀數十種，歲歷三秋，猶而茫若，仰鑽莫入，乃置卷長嘆：「涉澤迷津，披榛罔路，何以引吾於康莊也？」及幸謁張先生後，乃求釋文解義。張先生誨曰：「拳者意也，薌夫子所言亦意也

。其言奧賾，其意昭明，解言則難，解意則易，其意了然，其言筌蹄也。筌所以在魚，得魚者必忘其筌，蹄所以在兔，得兔必忘其蹄。其言所以在意，得意者必識其法。言乃概論，而意為原則之法，言人人殊，而意人人同，是故應貴乎其意而不必泥其言也。」復將拳中之意詳釋之，示範之，教導之。余頓覺心花月透，舊疑霧除，宿障雲消，遂求其意而駕馬十駕，奮蹄不已矣。

迨薌翁作古，張先生悲痛欲絕，後常思先聖即往，此道垂危，復憂世之武風，乖訛萬狀，武學之歷史，理論率皆孟浪之談，多引訛謬之論，雜以小說稗官，仙經怪志，荒唐無稽，背馳聖明作述之義幾千里矣。張先生悲憶恩師，愴念來者，遂堅修史立論之志。緣其與正文先生相交隆厚，深知其原理研究之科學。故全力輔佐之，並親任試驗之活體，志勵其中，靈有專門，隙駒不留，尺波電謝，小仞作井，一簣成山，經年累月，功竣蒼首，其原理述亙古未有之論，解相沿千古之謎，斯道不墜，賴之矣。

張先生岸介耿直，率以正道立身，不徇私阿世，於拳學恒專求真，一生任重致遠，盡瘁拳道。「浩劫」之際，雖磨難深重，遭毆臥床累月，然仍耿耿以斯道為念。蕭蕭悲風，落落秋葉，慨世短而心長，念身殘而愁劇，當國粹已非之時，值舞化風行之日，仍赤心耿耿，思以一簣而障洪泛。乃不顧足痛首眩，伏枕奮筆，罄舉之得之秘為文，意在人亡代革，薪火有傳。今雖多散失，然零錦碎玉，卻彌足珍貴，余常自捧悟而珍如珙璧矣。「高標韵致君知否？正在層冰積雪時。」先生雖已抱撼離世，然其高節悲風卻足以爭光日月，昭示來茲。

張長信小傳

張先生（1903－1990），乃現代傑出之拳家也。其獨存六合八法之拳宗，乃斯門公認之吳翼翬夫子之首徒；其亦精拳擊，曾勇奪滬拳擊賽之冠軍，復享「南拳王」之盛譽；其尤諳蔽拳之妙諦，弱冠即列蔽門「四大金剛」之首。緣其謙和仁厚，沉默寡言，是以近年名漸不聞，茲僅擇其事跡之要略，為其立傳。傳曰：

先生籍隸冀新城縣人，早年拜李存義夫子之高徒馬玉堂先生為師，練形意八卦之藝，功夫日進。1915年，其師兄朱國福、國祿昆仲於滬創武學會，朱國貞、國祥及史雲章、馬元基諸先生助教，後先生亦隨胞兄張長義至。該會乃蒸蒸日上；時常有各門之高手登門試藝，多由先生相陪過招，漸露頭角。後吳翼翬先生蒞滬，先生幸識之，其居又與吳先生為鄰。遂由兆東先生荐入吳門，經揣摩苦習，終得六合八法之旨。1928年，先生擂台爭勝，蔽翁任總裁判長，對其品學甚為青睞，斯時蔽翁已載譽大江南北，先生亦極仰慕。後於錢研堂先生居親睹蔽翁與一名家試藝，驚嘆嚮往，遂由錢研堂先生紹介，得列蔽門。翁甚器重，傾絕學盡授，且每月資其二十元津貼，先生不負厚望，砥礪苦修，終妙本全彰，精光昭徹，而彼正覺焉。

先生出身寒微，初，其父為一惡霸欺毆致死，先生兄弟三人乃投馬玉堂先生門下習拳。功深後方欲報仇，馬師阻之，述李存義、程庭華等前賢抗禦外侮之業績，先生感激涕零。其後復受張之江先生之教誨，乃明「強種強國，禦侮圖存」之武旨，而蔽翁之偉烈操行對其影響殊深。故其乃棄私怨，

決意為國術光大，強種救國，洗雪病夫之恥為職志。先生曾攜弟子二十許回鄉祭祖，仇家聞之，以為舉家難逃性命，惶懼不安。先生之弟子亦欲復仇，先生阻止曰：「今國勢阽危，外則喪權辱國，內則貽病夫之羞，凡我國人，亟應奮起，應聞多難興邦之至理，知恥興邦，自衛圖強，豈可以私怨而廢大義耶！」弟子皆感動，遂止。後仇家亦聞之，羞慚無地，遂牽羊擔酒登門謝罪。自此，先生德名隨風而流，功業逐日以新矣。

　　1926年夏，菲律賓武師綽號「軟牛」者，帶俄國拳擊家思可洛夫於滬之南京路公開設擂，且於台上橫幅大書「若能敗其者，賞銀五百元」云云，氣焰張溢，國民皆憤，盼拳界能人異士登擂，為華夏吐氣展眉。然「軟牛」者實具搏鬥之能，思可洛夫亦非等閑，體重一百四十公斤，實戰經驗甚豐，是以擾攘多日竟無人登台應戰。先生聞之，義憤填膺，乃登台與之搏。思可洛夫頗傲，重拳連發，如公牛暴怒，先生則精神抖擻，心定神閑，虛以引真，乘隙而取，俄頃，思可洛夫即汗流挾背，氣喘吁吁。先生雙拳電出，中其前胸，思可洛夫頹然倒地，然不旋鐘復爬起，傾全力撲擊。先生拳足並施，中其要害，思可洛夫仰面而倒，奄奄一息。「軟牛」大懼，弗敢鬥，無奈親捧大洋六十元付之，拆橫幅遁去。觀者掌聲、彩聲如暴風驟雨，爭先擁上，將先生拋舉空中。此事轟動京滬，時由靜安寺通往外灘之一路電車上，畫先生敗俄拳師大幅畫像，宣揚月餘。1947年間，又敗美拳擊家約翰‧艾倫，吾國同胞皆喝彩歡呼，他國觀者亦掌聲齊發，咸嘆吾中華拳術之妙。

　　先生作拳，圓活無滯，輕靈沉穩，快慢相間，鬆緊相隨

，開合升降，整勁內蓄，屢經大陣，戰績輝煌。1928年春，先生參加滬之國術大賽，一舉擢上第，十月，爭擂南京，名稱前茅。由是威名鵲起，傳於蘇滬。會杭州遊藝會，力挫群雄，又揚其威，未幾，蒙張之江先生器重，聘為國術館之教練。

　　1928年3月24日，原中央國術館於南京內橋召開成立大會，馮玉祥將軍親任理事長，張、李二公任館長，為選拔人材，遂公開設擂爭勝，此為震動中外之盛事。先生及武學會之張長義、朱國福、洪雪元及女傑趙飛霞諸公皆登台而戰。先生首敗少林名家孟生，朱國福等皆旗開得勝，此乃先生之芒初露。同年十月，先生同朱國福、國祿、張長義三公赴南京國考，時高手雲集，撕殺鏖戰，慘烈凶險。先生之技，變化無窮，無蹤可尋，無機可乘，任意往返，無所不及，終盡敗對手。張長義及朱國福、國祿亦皆奏捷，緣為手足或同門，遂以梅花間之方式取年齡長序而定名次，先生雖技高藝精，亦欣遵大會只取前三名之規章，而不計較名次，其兄及朱氏昆仲遂名前三，實則四人未交手也。先生之品行，備受稱道。

　　1929年10月15日，杭州舉行十二行省、四市之國術大賽，四方轟動，俊賢皆至。經四日拼命血搏，名手淘汰殆盡。僅餘先生等名將循環決賽。其已連敗高手者三，第四輪與馮之光狹逢，馮乃自然門名手杜心五先生之高足，深得該門虛實自然，循環無端之絕傳，尤擅腿法，高踢側踹，力疾犀利，與人交手，常以腿勝，故有"神腿"之譽。二公相爭，乃斯時之要聞，皆摒息爭觀。馮矮圈行步，虎視耽耽；先生則百體從會，天君泰然。周旋片刻，馮猝然飛腿，狠擊先生頭

部，先生本能而動，橫步右閃，整體側進，左手捋掛馮之足，右手崩拳電出，重透其腹，馮中拳翻倒，台上台下彩聲驟起。另一對手乃杜月笙之貼身保鏢高壽武，此人武德低下，見先生如此身手，心怯手顫，豈敢戰耶？施潑皮伎倆後棄權，全場嘩然。嗣後又賽，餘下十幾名好手乃張長義、朱國祿、趙道新、郝家俊、馬金亭、章殿卿、曹宴海、王子慶諸公，多屬同門，彼等不忍相殘，大會主持者亦不忍睹，遂議決十餘好手皆獲一等獎，名次由裁委議定，初露絕技之趙道新先生雖勝師兄朱國祿，然提出需將朱之名次前提即可罷戰，不然，定以實力復較。大會如其言，排定之第一名者亦願獎金平分，遂成杯酒言歡之結局，張、趙二先生亦由此名聞華夏。

　　先生揚威擂台，威名遠震，武林之豪俠隱傑登門試技者愈眾。先生於搏擊之實踐中已深諳薌拳之妙，與名家推手，均不能觸其中線，其實作之發力，迅雷不及掩耳，閃電不及瞬目，發人立中，擊人丈外。時有一歐陽昭先生千里來尋，體驗武功。昭精全真派內功，尤以瘋魔掌獨步武林，其練功必於深夜尋荒塚野墓，全身著白衣，苦練「魔鬼索魂」、「魔鬼鬧宅」等單操，風雨無阻。故心毒性僻，出手無情，其曾於武當派高手陳常平爭鬥，徒手對械，一招「魔鬼劈棺」竟將陳執鵝卵般粗細之臘杆切斷，陳與觀者俱大駭服。先生與其論武之訊，傾刻風傳，觀者蜂湧而至。及搏，昭衣履皆白，奔躍回環，慘叫連聲，形如鬼影，雙掌如電，雙臂似輪，瘋狂撲擊。先生則一任感應本能而動，時而鶴立，時而猱進。雙方周旋相搏。突然，昭白衫驟驚，慘叫一聲，突施「魔鬼分屍」、先生疾避，三角步電閃進，螺旋力驟發，猝聞裂衣

之聲，昭手執先生半截衣袖，飛起撞於院隅之樹，觀者皆愕，全場肅然，針落有聲，歐陽起而復攻，先生身形突晃，雙臂擰轉抖炸，一記削掌復中其右臂，昭倒地掙扎良久，終不能復戰，悵然欲去，先生則請其室，獻茶且按摩其傷，昭甚贊其藝，稱其德。此較雖非擂台，然流布甚速，自此，試者多推手，斷手則鮮矣。

先生自幼嗜武，多從名師，朝夕浸潤，七十餘載未稍怠。其身兼形意、心意南北兩派之真，通國術、拳擊中外格鬥之長，旁及通臂、迷蹤、螳螂、查、華、炮、洪諸拳及刀、槍、劍等械，尤於六合八法和蕤拳更為精純，挾技而傳，門人逾萬，其門人佼佼者甚眾，然因人品資質不同，所得亦各異。張之江先生也從其學六合八法之技，今之專業教練溫敬銘、蔣浩泉、張文廣等人亦皆從其學。

先生一生軒昂磊落，突兀崢嶸，盡瘁斯道，居功厥偉，今雖已魂赴瑤山，然長江後浪，步武前賢，其流風餘韻亦流芳千古矣。

卜恩富小傳

卜先生，乃中華武史絕無僅有之摔跤、拳擊雙冠軍也。天津人，體碩健，性豪俠。幼習跤術，長而練拳擊，其藝冠絕儕輩，十數年蜚聲跤場，威震拳壇，是以海內外聞其名。後聞蕤翁威名，較而負之，遂師焉。其自得翁教，含英咀美，探賾索隱，鉤深致遠，雖畏日流金之日，堅冰封雪之時，亦不稍怠，終洞中窾會。卜先生不惟威震拳台，亦享譽跤場，且戰績彪炳，溶蕤拳精華於摔跤、拳擊中。其跤技外形雖為崩，揣，溫，抱等技，實則內含冷，彈，驚，抖自然本能

觸覺之活力，其拳擊雖皆符其規則，方法，然亦深蘊薌翁之心法。故較藝時無不得心應手，對手莫測端倪。1933年夏，津門跤界公推其參加於滬舉行之全運會，一路過關斬將，所向披靡，決賽遇寶三先生。寶三者，名森，字善林，跤壇之魁也。（影視之甄三即其原形也）初習鐘幡，幡為竹製，高四丈，碗緣粗細，重約十五公斤，用足之力，搖擲之，由頭而足，及全身各部，其最難者乃為鼻承之，此等絕藝及神力，藝蓋京城，故於幡上大書天下一之語。後森拜跤王小辮王為師，刻苦習練，無人能敵，名跤師沈三等皆避三舍。森身材高大，力大無窮，雙手如鉗，搶把即扯散對方，使之如醉漢，尤以得喝樂（滿語）、挑勾子諸招為精，施之對手，使之過頭重跌，人皆傳為天神。卜先生與森爭鋒，乃時之重大新聞。俟較，龍爭虎鬥，觀眾助威，吶喊之聲此起彼伏。二公環繞，進身，森施招即探右手抓卜先生中心帶，卜先生渾身一抖，森如觸彈簧而空，復急入身傾全力抓卜先生小袖，前拉，後扯，旋施架梁踢，然卜先生已順勢進，身擰腿絆，整體力切削發出，森重跌。彩聲頓起如潮。森起復鬥，備加謹慎，二人皆盤旋尋機，森突施跪腿得喝樂，卜先生撤閃，復變臉甩頭，螺旋發力，將森拋甩而仆，而成降龍樁穩立。後森雖盡渾身技藝而爭，惜終未奏效，卜先生遂獨占鰲頭。全國各報，爭相報導，名遂聞天下矣。

　　卜先生跤藝非凡，拳擊術亦精，曾勇奪全國冠軍，人多知詳，此不復述。縱觀吾國武史，罕有克國外搏擊家而名實相符者。大庭廣眾下公平競技以揚泱泱大國之威，而世界亦公認者，至今僅薌翁等數人而已。而於國際搏壇雪恥弘光者僅卜先生一人耳。其於1934年4月，首戰全俄拳擊冠軍馬夫洛

格。

馬夫洛格者,世界拳擊名將也,身高臂長,狠辣老練,尤善近身肉搏。世界各報皆以「冷靜之頭腦,驚人之速度,追擊炮之風格」譽之。其拳如炮彈連發,勇登拳王寶座,復以「頻頻而重擊,以左直,左刺,左側勾,配以右上勾之重組合」衛冕成功,可謂戰績輝煌,故有「鋼鐵般意志,卓越拳擊家」之稱。與卜先生賽前,馬宣稱:「一局內即可結束戰鬥!」賽始,馬躍步頻頻,滿臉殺氣,咄咄逼人;卜先生雙拳護頭,從容以迎。馬前拳僅一虛點,即連發刺、直、勾組合拳,急如風,密如雨,卜先生攔格身撤,馬將其逼到繩圈邊處,欲飽以狂轟濫炸,然卜先生,頭領身一晃,避擊而衝,三角步閃撞,左直拳中馬面,馬右眼角迸裂,鮮血如泉湧,頓如暴怒公牛,復揮拳俯衝,觀眾皆激昂,吶喊、口哨聲震耳欲聾,卜先生移步側身,復以重拳擊馬胸,馬如樹折屋傾倒於台。時到,卜先生行勝一局。

馬氣喘吁吁,至欄角處坐,感胸悶堵,下意識彎腰,深呼吸,復咬牙挺胸起,卜先生則略抬雙臂環抱,以養生樁少歇。

希息,二局始,雙方皆謹慎相搏,馬以左拳多試探,重炮蔽於後,卜先生肩架略收,拳至僅略突肘以迎,馬見其固若金湯,無懈可擊,甚疑慮迷茫,雖體力尚足,然額已冷汗晶瑩。卜先生突發左前拳,馬急防護,兩拳套相撞,卜先生未收,繼貫以混元力,馬拳套回彈,反中己面,踉蹌後退,卜先生陸地行舟疾進,後拳炸力中馬胸,馬身飄起落於繩圈上回彈前仆,卜先生復以右擺拳狠透馬面,馬仰面倒,裁判數秒畢,仍不能起,扶下。後卜先生又克全俄亞軍阿爾桑柯

。同年八月又勝美國職業拳擊家卡迪遜，復於1936年同英國名將蘭柯斯根激戰，大捷。華夏爭誦，舉世震驚。神州赤子，長城千載情不負也。

卜先生獻身拳學，叱吒風雲，實至名歸，然其從未以藝炫人，是故其名沒而未彰，漸而珠沉玉埋，反不及眾名家武星顯耀，誠：「梅須遜雪三分白，雪須遜梅一段香也。」

韓星橋小傳

韓先生，本諱星橋，用於醫林；又名韓樵，乃薌翁所增，用於拳界。原籍冀之河間；清末，父韓友之遷家京畿，其生於京，故應為北京人也。其幼喜醫、拳，父善斯道，乃幼承庭訓，刻意研精，盡得傳，常以武會友，未及弱冠，名已顯，然猶不滿足，欲窮目而更登樓也。時薌翁名已大著，寓滬授業，遂攜二弟星桓從學之。初，從趙道新、尤澎熙二先生，後薌翁嘉其樸誠勤奮，乃允為入室，親授玄微，昆仲二人窮微究極，終臻理要，均為斯道妙手焉。

韓先生於40年代，於滬創「保健國術研究社」授拳治病，登門試藝者甚眾，其皆遵守「謙遜相待，此時此地，來者不拒」之師訓，試者無不稱服。聲譽鵲起，有一鏢師齊義安者，習武多年，孔武有力，恃勢藝桀狂妄，每與人較技，動輒以毒手傷之，由是無人與之論武，雖同門，亦漸疏遠，多不齒其為人。其師兄魯長春戒其修德，宜具聖手佛心。齊怒，兩不相下，遂交手，齊以肘狠擊魯肋，魯氣息閉既爬起，恨而去，因聞韓先生醫名，急往求治。韓先生視其傷詢之，具以實告，韓先生慍，乃按蹺，痛稍止，正欲復摩之舒散瘀血，齊率十餘人昂然至。蓋其已聞其能醫善拳，久欲敗之以

揚其名，今傷魯後，恨未消，遂將人至其居，意敗韓廢魯，直入而吼曰：「韓星橋即居此乎？速比武！」韓先生拱手請室坐，齊意氣揚揚，若自矜，指魯曰：「吾欲清理門戶，汝治之，犯我門規，定有所恃，汝懂技擊否？」韓先生曰：「略涉藩籬耳。」魯怒極斥曰：「汝辱吾門派臉面盡矣，尚不自羞，竟弄於班門耶！」韓先生力勸，齊以為怯，逼較愈甚。韓先生曰：「今日非用武之時，吾須全力療魯先生傷，翌晨午刻，煩齊先生玉趾再移，吾當沐手侯教！」齊曰：「謹如汝言，負約者非大丈夫也。」遂歸，謂手下曰：「觀韓一郎中耳，吾勝無疑，爾等多請人以觀，壯吾威風耶！」次日如韓先生居，遂交手焉。齊疾手擊韓先生心窩，韓先生纏化而發，齊不由倒退十餘步倒地，韓先生本欲前扶，齊竄起復以虎狼勢撲上，拳狠擊其肋部，韓先生勃然怒，身微轉，雙臂前抖，齊如觸電，身起飛落桌上，人桌皆翻，花瓶、茶具碎響連聲，齊左臂折，碎瓷渣破其多處，血不止。觀者彩聲迭起，魯長春亦稱絕。齊良久爬起，逡巡行，韓先生不留，後齊待人極謙恭，惟禁口不談武矣。

韓先生醇雅溫樸，善誨人，因材施教，不厭其煩，同門手足多受其益，姚宗勛先生亦由其帶入芝蘭之室，故威望頗著。然其非拳可稱也，其篤行似儒，其奇節似俠，其妙手而回春，實又一良醫也。其曾任中華全國中醫協會理事。

韓先生精岐黃，工詩文，手不擇卷，勤求古訓，博採眾論，高才強記，早年所讀經典，今近頤壽，仍背誦如流。深詣養生之道，洞曉療病之機，其一生坎坷，亦曾戍邊新疆，頗多風雨，然仍紅光滿面，步履矯健，毫無龍鐘之態。其診療也，膽大心細，神圓力方，內外相扶，診查周詳，內外兼

治，屢起沉痾。尤精正骨，按摩，最為獨到之處，乃能溶醫拳一爐，針藥並施輔以樁法，故療效顯著，聲譽斐然。病者日造門，或扶攜襁負，其診務雖忙，然澄神儼然，一絲不苟，如遇重病邀診，往往寓宿病家，晝夜診查，親為和湯合藥，雖徹夜通宵，無倦容。雖貧賤求醫，必盡心力，不計報酬，病家感激之淚水與其勞累之汗水常相容，感人殊深矣。

今韓先生雖已退休，仍於滬之體育宮及珠海、內蒙等地授站樁功法，時下拜金主義甚囂塵上，然其仍一如既往，甘盡義務，從學之人甚眾，美國、日本、澳大利亞及港、澳、台等人士亦踵相接，其盡夕陽餘熱，勤宣令德，策明令時，樂此不疲，素所自樹立使然也。

馬驥良小傳

馬先生字文波，冀之辛集市人也。初從師於少林派名家牛洛雙先生，後拜於鏢師八卦掌名家蘇孟春先生門下，復投鐵足佛尚雲祥先生習形意拳法。馬先生天資聰穎，睿智過人，深得三師青睞，盡授其學，其技也。少林拳械俱精，尤擅虎頭雙鉤，縱越揮舞，截攔勾抹，似雙蛇盤旋，習之時，觀者皆傾倒，後通臂名家王榮標先生友而師之，得雙鉤技。其行拳舒展緊湊，勢險式絕，而燕青短打之技亦為武林一絕，此拳又稱浪子十八翻，難度極大，非具極強之腰腿功夫而不能習之也。牛師弟子數百人，然習此技者僅馬先生耳。一次，有名劇團戲罷閑遊，巧遇其練此技，無不驚羨，老板嘆曰：「此少年連翻十八跟斗後竟以金雞式穩立而不喘，梨園中武生亦不及也！此子細琢，必活猴王也。」遂請馬先生入班，馬先生亦喜戲劇，然因專嗜拳道而謝辭，此技馬先生後傳

於李少春先生。其所練形意，亦盡其妙，其蛇形，蜿蜒曲折，其龍形，可縱登五尺，其行拳，身整勁疾，勁力篤實，若馬奔連環一氣呵成。其八卦掌，龍形猴相，虎坐鷹翻，八仙桌下可一驚而過。

吾國武林，素有以鬍鬚而量功夫之習，然其年方十九，既受聘為國術教官，是故其技可知也。

薌翁門下，皆為帶藝投師者，然皆重實輕名，同薌翁試藝負之後，輒投拜受教，馬先生亦復如是。時雖以實戰名揚武林，然聞翁名，即攜金蘭劉耀西、李苦禪登門請試，三敗後，大折服，遂求入室，翁使其盡去故技，更悉以禁學予之。馬先生刻意研精，探微索隱，終識契真要，深諳薌拳箇中三昧。

馬先生素懷愛國之忱，日寇侵華時，曾以槍法勝日酋三木、日野，英名遠震，後日酋請其授拳，堅拒避之，日酋焚其家，馬先生離京赴前線，任教於宋哲元將軍之二十九軍大刀隊，且揮雙手帶衝鋒陷陣，以一擋十，殺敵報國，二十九軍奉命撤防後，復投楊秀峰、張桐軒二將軍部，揮刀上陣，血透征衣。

馬先生性豪俠，尊師重道，頗具古風，薌翁晚年，馬先生迓迎奉養，時自然災害，民多以蕃薯、樹皮果腹，其自食糠菜，而師食以糧，寸草春暉知之者無不潸然，同門亦翹首讚嘆。

文革中，馬先生迫返原籍，淨街修渠，幾欲斷炊，日勞作，夜困室，帳憶前塵，不勝扼腕，然其志終未墮也，於夜闌更深之際，暗操拳業，有知者求其教，乃擇而授之，今之弟子之中佼佼者，皆斯時潛學者也。

　　馬先生性剛烈，重情然諾，義烈傲岸，凡事不媚流俗。文革中雖身陷囹圄，仍殷殷關心他人安危，及聞姚宗勛遷昌平，王玉芳徒青海，李永琮押寧夏，竇士明難東北諸訊，懸念亟甚，多方探聽，暗寄舊衣薄資以助，孰料為人窺知，名以反革命串聯罪，慘遭毒打。緣薌翁早期曾職於段祺瑞，復深交於蔡松波，以故迫其承認「王薌齋乃段祺瑞、蔡鍔之犬友」。馬先生昂首曰：「吾師無罪，皆歷史故耳！」或有人按其俯首，堅挺立之，復按，復挺。一人怒斥曰：「王薌齋乃封建軍閥孝子賢孫，遺臭萬年，汝為王之忠實走狗，亦如茅廁之石！」馬先生怒不可遏，暴抖軀，按之者皆釋手，呼曰：「污我師，吾寧投環也！」遂以崩拳擊言者腹，使之跌至台下。觀者多為之咋舌豎指，然造反者頓逞淫威，縛其於樹，拷之，不屈。益怒，逐一斷其足趾，昏而復醒，脅曰：「汝今不與王薌齋清界線，將再斷爾手指，汝知十指連心否？」馬先生終不屈，果逐一斷其指，觀者皆不忍睹，造反派亦為之心忧手顫。是以其豪俠一世，竟成終身殘廢，其身之疤，乃白刃戰時由日寇所傷，其手足之指，竟為同胞所斷也。

　　馬先生一生嫉惡如仇，屢挾技懲惡揚善，一日經文化館觀字畫，適遇流氓者五，車撞女教師李某，且圍而調戲，路人皆憤，然無敢阻之者，馬先生忿恚，屬聲以呵，流氓見其乃一八旬杖叟，則噪而攘袂，環而擊之。馬先生猱進鷙擊，身旋如龍，步疾似風，足起掌落，傾之，流氓皆倒地呻吟，觀者皆喝彩，有識之者曰：「此既馬先生也！」流氓皆驚，求饒不迭，鼠竄而去。此事廣傳，人皆稱讚。子曰：「歲寒然後知松柏之後凋」。馬先生可謂歟？

正文小傳

　　1977年榴月，余赴津謁趙道新、張恩桐二先生。請安正誤之暇，間探諸舊友，風聞正文先生及其原理事，俱云其原理舉前賢之未極，啟科研之成規，薌翁之後，罕有其論。遂問於趙、張二先生，其果成何如？二先生皆然其說，復詳紹介之。余習拳多年，各派名家見之夥矣，未見精湛宏深如薌拳、心會者，然知二老已任原理研究之技術顧問及試驗之活體，未宜復言，遂姑存其疑，以俟日後之面正。

　　1984年仲秋，趙先生以書抵余，謂正文先生受冀武協主席南僕之請，已達石家庄。囑余執札謁見云云。先生深知余之狂昧，誨曰：「馳騖沿革，物理常然，貴能古不乖時，今不同弊，且有創新，所謂學術當代高一代也。」余悵然嘆曰：「先生嘉益後學何至耶！」遂執札往。

　　及至，適逢正文先生談拳，各派掌門名家已盈其室。蓋南公身負整拓燕趙故國武術之責，知其懷瑾握瑜，故請至，欲以原理指導之。是以召群英聚。余窺其人，藹然貌也，癯然身耳，津津然潭儀也，真北斗以南一人。余呈趙先生之札，正文先生閱畢，乃告余趙先生之近況，復與眾論道。眾名家或目笑之，或驚異之，或欽服之。間有一自稱崑崙派掌門人及一擅點穴發氣者各逞其說，各擅其玄奇。南公率爾直曰：「武術濟用，不求濟談，空談不如見之實作之為真也。」掌門人及發氣者皆語塞。間有人慨然曰：「然也，余願一驗，可乎？」眾視之，乃名家鞠某也，俱熟知其善技擊，誠一豪爽之彪形偉漢也。南公莞爾微笑，指默坐床緣一清瘦少年曰：「此乃正文先生之三子也，名盧嘯，習原理近年，可與

其驗也。」遂較，嘯以整體九防出式，雙肩遙夾鞠某前鋒，鳥蹺而進。鞠某揮左掌護頭，右拳置胸前待發，待近臨界，突晃左拳，右拳及左足並擊，此謂「明修棧道，暗渡陳倉」之招也，嘯見其拳足並施，雙足燕鵲急趨，後踩前射，擦膝磨脛，雙拳子午圈撒出，鞠某魁梧之軀頓時重跌於牆角之沙發。眾始驚服，然余仍未心折，思其必至善之學者，恐非精於實作，仍恃能必試。次日復至，其已知余意，遂當南公面應請而較。

余發拳便擊其胸，孰知正文先生外形視似不動，內則周身爭旋，余如按飛轉之輪，重心頓起，急欲捂偏閃掛捋施以崩拳，然巨力驟至，身跌撞身後壁，起而復試。先生目中神光，宛若電芒，攝魂奪魄，余頓感凜駭。其藝如滄海汪洋，浩瀚無量，莫測其廣深，雖盡平生之能以搏，竟連負者五，始心悅誠服焉。後復示其青箱，余拜讀驗之者再，直窺淵海，群疑冰釋，如入金蘭之室，爭艷奪目，如登龍君之宮，寶藏悉陳，如對冰壺玉鑒，毛髮可指數也。其原理博而不繁，詳而有要；昭彰經旨，敷暢玄言，有如列宿高懸，奎張不亂，深泉淨瑩，鱗介咸分。茲豈僅以拳學視哉？誠吾民族傳統文化之精微，哲學教育之通典，人體科研之津梁也。

正文先生貌莊而色和，言義不及利，惠吐芳齒，啟我疑惑。四日後返津，自此一別，已忽忽近十載矣，余因俗務倥傯，竟未再往拜謁，又因其終日辛勞，實不忍擾其尊聰，故亦未書信請教，於其原理仍為蠡測管窺，今欲淺談祖國武學及發展，是以訪於諸前輩同仁之能道及正文先生者，為其立傳。

傳曰：先生姓盧，諱忠仁，號正文，津門東城人也。幼

時學業勤敏，與他兒異。五、六歲識聲韻，十二、三學辭賦，嫻書法，二十有詩名，尤嗜拳學。初習迷蹤、通臂、戳腳、少林諸技，復練內家拳法，熟諳深州形意，程、尹二派八卦掌及陳、楊等五式太極拳。緣其資質過人，頗耐勞苦，眾名家鉅子交口薦譽之，爭欲令出我們下。後又蒙龍形太極拳大師張振芝先生及山西宋派形意拳嫡傳李旭洲先生作忘年師友之交，其藝乃日增月盛，隆隆漸起武林郡同間。

一日，先生肆中購物，陡聞人聲嘈喧，乃尋聲觀，見一少女跪地，以袖指一大漢之履。問一觀者，始知此少女於肆購油歸，道過鬧市人叢，緣擁擠油灑而污大漢之履。大漢怒恚之，其無奈跪揩之。先生頓大忿然，又一觀者復謂其曰：「此人乃惡霸劉廣海之心腹段慶豐，豺狼也（解放後鎮壓），少女恐不測矣。」言未訖，少女欲去，段慶豐陰惻而笑，侮少女曰：「吾履乃龍皮所製，價連城，汝污之，豈能罷休。」少女怯曰：「吾可賠新履。」段曰：「吾履非龍宮不可得，欲賠之，非以身相酬，陪大爺盡歡三日不可也。」少女羞憤，垂首急去，段唿哨一聲，同伙撲上，搶掠之。先生髮欲衝冠，趨前救護，段見其年少，怒而輕之，乃擎巨臂作掌頰式，然三擊不中，益怒，踏步趕踢之，先生舉足避勢橫掃，段負痛抱腿跌坐於地。眾惡俱揮拳舉械擊之。先生拳擊足踢，奮勇而搏，然眾惡似嫻技擊，身手頗健，雖擊倒者二，其右臂亦中棍，漸顯不支，段起索同伙匕首，著意刺之。觀者皆大憂懼。突見一叟，挺身而出，左掌電閃而出，中段臂，段臂攣釋刀。眾惡駭怔，先生及眾人皆注目之，見叟長身赤面，白髯飄灑，目光炯炯，衣兩截衫，白襪厚底福字履，瀟灑出塵。叟護先生、少女於身後，責段等以大義。段怒極，足

踢之，叟身微動，撤至牆陰，段趕至復踢之，叟復避而掌發，段足勢疾慣，中牆，土紛紛墜裂，叟右掌中其背，段仆跌，面白脣青，氣若游絲。諸惡呼而執械圍擊之，叟身逾飄風，從容鶴步，雙掌電飛連發，竟無一器傷及其衣履。俄傾，諸惡皆仆。先生和觀者皆稱其德，嘆其之藝絕。叟戟指諸惡，痛斥之，而無一敢支吾者。叟言訖不顧竟去，先生追至其居，拜叩之，方知此叟乃原傳八卦拳全藝人肖海波夫子也。

肖公早年同李（振清）、董（海川）諸公均學八卦拳於冀之側坡原始陣地陳僕、聞人達等先夫子，志在反清復明，故清廷屢剿，其縱橫江湖多年亦隱其受業之地及師之名諱。後李公抗擊洋夷損軀，董公亦因不慎暴露同門標記為綠林暗害。肖公乃獨存全藝，如日再中，眾多求學者欲執贄為弟子一習其術，而其擇徒最苛，從不肯輕錄門牆。及見先生，竟當即允其入室，且悉心為之講解，剖析斯道之禁。先生沉心靜慮，求學甚專，未數年，遂輒透玄關。

間有一八極高手李某，拳械俱精，尤擅獨門大槍，自詡掌門。誤為先生拳妙而械未能也，久欲試之。一日，遇其於劉學正先生居，遂請較，先生允。李堅請較槍技，亦允之。李以高四平，崩撼突擊，抖槍直刺先生華蓋，先生臨風卓立，待以太公釣魚，李槍尖驟至，先生身形突呈斜面，冷彈撇炸，脫身換影，劈刺兼裹崩之，李某手脫槍落，而先生槍端驟停其喉。勝負一合即分，李某感贊不已。自此，聞名求試者愈眾，先生意清神逸，出神入化，如神鬼幽贊，試者無不嘆服，聲聞籍甚。終表為一代人物，則列俎豆而光耀史冊焉。

先生性仁厚，交友至誠。程有龍、有信學藝於肖公時，

常宿其家。一日，程攜武友至，人多而室窄，欲分宿他處，又恐夜深不便，遂留武友寢，己則至海河畔練功達旦，知者皆盛嘆。其與趙道新、張恩彤、張振之、孫志正諸公最為相交隆厚，故洞明各派之妙。

先生嘗嘆武學真諦，厥旨宏深，脫非高智，曷能洞徹玄微而融奧妙爾？復因歷代當權者倡之不以其道，竟使真義譬如焚絲，不可理矣。論拳之著，亦錯落舛互，況斌王莫剖，弊也久矣。顧晚近拳家，率持招法為捷徑，即間有稱能者，亦僅僅假口說欺人，一叩真義，輒咽喉作囁嚅狀，靡能暢明。其屢見武友中多有經年苦習而未入正軌，或為斯技傾家蕩產，終身無靈，而白頭不解者。且武林陋習頗重，閉門稱雄，流弊滋甚；復因至上至高之學，至今竟無良史及系統科學之理論。諸拳家多離經叛道，各逞私說，以其乖謬；緣是為世詬病，雖偶有論著，然精蕪雜糅，桀誤頗多，且多隱晦之詞，一遇難解，便云玄也妙乎？使學者如墜五里之霧。先生痛念於此，乃奮筆為論，窮其根源，錯綜群妙，會其百派，歸於一途，析其穀莠，闡揚至道。

1947年間，先生探其叔父於鎮江，並助其授拳。時逢美拳擊家埃德加‧霍夫曼來華，先後於武漢、南京諸市較技，拳界奮起迎戰，竟迭負。先生聞之，欲趨觀且搏，方未行，霍至鎮江，先生乃親臨賽場，見已有二名家登台，俄傾，亦負。其叔阻先生而親上場，先生急語之曰：「打，固切勿橫攔出入，一併以槍點勁法克之！」其叔會意，遂奮神威以搏，擊霍倒地者二，霍大驚服。諸武友及觀者皆歡呼雀躍，先生則輾轉愴然。返津後，從武友已聞皆賀，先生則曰：「與霍夫曼之搏者，皆功深徒眾之名手，然竟不敵。能與國外拳

術相抗衡者，僅薌翁及道新少數人而已，吾中華武學，面臨世界搏壇之挑戰，教訓慘重，若仍墨守成規，淘汰無日矣。」眾聞言相議曰：「國術稱雄於世久矣，今君又明斷中西拳技相抗之利弊，何餒至此耶？」獨趙道新、張恩彤諸先生然其說。

1948年，薌翁赴津，其得意弟子孫志正先生薦先生於翁，深談甚歡。先生復發國術與夷技爭雄之憂，翁甚是之論。後先生屢赴京探翁，盡得薌拳之旨，尤請翁詳教以同國外搏擊家激戰之心得，且曰：「真傳恆專，僅造數人，津梁若備，眾夫可渡。精研博綜整體武學，迎世界之挑戰乃根本大計。」翁讚曰：「誠拳道之雋才也。」深寄厚望。

自是時，先生遂隱居陋室，裒集眾本，窺尋其義，堆書及肩，埋頭其中，雖居塵市，如處巖壑，每有會意，便欣然驗之活體。其從事斯科研時，正值西學東漸，國內淺見侍進之徒，竟尚浮華。大肆鞭撻吾國文化固有之精華。如拳學，亦一概斥為無用，悉在拋棄之列。斯學不絕如縷，而先生乃在此時，研鑒西方文明之科技，整理民族傳統文明之精華，肩負重任，姑且不論其學術價值，獨其捍衛民族文化之苦心孤詣，令人可敬，其遠見卓識，又何其可欽也。

先生學深行正，典雅中多修潔之處。長而博學，國文、醫藥、書畫、無不精熟。科研之際，凡易、子、史、經傳、儒、道、釋、聲韻、農圃、醫卜、星相諸學及哲學、心理學、生物學、解剖學、物理學、化學、幾何學無不深究。書考各家，體試多人，稿凡百易，復者芟之，闕者明之，訛者繩之。先生以一寒儒，居默為濃，中山為君；流連尺素，愛惜寸陰；星斗屢易，弦望幾更，忽而隴陰促節，急累催年，良

時非多，勉之而已；廣搜博採，溯源析流，撷輯精微，貫穿錯綜，蚌開珠露，沙落金呈，磅礴會通，詳以獨見，相互參校，證以體認，冰釋舊疑，開拓新義，庶使斯學榛蕪路辟，匣鏡塵捐，宿障雲開，新義煥然，奧旨晦而復明，微言絕而更續。

先生胸中浩然，絕倫逸群，才兼文武，一世之傑，然為拳學卒卒不須臾而得惕惕志亮，盡終生之心智，傾舉家之資力，環堵蕭然，不蔽風兩，簞瓢屢空，短褐穿結，歷二十餘年終臻理要。1965年孟夏，日理萬機之周恩來總理親切接見先生，詳閱原理畢，示曰：「原理之研究，深符辨證法和現代先進之科學，乃我國人體科研之重要成果。」並指示有關部門大力支持協助之，先生大感奮。惜文革始，僅因此而遭不測，抄家批鬥，禍迫屢加，其長子緣此遭恫毆而致終生殘廢。先生寧折肱而不折腰，幸周總理悉知，急派解族軍戰士護衛之，方免於難。先生龍幡幽藪，待時鳳翔，停筆愴懷，中宵而嘆，終不得舒憤懣以遂赤子之心復二十餘載矣。

喜今百廢俱興，天假國運，先生遙襟舒暢，逸志湍飛，在高教部支持下，已成立研究組織，其成果亦命名為「盧氏定理」。

素稱中華武術為國之魂寶，然迄今未聞發其內蘊，以示世界體育科學家求之而未得者何在；以近日消息報稱「世界拳王霍利菲爾德賽前聘有專人調其左直拳之力度速度於右側」而言，斯僅為「盧氏定理」宏觀調控拳法「內在結構」之一處耳；進而以「內在結構論之，則又為國內外若何體育項目所未形成也，由是可見定理之要害。」先生「定理」他日將盡出其秘，則炎黃之靈，未無遺恨，過此以往，吾中華武林

有良史矣。吾民族之又一重大發明將貢獻於世，來者誦法其理，心開目明，奧蘊化徹，播之後代，華葉遞榮，夷夏俱沐其澤矣。

王薌齋與柏鄉牡丹

泱泱華胄，山水鍾靈，毓秀天然。自橋山龍馭，肇造中華，各民族人民憑勤勞睿智，共同締造了五千年文明古國的燦爛歷史，用辛勤的雙手描繪出了如畫的錦繡江山。而神州大地的靈山秀水又孕育出無數的珍卉稀蕊，奇香異葩，火紅的杜鵑，潔白的雪蓮，春蘭，秋菊，夏榴，冬梅，千姿百態，爭奇鬥艷，把我們偉大的祖國裝點得更加紫嫣紅，壯麗嬌嬈。

炎黃子孫們對百花園中的一草一木都珍惜非常，更有不少賢哲志士，文人墨客鍾情於花，陶淵明舉樽邀菊，陸放翁踏雪尋梅；心之所鍾，興之所至，留下了無數吟花頌花、惜花護花的名篇妙句和趣聞佳話。

愛花者因志趣有別，操守不同，所愛之花也不盡相同；但自周敦頤的名篇——《愛蓮說》問世，不少人一改「李唐以來，甚愛牡丹」的傳統，自稱愛蓮花、愛菊花的人就多了起來，因為「菊，花之隱逸者也，」「蓮，花之君子者也。」而牡丹呢？「花之富貴者也」。周本身確也潔身自好，情閑志雅，後來的讀者之中也不乏「出淤泥而不染」之士，如清初生於權傾朝野貴族家庭的傑出詞人納蘭性德，就曾命人將院內的花中雙艷牡丹、芍藥移去，在室內專養花中的四雅蘭、菊、水仙、菖蒲，並聲稱「別有根芽，不是人間富貴花」。以獨立獨行走出了自己的道路，以才華和辛酸為後人留下了豐富的藝術瑰品，為宏篇巨著《紅樓夢》的創作留下了珍貴的

寶鑒。但是，在聲稱「不喜牡丹貴，偏愛蓮花潔」的人中，貪圖富貴、唯利是圖的偽君子有之，自命清高和無病呻吟者

亦有之；近代大書法家鄭孝胥就是一代表人物，其人曾手書《愛蓮說》懸於室內，但後來卻跑到瀋陽當了兒皇帝溥儀的總理。

愛花人因偏愛之花而生情，情因花生，從而激發了愛花人的無限幽情遐思，以空明虛靜的心靈借花詠人，詠花喻人。一枝一葉可引起愛花者情意綿綿，花依情遷，情思潮湧，境入微醺。「家住城南杜曲旁，兩枝仙桂一時芳」是晚唐大詩人杜牧吟詠桂花的詩句，但實際上是代表他在二十六歲時一年兩次登科高中的得意心情。清代「揚州八怪」的領袖鄭板橋，「一生從未畫梅花，不識深山處士家」，到晚年後「今日畫梅兼畫竹，」因是他「歲寒心事滿煙霞」。王薌齋先生一生視榮華富貴如糞土，但卻無限鍾情於牡丹。

牡丹本是一種落葉小灌木，枝多而粗壯，葉多為複葉，分裂甚深，花生於枝頂，有重瓣，單瓣之別，色呈紅、白、紫等數種，花大且艷，素有花中之王之稱，乃著名的觀賞植物。其葉可作染料，花可提供香精，根皮可入藥。我國牡丹，以洛陽牡丹和荷澤黑牡丹最為著名，而薌老所愛的是其燕趙故鄉的柏鄉牡丹。1989年4月下旬，筆者帶領幾名弟子去探望授業恩師馬驥良先生，交談之際，有弟子談及當前社會風

氣和武術界現狀時頗多感慨，馬先生沉吟良久，便帶我們來到刑台地區柏鄉縣北郝村的一所學校中，觀賞了柏鄉牡丹，其時，正值牡丹盛開，其花分兩叢，枝高三、四尺，玫瑰紅的花朵為千層菊型，花大如碗，被翠綠的葉子相稱其間，令人心醉，還有幾隻勤勞的蜜蜂在花間飛舞，紅綠相間，花艷蝶忙，相映成趣。八十六歲的馬先生莊重地注視著牡丹，侃侃而談，細述前因，筆者僅將其筆錄於下，以期炎黃子孫們及薌齋先生的後學能在我國進入歷史新時期的今天受到某些啟示。

柏鄉牡丹乃天生國色，其出生年代已無從考查，只是留下了一段美麗的傳說。在約距今兩千年左右，在柏鄉北郝村有一所寺廟，內有幾個和尚每天吃齋念經，積德行善，接濟窮人，故常有窮苦人來此夜宿避寒。一日黎明時分，幾位睡在廟門裡的老人被一股奇妙無比的香氣所驚醒，朦朧中看見一個秀麗的少女和一個英俊的少年飄然入廟。老人們好奇地爬起追進廟內，但除了香氣未散外，什麼也沒有見到。幾天後，廟裡卻長出了兩株艷麗端莊的牡丹。後至公元21年時，東漢光武帝劉秀，被王莽兵馬追趕，「砍到石人問柏鄉」，來到此處，躲過追兵，他見到周圍滿目荒涼，斷壁殘垣，甚為淒涼，又因屢次戰事失敗，推倒王莽暴政的雄心頓時冷了下來，正欲自盡之時，忽然見到廟中正在開放的兩株牡丹，似向他含笑鼓勵，當即振作精神。劉秀登基後，追憶往事，賦詩一首，頌詠牡丹之德，「小王避難過荒莊，并廟俱無甚淒涼，惟有牡丹花數株，忠心不改向君王」，漢牡丹之名便由此而來。

時光荏苒，歲月不居，歷史進入了1918年，其時薌齋先

生為訪名家鉅子而負笈南遊，回鄉祭祖為郭老掃墓後踏上征途，路過柏鄉時被武友范登科懇留小往，教其子范同先習拳。一日，范向薌齋先生提及牡丹之事，薌齋先生聽後甚感興趣，當即要求一觀。范氏父子遂同他前往，當時正值風緊雨急，三人撐傘而行，到了北郝村時，雨下甚急，當薌齋先生看到風雨中的兩株牡丹時，頻頻點頭讚嘆，不由浮想聯翩，當即賦詩一首，可惜登科先生早已謝世，其子同先當時年僅九歲，故如今同先只能追憶起其中一句「迎風沐雨香益遠」。後人可能從此詩句中管窺些許薌齋先生當時喜愛牡丹之緣由吧。但他真正酷愛上柏鄉牡丹，卻因為其有了不平凡的遭遇。

1940年4月薌齋先生攜弟子張恩彤、趙道新二人往冀西探望在張蔭梧部抗戰的弟子馬驥良，途經柏鄉時在范同先家小歇，當薌齋先生又欲觀賞牡丹時，同先卻悲憤淚下。原來，日本鬼子在此橫行霸道，駐縣城翻譯官龜田正新，發現了這兩株牡丹，奇異美麗的天香國色使這個侵略者垂涎三尺，遂生歹念，意欲將這兩株牡丹掠奪移到日本橫濱。龜田率領特務全副武裝來到此地，命令深挖七尺，寬挖三尺連土帶花一起裝上大車，準備先接到縣城，再親自用船運往日本，豈料大車來到縣城，牡丹便開始枝枯葉蔫，到了縣城後，龜田親率手下人日夜看護，但僅隔一夜，這兩株牡丹便「性本潔來還潔去了」。龜田氣得頓足捶胸怪叫連聲，但他賊心不死，還是把已經香消玉損的牡丹運回了日本，植於沃土之中，夢想著牡丹還能復生，但冰清玉潔的中國花王早已魂歸故土。

薌齋先生聽罷同先敘述，帶弟子來到牡丹故地，他凝視著深陷荒涼的遺坑，悲憤的握緊了雙拳，久久未發一言。回

北京後不久，日本軍國主義者於1940年6月6日在東京舉辦大東亞武術競賽大會，南京偽政府汪精衛組織代表團參加，由首倡套路招法，反對實戰應用，大力推行所謂「新武術」的山東權貴馬良帶隊。代表團中有很多各門各派的代表人物，這些名家到了日本後，跪拜日本天皇，高呼天皇萬歲，極盡奴顏婢膝之能事。當偽新民會顧問武田熙專請薌齋先生出席此會時，薌齋先生卻托病嚴加拒絕。

　　同年十月日本空手道高手渡邊一郎，從大阪趕到北京專程尋薌齋先生比武，薌齋先生在西城區跨東胡同十四號院當眾應戰。渡邊身高力大，貌似凶神，出手就要致薌齋先生於死地，薌齋先生莊嚴肅穆，從容迎上前去，二人欲接未觸之時，薌齋先生突然目射寒光，虎吼一聲，整體混元一爭，接點處小臂向上一揮，聲力迸發，渡邊頭朝下腳朝上，早已倒起栽於空中，而後啪的一聲，像一堆爛泥重重栽在了地上。久經大陣，很少傷人的薌齋先生將渡邊一郎摔得當即昏死過

去，以後又連著大敗日本駐京1240部隊柔道六段教官田野，日本空手道、劍道及柔道高手澤井健一，齋藤、宇佐美、八田、安岡雅彥……

1945年重陽節前後，抗日名將賀龍、衛立煌、聶榮臻專程去觀看牡丹，原來日本投降後，在牡丹的舊地又奇跡般的冒出了兩顆新芽。當賀、衛、聶等人見到牡丹時，牡丹已成長的枝挺葉茂了，人們激動的奔走相告：「柏鄉牡丹又活了！」自此人們稱牡丹為「志氣花」。

1946年初夏，得知牡丹復活消息的薌齋先生攜弟子姚宗勛、李永宗、楊德茂、王斌奎四人激動地趕到北郝村，當薌齋先生見到牡丹時，正在盛開的愛國花婷婷玉立，其色更艷，其香更濃，在微風中不住地向薌老點頭微笑。鐵骨錚錚的薌齋先生悄悄擦去虎目中的淚水，深情地走上前去，雙手輕輕地捧起牡丹，然後，向牡丹深深地鞠了三個躬……。

自此以後，薌齋先生每年都要率領弟子們去探望牡丹，並經常向弟子們講述牡丹的動人故事，老人家最後一次與牡丹相會，是在病重前的1961年4月20日。

1963年7月17日，為中華崛起，武學振興，鞠躬盡瘁奮鬥了六十餘年的薌齋先生於天津仙逝，老人家生前曾多次拒絕許多國家的重金邀請而未出國門半步。他的門下，大多是無神論者，根本不相信什麼鬼神和靈魂的存在，但在1964年人們卻發現，柏鄉牡丹開出了一朵素雅的白花，觀者均不知其故，但薌齋先生門下及知情者都認為，這大概是牡丹的靈聖之氣在沉痛悼念薌齋先生這位民族赤子吧。

作者簡介

滹沱河畔一布衣

靜磨劍　周古雲

　　滹沱布衣是我國當代著名的武術家，因其不求聞達廟堂之高，只願勞作於江湖之野，做一介真正的中國老百姓，所以為文和從事拳學事業才一直使用這個早年用於書畫界的自號。初見其人，第一印象是名實相符，他沉默寡言，自然寬厚，普通平和。真正得道者，從來不故弄玄虛，盛氣凌人，大道乃平常。他在武林已默默耕耘二十餘載，弟子遍布全各地，新加坡等國外的求學者也慕名而至，在廣告滿天飛的今天，他反而證實了一個古老的哲理——桃李無言，下自成蹊。

　　滹沱布衣本名楊鴻塵，從小酷愛武術，五歲起就拜北京五棵松的少林拳名家陳季端先生練少林及白猿通臂套路和器械，數年苦習後打下了堅實的腰腿基本功。後陳先生又把他介紹給劉玉明先生學習尚派形意拳及程、尹二派八卦掌。楊先生雖因從小嬌生慣養，驕嬌二氣嚴重，害怕吃苦而多次想半途而廢，但二位先生循循善誘，嚴厲管教，竟逼著他熬了過來，他不僅精熟了二師的技藝，而且氣質和精神發生了重大的變化。後因楊先生轉學於三家店鐵路學校，二先生把他介紹給好友張志雨先生就近深造。

　　張先生字潤田，乃劉鳳春和郭長生二位前輩的再傳弟子，精太極、八卦、形意和通臂拳法，尤擅實作。楊先生學業之暇，致力於此，寒暑不移，不僅拳藝大進，而且張先生培

養了他對武學事業及理論研究的濃厚興趣，為他以後獻身道奠定了深厚的基礎。

一次偶然的機會，楊先生在中山公園有幸見到了薌老的神功絕技，但他雖羨慕，可仍不知其底蘊。文革時，張先生帶他拜訪了正在看大門的周子岩先生，交談時，楊先生竟提出一試，周老當即答應，當他以最拿手的「劈山」向周老掄擊時，周老發力，把他扔到煤球堆上。始，楊先生才知薌拳之妙，當即求教。

楊先生一生坎坷，從周老學拳才四個月就離開了北京。自此，就再也沒有機會向周老請教。但是他追求拳道真諦的恒專精神始終不渝，無論是在東北的興安嶺，還是在呼倫貝爾的草原上，他一直堅持站樁，即使後來參軍昆明，常年奔波於天山、峨嵋和喜馬拉雅山的冰峰雪嶺，也從未間斷過練功。有志者，事竟成。多年的執著追求，使他得到了楊紹庚、姚宗勛、陳海亭、安耀先、王選傑、朱之琦、玉海昆等很多薌拳前輩和拳友的指教。並有幸成為馬驤良、張恩桐、趙道新三位前輩的私淑和入門弟子，而步入正軌。

楊先生尊師重道，頗具古風。故深得三位老先生青睞，深寄厚望，盡授畢生之所得；楊傾全身心研求苦練，功夫大進。尤其趙老對其教益和影響尤巨，為人處世皆以趙老為師表。文如其人，相信讀者會從本書中窺見一斑。後經張、趙二老引薦，楊先生拜識了當代人體科研的學者正文先生，見識到了中華武學的基本原理，他決心日後要對這一向全世界昭示我民族人體科研重大成就，繼續研究和體認。

楊先生身懷絕技，常以武會友，雖然只為交流提高而從不於人前炫耀，但隨著對手和觀眾的稱道，使他的德藝逐漸

傳開。自1983年5月戰勝來華的意大利拳擊手阿里格・巴基奧之後，從他學拳的人便越來越多。1987年9月，日本空手道三段川瀨清和五段保坂富士夫在翻譯馮林平的陪同下又慕名而尋楊先生體驗中國功夫，雙方致禮後，當場交鋒，楊先生雖中保坂一腿，但先後將二人擊敗，其中川瀨在以掌狠插他的咽喉時，他上抹其眉，下踹其膝，「黃石納履」驟然爭發，將川瀨擊倒，使其完全喪失了戰鬥力。試藝完後，保坂和川瀨向楊先生深鞠一躬，驚服不已。自此各地求學者更是絡繹不絕。

斗轉星移，歲月流逝，武林界的前輩相繼離世。楊先生深感承前啟後的重任在肩，面對各國搏擊術的發展，中華武術面臨的第三次世界挑戰，楊先生憂心忡忡，認為如不振興祖國的實戰拳法，那我國引以為榮的武術真諦將和「四大發明」一樣而出現東西方兩種不同的命運。為此，他苦練益勤，督導後學更嚴。當趙老作古後，楊先生悲痛萬分，常於深夜遙祭哀思，並撰文《武魂》，紀念趙老這位孤獨而深刻的「魯迅式」的民族赤子，並警醒習武者，必須重視愛國主義教育，精神境界和文化素質的提高，理會須重視武德的修養，才能真正成為武術家。

楊先生對弟子要求極嚴，更能以身作則，以揚傳統美德。一次在乘車去邢台時，見到三個歹徒欺侮女售票員，楊先生立即挺身而出，經過搏鬥，兩名歹徒被擊倒，一名被擊成重傷，乘客無不稱快。1993年11月的一天，有一個流氓到中醫院婦科搗亂，楊先生聞訊趕去制止，當流氓揮刀砍來時，楊先生本能的一閃，一拳把流氓擊倒，並將其交給了趕來的公安人員。

近年來，楊先生在繁忙的工作和授拳之餘，在《武魂》、《搏擊》等刊物上發表了「尚派形意拳入門之竅」、「八卦掌法之三盤」等百餘篇文章。應廣大武術愛好者的要求，根據武林界的現狀，楊先生又寫了這本專著，以薌拳為核心，全面深刻的剖析了中華武術的內蘊和思想，並針砭虛假醜惡，重塑真誠美好，具有武術的極強實踐性和思想的深邃性，這樣的拳學專著在國內還是第一部。楊先生工作很忙，多年來一直沒有節假日和星期天，但他每天只睡三四個小時，奮筆疾書，憑著對中華民族寶貴遺產的赤誠，把此著貢獻在讀者面前。為了再現薌老業績，弘揚偉大的民族精神，楊先生又接受了讀者追求，正在整理《武學指要》和《健舞》兩種著作，付梓發的後，還要趕寫十五集《中華武魂》電視劇的劇作任務，這就使他不能對此著詳審修改，故不僅遺露「王薌齋按摩法」及「實作闡微」等，其它章節的遺珠不足之處亦在所難免，一些人也會對某些觀點頗多微詞，但歷史一定會證明它的真正價值。

最近，我們又探望了年過半百的楊先生，發現他的滿頭烏髮已有許多變白，面容因勞累而憔悴，但他毫無喘一口氣的想法。並表示在完成電視劇的工作後，要全力培養後學，並整理出版「薌拳按摩法」和「心會掌」以及「近代武林俊賢」專集。他深感時光催人，任重道遠，這位真正的中華民族的普通而平凡的百姓，還會繼續奮鬥和耕耘。

武學書館
武術書刊專售店

營業項目

武學講座・武術課程規劃
進口武術叢書・珍貴絕版武術資料
名家私人著作・專業武學圖書典藏
武術書籍出版・老照片
絕版書・舊譜蒐購交流

地址：台北市重慶南路一段 57 號 9 樓-3
電話： (02)23311840 ・ 23706154
傳眞： (02)23706169 ・ 23706156
網址： www.lionbooks.com.tw

開放時間

星期一～星期六 10:00 ～ 19:30
星期日及例假日 11:00 ～ 18:00

武系列　A・520

王薌齋拳學

作　　　者：楊　鴻　晨
出　版　者：逸文出版有限公司
發　行　人：劉　康　毅
地　　　址：台北市重慶南路一段57號9樓之2
電　　　話：（02）23706154　23311840
傳　　　真：（02）23706156　23706169
網　　　址：www.lionbooks.com.tw
劃撥帳號：18602922
登　記　證：局版台業字第6638號
定　　　價：新台幣550元
初　　　版：2002年8月
ＩＳＢＮ：986-7822-08-0
總　經　銷：文笙書局股份有限公司
地　　　址：台北市忠孝西路一段233號
電　　　話：（02）23814280　23810359
傳　　　真：（02）23146035
專　售　店：
實用書局　電話：23847818
香港九龍彌敦道497號3樓E座
香港武術文藝服務中心　電話：24155113
香港荃灣沙咀道251號2樓
香港藝粹店　電話：(852)25422684
香港中環德輔道中104號詹氏商業大廈8樓
（株）光儒堂　電話：（03）32914344
日本東京都千代田區神田神保町1-56
PLUM PUBLICATIONS（800）6678329
P.O.BOX 1134 Santa CRUZ, CA 95061 U.S.A.

國家圖書館出版品預行編目資料

王薌齋拳學 / 楊鴻晨著 --初版-- 臺北市
：逸文，2002〔民91〕
面； 公分. --（武系列；A520）

ISBN 986 7822 08 0（平裝）

1．拳術-中國

528.97　　　　　　　　91015330